KB057388

문답식 유형별로 수록한

혼자서 하는 나홀로
민사소송

편저 **김만기**

법문북스

머 리 말

현대 민주주의 사회에 있어서는 상대편으로부터 당연히 받아낼 채권이 있다 하더라도 폭력이나 비평화적인 방법에 의하여 돌려받을 수는 없습니다. 만일, 이러한 행위를 허용한다면 질서가 문란해지고, 경우에 따라서는 당사자들 사이에 올바른 권리행사가 되지 못하거나, 그 금액이나 수량에 있어서 적정하지 못할 경우가 많이 발생할 수가 있을 것입니다.

그러므로 이처럼 재산권의 침해를 받았다고 생각하는 당사자는 반드시 법원에 호소하여 법관으로 하여금 그 재산권의 회복을 명하도록 하게 하는 것입니다. 이러한 재산권의 반환이나 회복을 에워싸고 전개되는 법원을 중심으로 하는 절차를 민사소송이라 이르는데, 이 민사소송이 제대로 신속하고 적정하게 이루어질 때 그 사회는 자유가 제대로 보장되어 있다고 말합니다.

오늘날 민사소송이란 개인 사이에 일어나는 사법상의 권리 또는 법률관계에 대한 다툼을 법원이 재판권에 의하여 법률적·강제적으로 해결하기 위한 절차를 말합니다. 그런데 이 민사소송은 전문적인 법률지식이 필요한 어렵고 복잡한 절차입니다. 그래서 일반인인 비법률가로서는 좀처럼 손대기가 쉽지 않은 어려운 점이 있습니다. 갈수록 복잡해지는 사회구조 속에서 크고 작은 분쟁들이 많아지고 있으나 실제 일반인이 스스로 소송을 진행하는 데에는 여전히 어려움이 있습니다.

이 책에서는 복잡하고 어려운 민사소송을 문답식으로 풀어서 관련 서식과 함께 수록하여 혼자서도 따라서 소송을 하면 보다 더 쉽게, 저렴하게 진행할 수 있는 자세한 절차 등을 제시하며, 또한 소송진행상 피고의 답변서 제출방법, 반소제기방법, 준비서면 등의 작성방법, 증거 등의 신청방법도 기술하여 전반적인 민사소송절차를 누구나 알기 쉽게 할 수 있도록 기술하고 있습니다.

이러한 자료들은 대법원의 나홀로 소송과 법제처의 생활법령, 대한법률구조공단의 상담사례와 서식 등을 참고하였으며, 이를 종합적으로 정리·분석하여 일목요연하게 편집하였습니다. 여기에 수록된 사례들은 개인의 법률문제 해결에 도움을 주고자 게재하였음으로 참고자료로 활용하시기 바랍니다.

이 책이 복잡한 민사소송절차를 잘 몰라서 손해를 보고 있는 분이나 과도한 소송비용 때문에 민사적 다툼을 주저하시는 분들에게 큰 도움이 되리라 믿으며, 열악한 출판시장임에도 불구하고 흔쾌히 출간에 응해 주신 법문북스 김현호 대표에게 감사를 드립니다.

2024.
편저자 드림

차　례

제1장 민사소송에 대해 알아봅시다

제2장 민사소송이 진행되는 절차를 알아봅시다
제1절 소송제기

제2절 피고의 답변서 제출 및 반소제기

제3절 변론절차

제4절 소송은 어떻게 종결되나요?

제3장 민사소송을 하기 위해 미리 검토해야 할 점
제1절 소송제기의 가능 여부 판단 및 증거자료의 준비

제4절 소송비용의 산정방법

제4장 민사분쟁 간이절차
제1절 민사조정

제2절 제소전화해

제3절 지급명령

제4절 공시최고(제권판결)

제5절 소액사건심판 및 이행권고

제1장

민사소송에 대해 알아봅시다.

제1장 민사소송에 대해 알아봅시다.

1. 민사소송의 개념

1-1. 민사소송이란?

민사소송이란 사법상의 권리 또는 법률관계에 대한 다툼을 법원이 국가의 재판권에 의해 법률적·강제적으로 해결·조정하기 위한 일련의 절차를 말합니다.

1-2. "사법상의 권리 또는 법률관계에 대한 다툼"이란?

"사법상의 권리 또는 법률관계에 대한 다툼"이란 「민법」·「상법」 등 사법(私法)에 의해 규율되는 대등한 주체 사이의 신분상 또는 경제상 생활관계에 관한 다툼을 말합니다.

1-3. 간이절차

민사소송보다 간이한 절차로 분쟁을 해결하는 제도로는 민사조정절차·화해절차·지급명령제도·공시최고절차·소액심판소송 등이 있습니다.

■ 민사소송의 유형에는 무엇이 있습니까?

Q. 민사소송의 유형에는 무엇이 있습니까?

A. 민사소송은 금전지급청구의 소, 확인의 소, 등기·등록 등의 절차의 소 등 다양한 유형의 소송이 있습니다. 금전 지급을 구하는 소송에는 대여금청구의 소, 양수금청구의 소, 임대차보증금청구의 소, 매매대금청구의 소 등이 있습니다. 다양한 소송의 유형 중에서 본인의 상황에 맞는 소송을 제기하시면 됩니다.

2. 민사소송의 요건

2-1. 소송요건의 개념

'소송요건'이란 법원이 판결을 하기 위한 요건을 말하고, 소송요건의 주요사항은 다음과 같습니다.

① 법원이 재판권과 관할권을 가질 것
② 당사자가 현재하며 당사자능력과 당사자적격을 가질 것
③ 판결을 받을 법률상의 이익 내지 필요(권리보호의 이익)가 있을 것

■ **고등학교를 상대로 다투기 위해 학교에 소송을 제기하려 하는데 가능합니까?**

Q. 저는 A고를 졸업하였습니다. 그러나 학교에서는 저에게 A고 졸업자가 아니라고 하면서 졸업장을 주지 않겠다고 하고 있습니다. A고를 상대로 다투기 위해 학교에 소송을 제기하려 하는데 가능합니까?

A. 학교법인의 이름으로 소송을 제기하십시오. 국립대학의 경우 국가를 당사자로 하여야 합니다. 통상 우리가 알고 있는 학교는 법률상 독립된 사회적 단체라고 보기가 곤란합니다. 이와 관련하여 대법원은 학교에 대하여 공립학교, 사립학교, 각종학교 등 어느 것을 막론하고 교육을 위한 시설에 불과하다고 하여 소송에서 당사자로 될 수 있는 능력을 부인하고 있습니다. 또 위 A 학교 교장을 피고로 한 소송이라면 이 교장은 위 학교법인의 기관의 하나로서 관계법령에 따라 학생의 입학 퇴학 전학 편입학 휴학 졸업 및 징계 등 소관사무를 처리하는데 지나지 않으므로 교장이 이러한 학사사무를 처리할 권한이 있다고 해서 곧 교장에게 이러한 사항에 관한 민사소송상의 당사자적격이 있다고 단정될 수 없습니다(대법원 1975.12.9. 선고 75다1048 판결). 따라서 공립학교의 경우에는 국가 또는 지방자치단체, 사립학교는 학교법인, 각종 학교는 설립자 등 각 운영주체를 당사자로 삼아야 합니다.

2-2. 관할법원

① 소장을 작성하여 법원에 제출하려면 국내에 있는 여러 곳의 법원 중 그
사건과 관련된 법원에 제출해야 되는데, 일반적으로 이것을 관할이라고
합니다. 즉, 그 사건에 대하여 재판권을 행사할 수 있는 법원을 관할법
원이라고 합니다.

② 일반적으로 관할법원은 피고의 주소지에서 대부분 가능합니다.

③ 관할법원 선택의 중요성

소장을 제출할 때에는 어느 법원에 제출하여야 하는지를 먼저 확인
하여 해당 관할법원에 제출하여야 합니다. 관할법원에 제출하지 않으
면 법원의 직권에 의하여 이송결정이 되며, 그로 인하여 소송이 지연
될 수 있기 때문입니다.

■ 관할위반을 항변하여 전속관할권 있는 법원으로 이송신청을 할 수 있을까요?

Q. 저는 광주에서 A 주식회사를 설립하여 과일 유통업을 영위하고 있는데, 대표이사인 저의 주소는 서울 서초구로 되어 있습니다. 보성에서 농장을 운영하는 B와 과일 공급계약을 체결하면서 당사자 상호간에 분쟁이 발생하는 경우 저희 법인 소재지인 광주지방법원을 관할법원으로 하기로 계약서를 작성하였습니다. B와 거래를 계속하던 중 B가 낙과를 정상제품에 섞어서 저희 회사에 납품을 한 것이 드러나 B와의 공급계약을 해제하고, B에게 지급할 대금 중 낙과가 차지하는 비율에 해당하는 돈을 지급하지 않았는데, B가 인터넷 사이트를 보고 서울에 있는 C변호사와 수임계약을 체결한 다음, A 주식회사 뿐만 아니라 저까지 피고로 지정한 다음 서울중앙지방법원에 물품대금을 지급하라면서 소송을 제기하였습니다. 그런데 소장을 아무리 살펴 보아도 저를 피고로 삼은 이유에 대해서 아무런 기재가 되어 있지 않고, B에게도 관할 합의를 해 놓고도 왜 서울중앙지방법원에 소송을 제기했냐고 항의하였는데 B는 C에게 저까지 피고로 해서 소송을 제기해 달라고 말을 한 적이 없다고 합니다. 아마도 C변호사가 서울에 있으니까 광주까지 재판을 나오기도 싫고, 복대리를 시키는 비용도 아까워서 일부러 저를 피고로 넣어서 서울중앙지방법원에 소송을 제기한 것으로 보이는데, 이송신청을 할 수 있을까요?

A. A 회사와 B사이에 체결된 관할합의는 전속적 관할합의이므로 원칙적으로 둘 사이의 소송은 광주지방법원에 전속관할이 있습니다. 그러나 대표이사를 피고로 삼는 순간 관련재판적(민사소송법 제25조)에 따라 대표이사인 민원인의 주소지인 서울중앙지방지방법원에도 관할이 성립하므로, 일응 이 사건 소송은 관할 있는 법원에 적법하게 제기된 것으로 볼 수도 있습니다. 그러나 민사소송의 당사자와 소송관계인은 신의에 따라 성실하게 소송을 수행하여야 하고(민사소송법 제1조 제1항), 민사소송의 일방 당사자가 다른 청구에 관하여 관할만을 발생시킬 목적으로 본래 제

소할 의사 없는 청구를 병합한 것이 명백한 경우에는 관할선택권의 남용으로서 신의칙에 위배되어 허용될 수 없으므로, 그와 같은 경우에는 관련재판적에 관한 민사소송법 제25조의 규정을 적용할 수 없습니다(대법원 2011.9.29. 자 2011마62 결정). 그런데 이 사건은 변호사인 C가 단지 자기가 광주까지 재판 출석을 하기 싫다는 이유만으로 대표이사에 대한 청구원인을 밝히지 않은 채 서울에 주소지가 있는 대표이사까지 피고로 삼아 소송을 제기한 것이므로 관할권의 남용으로 볼 수 있고, 따라서 관할위반의 항변을 하면서 전속관할권 있는 광주지방법원으로 이송신청을 할 수 있을 것으로 보입니다.

■ 대여금청구소송을 채권자의 주소지 관할법원에 제기할 수 있는지요?

Q. 저는 몇 년 전 서울에서 살았는데, 당시 이웃에 사는 甲에게 500만원을 빌려준 일이 있습니다. 그 후 저는 그 돈을 받지 못한 채 부산으로 이사를 왔는데, 지금이라도 소송을 제기하여 그 돈을 받으려고 합니다. 소송은 甲의 주소지인 서울에 있는 법원에 제기해야 하는지요?

A. 사람의 보통재판적에 관하여 「민사소송법」제2조 및 제3조는 "소는 피고의 보통재판적이 있는 곳의 법원이 관할한다. 사람의 보통재판적은 그의 주소에 따라 정한다. 다만, 대한민국에 주소가 없거나 주소를 알 수 없는 경우에는 거소에 따라 정하고, 거소가 일정하지 아니하거나 거소도 알 수 없으면 마지막 주소에 따라 정한다."라고 규정하고 있습니다. 그러므로 소(訴)는 피고의 보통재판적이 있는 곳의 법원이 관할하고, 사람의 보통재판적은 주소에 따라 정하며, 민사소송은 피고의 주소지를 관할하는 법원에 제기하는 것이 원칙이라 하겠습니다. 그런데 「민사소송법」은 위 원칙을 엄격히 관철할 경우 사건의 내용이나 성질상 전혀 관계가 없는 곳이 관할로 되는 경우가 있어 사건의 내용이나 성질에 비추어 합당한 곳을 관할로 인정하는 특별재판적제도를 두고 있습니다.

재산권에 관한 소에 관하여 「민사소송법」 제8조는 "재산권에 관한 소를 제기하는 경우에는 거소지 또는 의무이행지의 법원에 제기할 수 있다."라고 규정하여 거소지 또는 의무이행지의 법원에 제기할 수 있다고 규정하고 있습니다. 그리고 채무변제의 장소에 관하여 「민법」 제467조는 "①채무의 성질 또는 당사자의 의사표시로 변제장소를 정하지 아니한 때에는 특정물의 인도는 채권성립 당시에 그 물건이 있던 장소에서 하여야 한다. ②전항의 경우에 특정물인도 이외의 채무변제는 채권자의 현 주소에서 하여야 한다. 그러나 영업에 관한 채무의 변제는 채권자의 현 영업소에서 하여야 한다."라고 규정하고 있습니다. 관련 판례는 "보통재판적에 의하여 생기는 토지관할과 특별재판적에 의하여 생기는 토지관할이 경합되는 경우에는 원고는 그 중 아무 곳이나 임의로 선택하여 제소할 수 있다."라고 하였으며(대법원 1964.7.24.자 64마555 결정), "재산권에 관한 소는 의무이행지의 법원에 특별재판적이 인정되고 특정물인도 이외의 채무에 관한 채무이행지는 당사자의 특별한 의사표시가 없는 한 채권자의 현주소라고 할 것이다."라고 하였습니다.(민법 제467조, 대법원 1969. 8. 2.자 69마469 결정). 그러므로 위 사안에 있어서 특별히 귀하가 甲의 주소지에 가서 위 대여금을 변제 받기로 약정한 사정이 없는 한, 귀하는 甲의 주소지 관할법원(서울)과 의무이행지 관할법원(부산) 중에서 임의로 선택하여 소송을 제기할 수 있는 것입니다. 따라서 귀하의 현주소지인 부산에서도 소송을 제기할 수 있다고 할 것입니다.

■ 관할합의에 위반한 소송에는 어떻게 대응해야 하나요?

Q. 저는 의성에서 마늘 농사를 짓고 있는데, 신안군에 있는 A에게 마늘 1톤을 판매하기로 계약하면서 계약에 관하여 분쟁이 있을 경우 의성지원을 관할법원으로 하기로 약정하고, 같은 내용을 기재해 계약서를 작성하였습니다. 저는 A에게 약속한 대로 마늘 1톤을 보냈지만, A는 마늘 품질이 마음에 들지 않는다면서 계약을 해제하겠다는 의사를 표시하면서 목포지원에 계약금 반환청구소송을 제기하였습니다. 이 경우 어떻게 대응해야 하나요?

A. 관할 있는 법원 중 어느 한 법원을 관할법원으로 정하기로 한 경우, 그 합의는 전속적 관할합의로 보는 것이 일반적입니다(대법원 2008.3.13. 선고 2006다68209 판결 등). 이 사건 매매계약과 관련하여 발생하는 분쟁은 목포지원과 의성지원에 각각 의무이행지 또는 보통재판적으로써 관련되는 모든 사건에 관할이 성립하므로, 의성지원을 관할로 정하기로 합의한 것은 전속적 관할합의로 볼 수 있습니다. 따라서 답변서를 통하여 관할위반의 항변을 함으로써 사건을 의성지원으로 이송하여 재판을 진행할 수 있겠습니다.

■ 방문판매와 관련된 소송의 관할법원은 어디인지요?

Q. 저는 강릉에서 거주하고 있는데, 방문판매업자인 A로부터 화장품을 50
만원을 주고 구입하였는데, 왠지 A로부터 사기를 당한 것 같아서 포장
지도 뜯지 않은 채 계약을 체결한지 3일이 경과한 시점에서 A에게 청약
을 철회한다는 의사를 표시하였습니다. 그럼에도 불구하고 A는 환불은
절대 안된다면서 대금 반환을 거부하고 있습니다. 화장품을 구입하면서
작성한 계약서를 보니 물건과 관련하여 발생한 분쟁은 서울중앙지방법
원을 전속관할로 한다고 규정되어 있는데 서울에 소제기를 하려니 왔다
갔다 하면서 소요되는 시간이나 차비를 생각해 보니 배보다 배꼽이 더
클 것 같습니다. 꼭 서울중앙지방법원에 소송을 제기해야 하나요?

A. 특수판매와 관련된 소(訴)는 제소 당시 소비자 주소를, 주소가 없는 경우에는
거소를 관할하는 지방법원의 전속관할로 한다. 다만, 제소 당시 소비자의 주소
또는 거소가 분명하지 아니한 경우에는 「민사소송법」의 관계 규정을 준용합니
다(방문판매 등에 관한 법률 제53조). 한편 특수판매란 방문판매, 전화권유판
매, 다단계판매, 후원방문판매, 계속거래 및 사업권유거래를 의미하므로(제4조
제1항), 방문판매와 관련된 이 사건 소송은 제소 당시 소비자의 주소지를 관할
하는 법원에 전속관할이 있습니다. 따라서 관할있는 강릉지원에 소송을 제기하
면 되겠습니다. 전자상거래 등에서의 소비자보호에 관한 법률 제36조는 '통신
판매업자와의 거래에 관련된 소(訴)는 소 제기 당시 소비자의 주소를 관할하
는 지방법원의 전속관할로 하고, 주소가 없는 경우에는 거소(居所)를 관할하는
지방법원의 전속관할로 한다. 다만, 소 제기 당시 소비자의 주소 또는 거소가
분명하지 아니한 경우에는 그러하지 아니하다.'고 정하고 있습니다. 따라서 통
신판매업자와의 거래, 즉 그로부터 재화를 구매한 것과 관련된 이 사건 소송은
소 제기 당시 소비자의 주소를 관할하는 법원에 전속관할이 성립하고, 이용약
관에 기재된 규정은 위 법령에 위반한 것으로 효력이 없습니다(동시에 약관의
규제에 관한 법률에 따라 무효로 평가될 여지도 매우 많음). 따라서 신안군을
관할하는 목포지원에 소송을 제기하면 되겠습니다.

■ 재소자가 복역 중인 교도소 소재지 관할법원에 소를 제기 할 수 있는지요?

Q. 저는 단골 노래방에서 도우미 A를 불러 같이 놀았는데, A와 팁 문제로 싸우다가 손바닥으로 A의 뺨을 한 대 때리게 되었습니다. 그러자 A는 갑자기 제가 강간을 하려고 했다면서 경찰에 신고를 했고, 결국 저는 억울하게 강간미수 혐의로 구속을 당하게 되었습니다. 그런데 수사 중 심리생리검사 결과 A가 거짓말을 하고 있음이 밝혀지고, 제가 수치스럽지만 발기부전으로 성관계를 맺을 수 있는 상태가 아님을 밝힌데다, 노래방 업주인 B까지 저의 무고함을 적극적으로 변소한 결과 저는 혐의없음 처분을 받았고, 오히려 A가 무고로 인지되어 종국적으로 징역 1년의 실형을 선고받게 되었습니다. 현재 A는 순천교도소에 수감되어 있는데, 사건이 발생한 곳은 진주시이고, A의 주민등록상 주소도 진주인 것으로 알고 있습니다. 저도 주민등록상 주소는 진주로 되어 있지만 최근 영업상 문제로 순천으로 1주일에도 네 번 정도 출장을 나오고 있는 상태라 진주보다는 순천에서 손해배상 청구소송을 하는게 더 편리할 것 같습니다. A가 복역 중인 순천교도소의 주소지를 관할하는 순천지원에 손해배상청구소송을 제기할 수 있을까요?

A. 주소는 생활의 근거되는 곳으로써 이는 그 실질에 따라 판단되어야 하므로, 원칙적으로 등록기준지나 전입신고된 주소와 직접적으로 관련이 있지는 않으나, 주민등록이 된 곳을 주소지로 봄이 일반적입니다. 이 사건의 경우 A가 복역 중인 교도소를 A의 생활의 근거되는 장소로써 주소로 볼 수 있는지가 문제되는데, 이에 대해서 명시적인 대법원의 판례는 없고, A는 징역 1년의 실형을 선고받았으므로 형기가 종료되기 전까지는 교도소 외의 장소로 이동할 수 없고, 교도소 내에서 계속해서 수형생활을 해야 한다는 점에 비추어 보면 최소한 형기가 종료될 때까지는 교도소를 A의 생활의 근거되는 곳으로 볼 수 있을 여지도 있겠으나, 최근 양부모의 보통재판적에 전속관할이 있는 재판상 파양사건에서 양부가 5년여가량 형기가 남아 있음을 이유로 양부가 형의 집행을 받고 있는 교도소를 관할하는

가정법원에 파양 청구의 소송을 제기하였으나 교도소는 거소로 볼 수 있을 뿐 주소로 볼 수는 없다는 이유로 양부의 주민등록상 주소지 관할 법원으로 사건이 이송된 예가 있습니다. 이러한 하급심의 판단을 따르자면, 이 사건은 순천지원이 아닌 A의 주민등록이 존재하는 진주지원에 소송을 제기해야 할 것으로 보입니다.

■ 자녀의 양육비 명목으로 일정한 금전을 지급하기로 하는 각서를 작성한 경우, 그 지급을 구하는 재판의 관할법원은?

Q. 저는 배우자인 A를 상대로 이혼소송을 제기하였다가 2019. 3. 20. 배우자인 A와 이혼하고, 미성년자녀 B의 친권행사자 및 양육권자를 저로 정하는 내용으로 조정이 성립되어 A와 이혼하게 되었습니다. 당시 저는 A가 자녀를 제가 키우는 조건으로 매달 50만원 씩을 주겠다고 약속하여 조정조항에 별도로 양육비에 관한 사항은 부기하지 않았습니다. 그런데 A가 조정 성립 후 몇 달간은 양육비를 제때 주다가 이후에는 몇 주씩 양육비 지급이 지연되는 일이 빈번히 발생하였고, 이에 저는 불안한 마음에 A에게 앞으로 매달 자녀의 양육비 명목으로 50만원 씩을 20일에 지급한다는 각서를 작성해 달라고 졸라 A로부터 각서를 징구받았습니다. 그러나 A는 2020.3.20.부터 지금까지 계속해서 양육비를 지급하지 않고 있고, 저는 더 이상 A의 행태를 참을 수 없어서 각서에 기재된 대로 약정금을 달라는 소송을 제기하고, 직접 강제집행절차에 착수할 예정인데, 각서에 기재된 채무를 이행하라는 것이어서 민사법원에 소송을 제기해야 될지 가정법원에 소송을 제기해야 될지 모르겠습니다.

A. 부모가 이혼을 하면서 자녀의 양육비에 관하여 구체적인 협의가 이루어졌고, 그 협의에 따른 양육비의 지급을 구하는 경우 이를 자녀의 양육에 관한 처분을 구하는 것으로서 가사사건으로 볼지 또는 단순한 약정금의 지급을 구하는 것으로써 민사사건으로 볼지에 대해서는 확립된 대법원의 판례는 없고, 다만 실무상으로는 가사사건으로 처리하고 있는 것으로 보입니다(법원실무제요 가사 II, 534p). 따라서 마류 가사비송사건으로 보아 A의 보통재판적이 속한 가정법원에 소송을 제기하는 것이 타당합니다. 다만 조정조항으로 양육비가 결정되었거나, 협의이혼을 하면서 양육비부담조서를 작성하였음에도 불구하고 그와 동일한 내용의 양육비 지급을 구하는 소송을 가정법원에 제기하는 경우, 조정조서나 양육비부담조서 그 자체가 집행권원에 해당하여 강제집행이 가능하므로 그 소송은 권리보호이익이 없어 부적법함에 유의하시기 바랍니다.

[서식 예] 관할합의서

관 할 합 의 서

○○○ (주민등록번호)
○○시 ○○구 ○○길 ○○(우편번호 ○○○-○○○)

◇◇◇ (주민등록번호)
○○시 ○○구 ○○길 ○○(우편번호 ○○○-○○○)

　위 당사자 사이에 200○.○.○.자 체결한 임대차계약에 관한 소송행위는 ○○지방법원을 제1심의 관할법원으로 할 것을 합의합니다.

첨　부 : 임대차계약서　　1 통.

200○년 ○월 ○일

위 합의자　○○○　(서명 또는 날인)
◇◇◇　(서명 또는 날인)

[서식 예] 소송이송신청서

소 송 이 송 신 청 서

사 건   20○○가합○○○ 물품대금
원 고   ○○○
피 고   ◇◇◇

위 사건에 관하여 피고는 다음과 같이 관할위반에 의한 소송이송을 신청합니다.

신 청 취 지

이 사건을 ◎◎지방법원으로 이송한다.
라는 결정을 구합니다.

신 청 이 유

1. 원고는 피고와 이 사건 물품대금청구사건과 관련된 물품공급계약을 체결하면서 공급된 물품의 대금은 원고가 직접 ◎◎지방법원 관내인 피고의 주소지에 와서 받아 가기로 특약을 한 사실이 있습니다.
2. 그럼에도 불구하고 원고는 이 사건 소를 원고의 주소지 관할법원인 귀원에 제기하였습니다.
3. 그러므로 이 사건에 있어서 민사소송법 제2조 및 제3조에 따른 보통재판적으로 보면 당연히 피고의 주소지를 관할하는 ◎◎지방법원에 관할권이 있을 뿐만 아니라, 민사소송법 제8조에 따른 특별재판적인 의무이행지의 관할법원도 역시 ◎◎지방법원이라고 하여야 할 것입니다. 따라서 이 사건을 ◎◎지방법원으로 이송하여 주시기 바랍니다.

소명방법 및 첨부서류

1. 물품공급계약서	1통
1. 주민등록표등본(피고)	1통
1. 송달료납부서	1통

20○○. ○. ○.
위 피고   ◇◇◇(서명 또는 날인)

○○지방법원 제○○민사부 귀중

즉 시 항 고 장

사   건   20○○카기○○○   소송이송
항고인(피고)   ◇◇◇   (주민등록번호)
○ ○ 시 ○ ○ 구 ○ ○ 길 ○ ○ (우 편 번 호 ○ ○ ○ ○ ○)
팩스번호, 전자우편(e-mail)주소

　위 항고인은 ○○지방법원 20○○가단○○○   손해배상(자) 청구사건에 관하여 항고인이 같은 법원 20○○카기○○○호로 제기한 소송이송신청에 대하여 같은 법원이 20○○.○.○.자로 한 이송신청 기각결정에 대하여 불복이므로 즉시항고를 제기합니다.

원 결 정 의 표 시

주문 : 피고의 이 사건에 대한 이송신청을 기각한다.
(항고인이 결정문을 송달 받은 날 : 20○○.○.○.)

항 고 취 지

1. 원 결정을 취소한다.
2. 이 사건을 ◎◎지방법원으로 이송한다.
라는 결정을 구합니다.

항 고 이 유

　이 사건은 원고가 교통사고의 피해자로서 손해배상을 청구하고 있는 사건인바,   이 건 교통사고의 발생지도 ◎◎시이고, 피고의 주소지도 ◎◎시이므로 ◎◎지방법원에 관할권이 있다고 할 것이고, 또한 ◎◎지방법원에서 재판하는 것이 소송의 지연·손해를 피하기 위하여 필요하다고 할 것이므로 원 결정을 취소하고 소송이송결정을 하여 주시기 바랍니다.

첨 부 서 류

1. 송달료납부서　　　　1통.

20○○. ○. ○.
위 항고인(피고)　◇◇◇(서명 또는 날인)

○○지방법원 항소부 귀중

2-3. 당사자

2-3-1. 당사자능력

'당사자능력'은 당사자가 될 수 있는 소송법상의 능력으로 원고로 소송하고, 피고로 소송당하는 능력을 말합니다.

2-3-2. 당사자적격

당사자적격은 당사자로서 소송을 수행하고 판결을 받기 위해 필요한 자격으로 청구를 할 수 있는 정당한 당사자가 누구냐는 문제입니다.

2-3-3. 소송능력

'소송능력'은 당사자로서 스스로 유효하게 소송행위를 하거나 상대방 또는 법원의 소송행위를 받는데 필요한 능력을 말하며, 행위능력자는 모두 소송능력을 가집니다. 다만, 제한능력자인 미성년자·피한정후견인·피성년후견인의 소송능력은 제한될 수 있습니다.

■ 당사자능력이 없는 사망자가 제기한 소송으로 무효가 되나요?

Q. A씨는 생사가 불명한 부재자인 B씨의 재산관리인인데 B씨의 재산 중 일부 명의가 변경된 것을 알고 원상으로 회복하는 소송을 제기하고자 합니다. 재산관리인인 A씨가 B씨의 대리인으로 소송을 제기하면 당사자능력이 없는 사망자가 제기한 소송으로 무효가 되나요?

A. 부재자의 생사가 분명하지 않은 경우, 부재자는 법원의 실종선고가 없는 한 사망자로 간주되지 않으며, 부재자의 재산관리인이 부재자의 대리인으로 소송을 제기할 수 있습니다. 소송계속 중 부재자에 대한 실종선고가 확정되어 그 소 제기 이전에 부재자가 사망한 것으로 간주되는 경우에도, 실종선고의 효력이 발생하기 전에는 실종기간이 만료된 실종자라 해도 소송상 당사자능력을 상실하지 않습니다.

■ 당사자적격에 해당하는 요건은?

Q. A씨는 B씨에게 돈을 빌려주었으나 기한이 지나도록 연락도 없이 갚지 않자, B씨에게 돈을 갚아야 하는 C씨의 통장에 '채권에 대한 압류 및 추심명령'을 했습니다. 이후에 B씨는 C씨에게 변제를 요구하는 소송을 제기할 수 있나요?

A. 채권에 대한 압류 및 추심명령이 있으면 제3채무자(C씨)에 대한 이행소송은 추심채권자(A씨)만이 제기할 수 있고 채무자(B씨)는 피압류채권에 대한 이행소송을 제기할 당사자적격을 상실하게 됩니다. 그리고 이와 같은 당사자적격에 관한 사항은 소송요건에 관한 것으로서 사실심의 변론종결시를 기준으로 법원이 직권으로 조사하고 판단합니다.

■ 미성년자도 소송능력이 있는지요?

Q. 저는 대학등록금을 모으려고 6개월동안 열심히 아르바이트를 했습니다. 그런데 사장이 여러 이유를 대며 그동안 밀린 급여를 주지 않고 있습니다. 저는 아직 미성년자인데 사장을 상대로 임금청구소송을 제기할 수 있을까요?

A. 미성년자는 소송능력이 없어 원칙적으로 법정대리인에 의해서만 소송행위를 할 수 있으나, 미성년자 자신의 노무제공에 따른 임금의 청구는 「근로기준법」에 따라 미성년자라도 독자적으로 가능합니다.

■ 종중재산에 관한 소송당사자로 종중이 될 수 있는지요?

Q. 甲종중에서는 경기도 소재 임야 약 50,000평을 종중원인 乙에게 명의신탁하고 그 관리를 맡기고 있었습니다. 그런데 乙은 1년 전 사망하였고 그의 자녀들이 임야를 상속한 후 소유권을 주장하며 처분하려고 합니다. 이에 甲종중에서는 명의신탁해지로 인한 소유권이전등기절차이행청구의 소를 제기하고자 하는데, 甲종중의 대표자가 소송을 제기하면 되는지요?

A. 민사소송에서 당사자능력이란 민사소송의 당사자가 되어 소송상의 모든 효과의 귀속주체가 될 수 있는 일반적 능력을 의미하는데, 이는 민법상 권리·의무의 주체가 될 수 있는 능력 즉 인격과 일치합니다.

따라서 자연인과 법인만이 당사자능력이 있다 할 것이고, 인격이 없는 단체 예컨대, 민법상의 조합 등은 원칙적으로 당사자가 될 수 없습니다. 다만, 「민사소송법」은 일정한 요건을 갖춘다면 자연인이나 법인이 아니더라도 소송의 당사자가 될 수 있도록 하고 있습니다(민사소송법 제52조). 소송의 당사자가 되기 위해서는 사단(社團)이나 재단(財團)의 실체를 갖추고 대표자의 정함이 있을 것을 요건으로 하고 있습니다. 사단이란 일정 목적하의 다수인의 결합체로서 그 구성원의 가입·탈퇴에 관계없이 존속하여 대내적으로 그 결합체의 의사를 결정하고 목적달성을 위한 업무를 집행할 기관이 있고, 대외적으로 그 결합체를 대표할 대표자나 관리인의 정함이 있는 것을 말합니다. 그런데 종중은 공동선조의 후손들에 의하여 선조의 분묘수호 및 봉제사와 후손상호간의 친목을 목적으로 형성되는 자연발생적인 종족단체로서 선조의 사망과 동시에 후손에 의하여 성립하는 것이며, 종중의 규약이나 관습에 따라 선출된 대표자 등에 의하여 대표되는 정도로 조직을 갖추고 지속적인 활동을 하고 있다면 법인이 아닌 사단으로서의 단체성이 인정됩니다(대법원 1994.9.30. 선고 93다27703 판결). 한편, 종중의 당사자능력과 관련하여 판례는 "민법 제276조 제1항은 '총유물의 관리 및 처분은 사원총회의 결의에 의한다.' 같은 조 제2항은 '각 사원은 정관 기타의 규약에 좇아 총유물을 사용·수익할 수 있다.'라고 규정하고 있을 뿐 공유나 합유의 경우처럼 보존행위는 그 구성원 각자가 할 수 있다는 「민법」제265조 단서 또는 제272조 단서와 같은 규정을 두고 있지 아니한바, 이는 법인 아닌 사단의 소유형태인 총유가 공유나 합유에 비하여 단체성이 강하고 구성원 개인들의 총유재산에 대한 지분권이 인정되지 아니하는 데에서 나온 당연한 귀결이라고 할 것이므로 총유재산에 관한 소송은 법인 아닌 사단이 그 명의로 사원총회의 결의를 거쳐 하거나 또는 그 구성원 전원이 당사자가 되어 필수적 공동소송의 형태로 할 수 있을 뿐 그 사단의 구성원은 설령 그가 사단의 대표자라거나 사원총회의 결의를 거쳤다 하더라도 그 소송의 당사자가 될 수 없고 이러한 법리는 총유재산의 보존행위로서 소를 제기하는 경우에도 마찬가지라 할 것이다."라고 하였습니다(대법원 2005.9.15. 선고 2004다44971 전원합의체 판결).

따라서 위 판례에 비추어 볼 때 종중 구성원 개인은 당사자능력이 인정되지 아니하므로 대표자 개인명의가 아닌 甲종중명의로 소송을 제기해야 할 것입니다. 그리고 위와 같은 종중이 명의신탁해지로 인한 소유권이전등기절차이행청구의 소송에서 승소하여 종중명의로 부동산등기를 하려면 「부동산등기법」제30조에 따라 종중의 대표자가 등기권리자 또는 등기의무자 자격으로 신청할 수 있으며, 이때 종중은 시장(구가 설치되어 있는 시에서는 구청장)·군수로부터 부여받은 부동산등기용등록번호를 병기하여야 할 것입니다(부동산등기법 제41조의 2).

■ 입주자대표회의가 소송절차에서 당사자능력이 인정되는지요?

Q. 저는 아파트입주자대표회의에서 다음 회기의 대표자로 선출되었습니다. 입주자대표회의의 운영상 여러 가지 법률적 문제가 발생할 것으로 예상되는데, 문제가 발생하면 입주자대표회의가 당사자가 되어 소송을 제기할 수 있는지요?

A. 당사자능력이란 민사소송의 당사자가 되어 소송상의 모든 효과의 귀속주체가 될 수 있는 일반적 능력을 말하고, 원칙적으로는 사람과 법인만이 당사자능력이 있다고 할 것이나 민사소송법은 예외적으로 법인이 아닌 사단이나 재단(비법인 사단·재단이라고도 함)이라도 대표자 또는 관리인이 있으면 당사자능력을 인정하고 있습니다(민사소송법 제52조). 따라서 공동주택의 입주자대표회의는 사람이나 법인이 아니기 때문에 법인이 아닌 사단이나 재단으로 인정되어야만 「민사소송법」제52조에 따라 당사자능력을 가질 수 있습니다. 이와 관련하여 판례는 "주택건설촉진법 제38조, 공동주택관리 령 제3조, 제10조, 제11조, 제16조 내지 제18조의 각 규정 등에 비추어 보면, 같은 법 제38조 제4항 및 공동주택관리령 제7조 각 호의 1에 해당하는 공동주택의 입주자가 법 제38조 제7항과 공동주택관리령 제10조 제1항에 따라서 구성한 입주자대표회의는 단체로서의 조직을 갖추고 의사결정기관과 대표자가 있을 뿐만 아니라 또 현실적으로도 자치관리기구를 지휘·감독하는 등 공동주택의 관리업무를 수행하고 있으므로 특별한 다른 사정이 없는 한 법인 아닌 사단으로서 당사자능력을 가지고 있는 것으로 보아야 할 것이다."라고 하였습니다(대법원 1991.4.23. 선고 91다4478 판결). 따라서 입주자대표회의는 법인이 아닌 사단으로서 당사자능력이 있다 할 것이므로, 위 사안의 경우에도 입주자대표회의와 관련된 법률문제가 발생하면 입주자대표회의의 명의로 소송을 수행할 수 있을 것입니다. 참고로 민법상의 조합과 법인이 아닌 사단의 구별기준에 관하여 판례는 "민법상의 조합과 법인격은 없으나 사단성이 인정되는 비법인사단을 구별함에 있어서는 일반적으로 그 단체성의 강약을 기준으로 판단하여야 하는바, 조합은 2인 이상이 상호간에 금전 기

타 재산 또는 노무를 출자하여 공동사업을 경영할 것을 약정하는 계약관계에 의하여 성립하므로 어느 정도 단체성에서 오는 제약을 받게 되는 것이지만 구성원의 개인성이 강하게 드러나는 인적 결합체인데 비하여 비법인사단은 구성원의 개인성과는 별개로 권리·의무의 주체가 될 수 있는 독자적 존재로서의 단체적 조직을 가지는 특성이 있다 하겠는데, 어떤 단체가 고유의 목적을 가지고 사단적 성격을 가지는 규약을 만들어 이에 근거하여 의사결정기관 및 집행기관인 대표자를 두는 등의 조직을 갖추고 있고, 기관의 의결이나 업무집행방법이 다수결의 원칙에 의하여 행하여지며, 구성원의 가입, 탈퇴 등으로 인한 변경에 관계없이 단체 그 자체가 존속되고, 그 조직에 의하여 대표의 방법, 총회나 이사회 등의 운영, 자본의 구성, 재산의 관리 기타 단체로서의 주요사항이 확정되어 있는 경우에는 비법인사단으로서의 실체를 가진다고 할 것이다."라고 함으로써 민법상의 조합과 법인이 아닌 사단을 구별하고 있습니다(대법원 1999.4.23. 선고 99다4504 판결, 2001.9.28. 선고 99다27705, 27712, 27729 판결).

■ 미성년자를 당사자로 한 소를 제기할 수 있나요?

Q. 저는 甲에게 고용되어 근무중 6개월분의 임금을 지급받지 못하고 퇴직하여 체불임금의 지급을 구하는 소를 제기하려고 합니다. 그런데 최근 甲과 그의 처 乙이 사망하였고, 그 유일한 상속인으로 甲의 아들인 미성년자인 丙이 있습니다. 이런 경우 소송을 통한 권리구제가 가능한지요?

A. 「민사소송법」제55조 제1항 본문은 "미성년자 또는 피성년후견인은 법정대리인에 의하여서만 소송행위를 할 수 있다."라고 규정하고 있고(2016.2.3. 전문개정, 2017.2.4. 시행), 미성년자의 법정대리인이 되는 자에 관하여 「민법」제928조는 "미성년자에게 친권자가 없거나 친권자가 제924조, 제924조의2, 제925조 또는 제927조제1항에 따라 친권의 전부 또는 일부를 행사할 수 없는 경우에는 미성년후견인을 두어야 한다."라고 규정하고 있으며, 같은 법 제932조는 미성년자의 후견인의 선임에 대해 규정하고 있으므로 미성년자 또는 미성년자를 상대로 소를 제기하는 자는 위 규정에 따라 친권자 또는 후견인을 미성년자의 법정대리인으로 하여 소를 제기할 수 있습니다. 참고로 「민법」제950조 제1항은 "후견인이 피후견인을 대리하여 다음 각 호의 어느 하나에 해당하는 행위를 하거나 미성년자의 다음 각 호의 어느 하나에 해당하는 행위에 동의를 할 때는 후견감독인이 있으면 그의 동의를 받아야 한다."라고 규정하고 있고, 동조 제5호에 "소송행위"를 열거하고 있으므로 미성년자의 후견인의 소송행위는 후견감독인이 있는 경우에는 그의 동의를 얻어야 유효합니다. 한편, 「민사소송법」제62조 제1항은 "미성년자·피한정후견인 또는 피성년후견인이 당사자인 경우, 그 친족, 이해관계인(미성년자·피한정후견인 또는 피성년후견인을 상대로 소송행위를 하려는 사람을 포함한다), 대리권 없는 성년후견인, 대리권 없는 한정후견인, 지방자치단체의 장 또는 검사는 다음 각 호의 경우에 소송절차가 지연됨으로써 손해를 볼 염려가 있다는 것을 소명하여 수소법원에 특별대리인을 선임하여 주도록 신청할 수 있다. 1. 법정대리인이 없거나 법정대리인에게 소송에 관한 대리권이 없는 경우, 2.

법정대리인이 사실상 또는 법률상 장애로 대리권을 행사할 수 없는 경우, 3. 법정대리인의 불성실하거나 미숙한 대리권 행사로 소송절차의 진행이 현저하게 방해받는 경우"라고 규정하고 있으므로 수소법원에 특별대리인선임신청을 한 후 특별대리인이 선임되면 특별대리인을 상대로 소를 제기할 수 있습니다 (2016.2.3. 전문개정, 2017.2.4. 시행).

■ 미성년자 단독으로 임금청구소송을 할 수 있는지요?

Q. 저는 17세의 미성년자로서 상시(常時) 근로자 수 10인인 봉제공장에서 일하고 있습니다. 그런데 최근 3개월분 임금을 지급받지 못하여 소액심판청구를 하려고 합니다. 주변에서는 미성년자가 단독으로 소송을 제기할 수 없다고 하는데, 미성년자가 단독으로 임금청구를 할 수 있는지요?

A. 소송을 제기하려면 소송능력이 필요합니다. 소송능력이란 당사자가 스스로 유효하게 소송행위를 하고, 또 상대방이나 법원의 소송행위를 받을 수 있는 능력을 말하는데, 이 소송능력은 민법상의 행위능력의 범위와 일치하는 것입니다(민사소송법 제51조). 따라서 미성년자는 행위무능력자로서 소송능력이 없기 때문에 자기 자신의 법적 분쟁이라도 이를 해결하기 위해서는 법정대리인이 소송을 하여야 합니다(민사소송법 제55조 본문). 그런데 「근로기준법」제68조는 근로자가 미성년자라도 자기의 노동의 대가인 임금은 독자적으로 청구할 수 있도록 규정하고 있는데, 이 조항의 취지는 미성년자라도 근로자로서 사용자에 대해 일한 대가를 구하는 것은 법정대리인의 동의 없이도 단독으로 할 수 있게 함으로써 미성년자 노동의 착취를 막는데 있습니다. 이 규정이 임금을 지급 받는 것에 대해 적용됨에는 이론이 없는데, 임금의 지급을 청구하기 위한 소송을 독자적으로 제기할 수 있는 능력, 즉 소송능력까지도 인정하는지에 대하여는 의문이 있을 수 있습니다. 그러나 「민사소송법」제55조는 "미성년자·한정치산자 또는 금치산자는 법정대리인에 의하여서만 소송행위를 할 수 있다. 다만, 미성년자 또는 한정치산자가 독립하여 법률행위를 할 수 있는 경우에는 그러하지 아니하다."라고 규정하고 있고, 판례도 "미성년자는 원칙적으로 법정대리인에 의하여서만 소송행위를 할 수 있으나, 미성년자 자신의 노무제공에 따른 임금의 청구는 근로기준법 제54조(현행 근로기준법 제68조)의 규정에 의하여 미성년자가 독자적으로 할 수 있다."라고 하였습니다(대법원 1981.8.25. 선고 80다3149 판결).

따라서 미성년자도 임금청구사건에서는 소송능력이 있다고 볼 수 있으므로, 귀하는 단독으로 귀하의 사용자에게 임금청구의 소를 제기할 수 있다 하겠습니다. 참고로 근로기준법의 일부규정만이 적용되는 4인 이하의 사업장에서 근로하는 미성년근로자의 경우에도 「근로기준법」제11조 제2항 및 「근로기준법시행령」제7조 별표1에 의하여 같은 법 제68조가 적용되어 독자적으로 자기가 일한 데에 대한 임금 청구의 소를 제기할 수 있을 것입니다.

■ 임대차보증금 반환소송에서 선정당사자를 선임할 수 있는지요?

Q. 저는 A에게 건물을 임차한 임차인입니다. 계약 당시에도 뭔가 어정쩡한 임대인의 태도가 못마땅했으나 무사히 임대차계약을 체결했습니다. 그런데 임대차계약기간이 종료되고, 저는 집을 다 뺐는데도 A는 보증금을 돌려줄 생각을 하질 않습니다. 그렇게 혼자 애태우고 있었는데 알고보니 A의 건물을 임차한 후 보증금을 돌려받지 못하는 사람들이 몇 명 더 있다는 사실을 알게되었고, 다 같이 소송을 진행하기로 했습니다. 그런데 저희가 변호사를 선임할 비용은 없고, 법무사의 도움을 받아 소송은 개인적으로 진행하기로 했습니다. 그런데 다른 두 분이 직장인이시라 소송을 진행할 경우 재판에 출석하기 곤란한 사정이 많아 소송 진행을 꺼리게 되었습니다. 제가 이분들을 대신해서 대표로 소송을 수행할 방안은 없는지 궁금합니다.

A. 사안의 경우 선정당사자 제도를 활용할 여지가 있어 이에 대해 안내해 드립니다. 선정당사자란 민사소송법 제53조의 규정에 따라 공동의 이해관계를 가진 여러 사람이 비법인사단에 해당되지 아니하는 경우에는, 이들은 그 가운데에서 모두를 위하여 당사자가 될 한 사람 또는 여러 사람을 선정할 수 있는 제도를 의미합니다. 선정당사자를 선정하기 위한 요건으로는 ①공동소송을 할 다수당사자가 있어야 하며, ②그 다수당사자 사이에 공동의 이해관계가 있어야 합니다. 마지막으로 ③선정당사자는 공동의 이해관계 있는 자 중에 선정되어야 합니다. 여기서 공동의 이해관계의 의미에 관하여 판례는 "다수자 상호간에 공동소송인이 될 관계에 있고, 또 주요한 공격방어방법을 공통으로 하는 것을 의미한다고 할 것이므로 다수자의 권리와 의무가 동종이며 그 발생원인이 동종인 관계에 있는 것만으로는 공동의 이해관계가 있는 경우라고 할 수 없을 것"이라고 그 의미를 명확히 적시하고 있습니다. 위 사안의 경우에는 보증금반환청구라는 공동소송을 할 당사자가 여럿 있으며, 그 중의 한 명인 귀하를 선정하는 것에 동의한 것으로 보입니다. 다만 공동의 이해관계가 있느냐가 문제되는데 똑같이 보증금 반환청구소송을 진행하려는 사안임이 전제되기

때문에, 주요한 공격방어방법이 공통인 경우에 해당한다고 볼 수 있을 것이므로 위 3가지 요건을 모두 충족한 것으로 보입니다. 위 사안과 유사한 사안에서 대법원 역시 공동의 이해관계를 인정한 취지의 판시를 한 바 있습니다.(대법원 99다15474판결 참조) 결과적으로 귀하가 대표로 소송을 수행할 수 있는 사안이라고 판단됩니다.

그러나 「민사소송법」 제55조는 "미성년자·한정치산자 또는 금치산자는 법정대리인에 의하여서만 소송행위를 할 수 있다. 다만, 미성년자 또는 한정치산자가 독립하여 법률행위를 할 수 있는 경우에는 그러하지 아니하다."라고 규정하고 있고, 판례도 "미성년자는 원칙적으로 법정대리인에 의하여서만 소송행위를 할 수 있으나, 미성년자 자신의 노무제공에 따른 임금의 청구는 근로기준법 제54조(현행 근로기준법 제68조)의 규정에 의하여 미성년자가 독자적으로 할 수 있다."라고 하였습니다(대법원 1981.8.25. 선고 80다3149 판결). 따라서 미성년자도 임금청구사건에서는 소송능력이 있다고 볼 수 있으므로, 귀하는 단독으로 귀하의 사용자에게 임금청구의 소를 제기할 수 있다 하겠습니다. 참고로 근로기준법의 일부규정만이 적용되는 4인 이하의 사업장에서 근로하는 미성년 근로자의 경우에도 「근로기준법」 제11조 제2항 및 「근로기준법시행령」 제7조 별표1에 의하여 같은 법 제68조가 적용되어 독자적으로 자기가 일한 데에 대한 임금 청구의 소를 제기할 수 있을 것입니다.

■ 사망한 자를 당사자로 소송을 제기할 수 있나요?

Q. 저는 친구 A를 위하여 B은행과 보증계약을 체결하였습니다. 친구 A가 돈을 갚지 않아 대위변제를 하였습니다. 저는 A가 사망한 사실을 알았지만 법적인 지식이 없어 사망한 A를 상대로 소송을 제기하였습니다. 주변에 물어보니 사망한 사람을 상대로 소를 제기할 수 없다고 합니다. 이 경우 어떻게 해야 하나요?

A. 당사자능력이 없는 자를 상대로 한 소송은 무효입니다. 즉 소송에서 당사자가 누구인가는 당사자능력, 당사자적격 등에 관한 문제와 직결되는 중요한 사항입니다. 따라서 사건을 심리·판결하는 법원으로서는 직권으로 소송당사자가 누구인가를 확정하여 심리를 진행하여야 하며, 이때 당사자가 누구인가는 소장에 기재된 표시 및 청구의 내용과 원인 사실 등 소장의 전취지를 합리적으로 해석하여 확정하여야 합니다. 이 경우와 같이 소장에 표시된 피고에게 당사자능력이 인정되지 않는 경우에는 소장의 전취지를 합리적으로 해석한 결과 인정되는 올바른 당사자능력자로 표시를 정정하는 것이 허용됩니다. 판례도 채무자 甲의 乙 은행에 대한 채무를 대위변제한 보증인 丙이 채무자 甲의 사망사실을 알면서도 그를 피고로 기재하여 소를 제기한 사안에서, 채무자 甲의 상속인이 실질적인 피고이고 다만 소장의 표시에 잘못이 있었던 것에 불과하므로, 보증인 丙은 채무자 甲의 상속인으로 피고의 표시를 정정할 수 있고, 따라서 당초 소장을 제출한 때에 소멸시효중단의 효력이 생긴다고 판단한 바 있습니다(대법원 2011.3.10. 선고 2010다99040 판결). 따라서 피고를 A에서 A의 상속인으로 당사자 표시정정신청을 하셔서 소송을 계속 수행하실 수 있습니다.

■ 공장에서 독성물질을 방류로 피해를 입은 주민들과 제가 손해배상을 받기 위해 할 수 있는 소송수행방안이 어떤 것이 있을까요?

Q. 저는 농촌에서 농사를 지으면서 살고 있습니다. 그런데 얼마 전 근처의 공장에서 독성물질을 하천에 방류하였습니다. 이로 인해 인근 농토와 과수원이 황폐화 되었습니다. 함께 피해를 입은 농민이 200명도 넘습니다. 이 경우에 주민들과 제가 손해배상을 받기 위해 할 수 있는 소송수행방안이 어떤 것이 있을까요?

A. 크게 4가지 방법이 있습니다. 먼저 피해를 입은 주민이 모두 소송을 수행하는 방법이 있습니다. 그러나 이 경우에는 통상공동소송으로 소송의 결과가 달라질 수 있어서 소송수행이 매우 불편하면서도 판결에 모순이 발생할 수도 있습니다. 두 번째로는 피해주민 중에서 선정당사자를 선정하여 소송을 하는 방법이 있습니다. 민사소송법 제65조에 따라 실질적 견련관계가 사안에서 인정되어 선정당사자를 선정하여 소송을 수행함으로써 소송의 간소화를 도모할 수 있습니다. 세 번째는 피해주민 중에서 대표를 선임하여 소송을 수행하게 하는 방법입니다. 하지만 이는 민사단독사건이어야 하고 당사자와 친족 또는 고용관계 등이 있는 경우에 법원의 허가를 받아서 할 수 있다는 제약이 있습니다. 마지막으로 변호사를 피해주민들이 대리인으로 선임하여 소송을 수행하는 방법이 있는데 이는 비용부담이 크다는 문제점이 있습니다.

■ 피고의 인적사항 중 이름과 전화번호만 알고 주민등록번호와 주소를 모를 때 당사자를 어떻게 표시하면 될까요?

Q. 어떤 사람을 상대로 소를 제기하려고 합니다. 그런데 그 사람의 이름과 전화번호만 알고 주민등록번호나 주소를 전혀 모릅니다. 이럴 경우에 당사자를 어떻게 표시하면 될까요?

A. 우선 소장 피고의 표시에 피고 이름만 기재하셔도 됩니다. 법원에 소장을 제출하면서 동시에 사실조회촉탁신청(촉탁기관을 통신사로 하여)을 하시면 되는데, 재판부는 통신사에 사실조회신청을 할 것이고, 통신사에서는 그 전화번호로 가입된 명의인이 그 이름과 일치한 경우 인적사항(주민등록번호, 주소)을 회신해 줄 것입니다. 주민등록번호와 주소 등 인적사항을 알게 되면, 귀하는 당사자표시정정신청을 하시면 될 것입니다.

당사자표시정정신청 중 피고의 표시 부분은 이하와 같습니다.

변경전 피고의 표시

피고 OOO

변경후 피고의 표시

피고 OOO(******-*******)

여주시 가남읍 금당3길 ***

■ 원고가 자신의 표시를 잘못한 경우, 당사자표시정정이 가능한지요?

Q. 저희는 사단법인 한국장애인부모회 전북지회 소속 학부모입니다. 현재 장애인 학교 건립과 관련하여 민사소송을 제기하였는데, 일단 소장에는 사단법인 한국장애인부모회 전북지회라고 써도 되는지 의문이어서, 사단법인 한국장애인부모회라고 기재하였습니다. 그렇게 하고 보니 사단법인 한국장애인부모회 전북지회라는 이름으로도 법인등기가 되어 있더군요. 정정이 가능할까요? 아니면 소를 다시 제기하여야 합니까?

A. 판례는 유사한 사안에서 소장 제출 당시 중앙회를 원고로 표시하였던 것은 전북지회가 당사자능력이 있는지 여부가 확실하지 않았고, 원고의 표시 중 '소관' 란에 전북지회를 기재하였으며 청구원인에도 전북지회에 대한 불법행위를 하였다는 취지로 기재되어 있으므로 이를 종합하면 소장의 기재에도 불구하고 원고가 전북지회로 확정되었다고 봄이 상당하고 당사자표시정정을 허용한 것은 적법하다고 판시한 바 있습니다(대법원 2011.7.28. 선고 2010다97044 판결 참조). 따라서 소를 취하할 필요는 없고 당사자표시정정을 신청하면 될 것입니다.

■ 외국인의 경우 소장에 어떻게 당사자표시를 해야 하는지요?

Q. 저는 캄보디아 국적의 외국인입니다. 한국에 있는 사업장에서 일을 하였는데 사장이 임금을 주지 않아 임금청구의 소를 제기하려고 합니다. 외국인의 경우 소장에 어떻게 당사자 표시를 해야 하는지 궁금합니다.

A. 재판서 양식에 관한 예규 제9조 제5항은 "당사자 등이 외국인 또는 외국법인인 경우에는 외국어에 의한 성명이나 명칭 전체를 한글로 표시하고, 해당 외국문자를 괄호 안에 병기한다."라고 규정하고 있습니다. 따라서 외국인등록증에 기재된 성명 문자를 한글로 먼저 표시한 다음 괄호 안에 외국문자를 병기하면 되는데, 실무상 외국인등록번호를 그 옆에 표시합니다. 국적을 표시하라고 하는 재판부도 있으니 참고하시기 바랍니다.

예를 들면 다음과 같습니다.

원고 프룽시렛(PRUNG SIRET, *******-********, 국적: 캄보디아)

전남 영암군 삼호읍 나불로 ***

당 사 자 선 정 서

원 고   ◎◎◎ 외 3명
피 고   ◇◇◇

위 당사자 사이의 퇴직금 청구 사건에 관하여 원고들은 민사소송법 제53조 제1항에 의하여 원고들 모두를 위한 당사자로 아래의 자를 선정합니다.

아   래

원고(선정당사자) ◎◎◎ (주민등록번호)
○○시 ○○구 ○○길 ○○(우편번호 ○○○○○)
전화 · 휴대폰번호:
팩스번호, 전자우편(e-mail)주소:

20○○. ○. ○.

선정자(원 고) 1. ◎◎◎ (주민등록번호) (서명 또는 날인)
○○시 ○○구 ○○길 ○○
2. ○○○ (주민등록번호) (서명 또는 날인)
○○시 ○○구 ○○길 ○○
3. ○○○ (주민등록번호) (서명 또는 날인)
○○시 ○○구 ○○길 ○○
4. ○○○ (주민등록번호) (서명 또는 날인)
○○시 ○○구 ○○길 ○○

○○지방법원 제○민사부 귀중

[서식 예] 당사자선정서

당 사 자 선 정 서

사　　건　20○○가합○○○ 건물철거등
원　　고　◎◎◎ 외 3명
피　　고　◇◇◇

　위 사건에 관하여 원고들은 민사소송법 제53조 제1항에 의하여 원고들 모두를 위한 당사자로 아래의 자를 선정합니다.

아　　래

원고(선정당사자) ◎◎◎ (주민등록번호)
○○시 ○○구 ○○길 ○○(우편번호 ○○○○○)
전화 · 휴대폰번호:
팩스번호, 전자우편(e-mail)주소:

20○○. ○. ○.

선정자(원 고) 1. ◎◎◎ (주민등록번호)(서명 또는 날인)
　　　　　　　　○○시 ○○구 ○○길 ○○
　　　　　　2. ○○○ (주민등록번호)(서명 또는 날인)
　　　　　　　　○○시 ○○구 ○○길 ○○
　　　　　　3. ○○○ (주민등록번호)(서명 또는 날인)
　　　　　　　　○○시 ○○구 ○○길 ○○
　　　　　　4. ○○○ (주민등록번호)(서명 또는 날인)
　　　　　　　　○○시 ○○구 ○○길 ○○

○○지방법원 제○민사부　귀중

[서식 예] 당사자선정취소서

당 사 자 선 정 취 소 서

사　건　20○○가합○○○　건물철거등
원　고　(선정당사자) ◎◎◎
피　고　◇◇◇

　위 사건에 관하여 선정자들은 민사소송법 제53조 제1항에 의하여 ◎◎◎에 대한 당사자선정을 취소합니다.

20○○.　○.　○.

　선정자(원 고) 2. ○○○ (서명 또는 날인)
　　　　　　　　○○시 ○○구 ○○길 ○○
　　　　　　　 3. ○○○ (서명 또는 날인)
　　　　　　　　○○시 ○○구 ○○길 ○○
　　　　　　　 4. ○○○ (서명 또는 날인)
　　　　　　　　○○시 ○○구 ○○길 ○○

○○지방법원 제○○민사부　귀중

[서식 예] 선정당사자변경서

선 정 당 사 자 변 경 서

사 건 20○○가합○○○ 건물철거등
원 고 (선정당사자) ◎◎◎
피 고 ◇◇◇

  위 사건에 관하여 선정자들은 민사소송법 제53조 제1항에 따라 선정당사자 ◎◎◎에 대한 당사자선정을 취소하고, 아래의 사람을 선정자들 모두를 위한 당사자로 선정합니다.

아   래

  원고(선정당사자) ⊙⊙⊙ (주민등록번호)
  ○○시 ○○구 ○○길 ○○(우편번호 ○○○○○)
  전화·휴대폰번호:
  팩스번호, 전자우편(e-mail)주소:

  20○○. ○. ○.

선정자(원고) 1. ◎◎◎ (서명 또는 날인)
  ○○시 ○○구 ○○길 ○○
  2. ⊙⊙⊙ (서명 또는 날인)
  ○○시 ○○구 ○○길 ○○
  3. ○○○ (서명 또는 날인)
  ○○시 ○○구 ○○길 ○○
  4. ○○○ (서명 또는 날인)
  ○○시 ○○구 ○○길 ○○

○○지방법원 제○○민사부 귀중

[서식 예] 당사자 표시정정 신청서

당사자(원고) 표시정정 신청서

사　　건　　20○○가합○○○　대여금
원　　고　　○○○ 주식회사
피　　고　　◇◇◇

위 사건에 관하여 원고는 다음과 같이 원고 표시 정정을 신청합니다.

정정한 원고의 표시

○○○ 주식회사 (000000-0000000)
○○시 ○○구 ○○길 ○○번지
대표이사 ㅁㅁㅁ

신 청 이 유

원고는 착오로 인하여 원고표시를 잘못 표기한 것이므로 정정을 신청합니다.

첨 부 서 류

1. 등기사항전부증명서(법인)　　　　　　　　　1통
1. 당사자(원고) 표시정정 신청서 부본　　　　1통

20○○. ○. ○.

위　원고 ○○○ 주식회사
대표이사 ㅁㅁㅁ (서명 또는 날인)

○○지방법원 제○○민사부 귀중

[서식 예] 당사자 표시정정 신청서

당사자(피고) 표시정정 신청서

사　건　20○○가단○○○　대여금
원　고　○○○
피　고　◇◇◇

위 사건에 관하여 원고는 다음과 같이 피고표시 정정을 신청합니다.

정정한 피고의 표시

피고　ㅁ　ㅁ　ㅁ (000000-0000000)
　　　○○시 ○○구 ○○길 ○○번지

신 청 이 유

원고는 ◇◇◇를 상대로 대여금 청구의 소를 제기한 바 있으나, ◇◇◇
는 20○○.○.○. 이미 사망하였으나 원고는 이 사실을 모르고 소를 제기
하였으므로 ◇◇◇의 상속인 ㅁㅁㅁ으로 피고표시를 정정하고자 위와 같이
신청합니다.

첨 부 서 류

1. 가족관계증명서　　　　　　　　1통
1. 당사자(피고) 표시정정 신청서 부본　　1통

20○○. ○. ○.
위 원고 ○○○(서명 또는 날인)

○○지방법원 제○민사단독 귀중

2-4. 소송물

'소송물'이란 심판의 대상이 되는 기본단위로 소송의 객체를 말하며, 「민사소송법」은 소송목적이 되는 권리나 의무라는 용어를 사용하고 있습니다.

■ 부친이 교통사고를 당한 경우 이에 손해배상은 아버지와 가족 전부에 대한 위자료 청구가 가능한가요?

Q. 부친이 교통사고로 돌아가셨습니다. 이에 손해배상청구를 하고 싶은데 아버지와 가족 전부에 대한 위자료 청구가 가능한가요?

A. 가능합니다. 다만, 불법행위로 사람의 생명을 침해한 경우 그 생명을 침해당한 피해자 본인의 정신적 고통에 대한 위자료청구와 그 피해자의 직계비속 등의 정신적 고통에 대한 위자료청구는 각각 별개의 소송물이라고 할 것입니다. 따라서 신청 시 청구취지에 각각의 청구를 명확히 기재하도록 합니다.

■ 차용증 받고 돈을 빌려주었는데 받지 못하고 있는 경우 받을 방법과 절차를 알려주세요.

Q. 2년 전에 차용증 받고 1천만 원을 빌려주었는데 1백만 원은 올해 받았지만 지금 와서는 전화도 안 받고 법적으로 하려면 하라면서 연락 두절 상태입니다 사기죄로 고소를 해야 하는 것인지요? 고소하면 돈은 받을 수 있는 것인지요? 방법과 절차를 알려주세요.

A. 상대방이 돈을 빌려가서 갚지 않은 경우, 빌릴 당시부터 갚지 않을 의사가 있었다면 형사상 사기죄로 처벌될 수 있으나, 만일 빌릴 당시에는 갚을 의사가 있었고 추후에 자금 사정이 악화된 경우라면 이는 민사상 채무 불이행에 불과할 뿐 형사상 사기죄에 해당되지 않습니다. 설령 상대방이 사기죄에 해당된다 하더라도 형사고소를 할 경우 이는 상대방이 형사상 처벌을 받게 하기 위한 목적으로 고소를 하는 것일 뿐, 돈을 돌려받는 것과는 별개의 문제이므로, 돈을 돌려받기 위해서는 차용증 등을 증거로 하여 상대방을 상대로 민사소송을 제기하여야 합니다. 상대방을 민사소송을 제기한 후 승소판결을 받은 다음 그럼에도 불구하고 상대방이 돈을 주지 않는다면 위 판결문을 가지고 상대방 재산에 대하여 강제집행을 할 것을 법원에 신청하여야 합니다(판결과 강제집행신청은 별도의 절차입니다). 만일 상대방이 파산 신청을 할 경우, 원칙적으로 상대방이 가지고 있는 재산 내에서 귀하를 비롯한 채권자들이 채권을 변제받게 되며 이 경우 귀하의 채권 전부에 대하여 변제를 받지 못하게 될 가능성도 있습니다. 그러므로 상대방을 상대로 형사소송을 제기하는 것은 상대방에게 민사상 변제를 빨리 하도록 압박하는 효과가 있을지는 모르나 돈을 받기 위한 목적이라면 상대방을 상대로 민사소송을 제기하여야 합니다.

제2장

민사소송이 진행되는
절차를 알아봅시다.

제2장 민사소송이 진행되는 절차를 알아봅시다.

제1절 소송제기

1. 민사소송절차

일반적인 민사소송은 다음과 같이 진행됩니다.

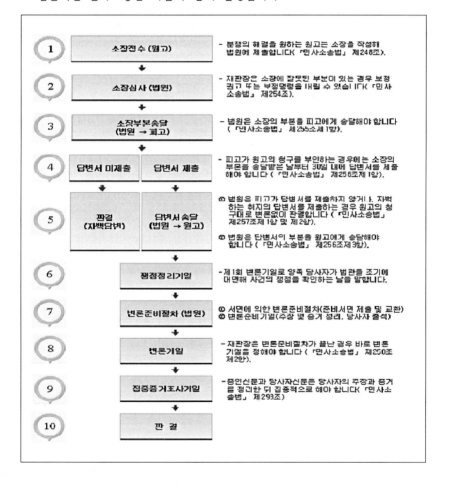

2. 소의 제기

① 소송은 소장을 해당 관할법원에 제출함으로써 제기합니다.

② 재판장은 소장심사를 하여 흠이 있는 경우 보정명령을 하며, 원고가 정해진 기간 이내에 흠을 보정하지 않은 경우 소장은 각하됩니다.

③ 소장이 제출되면 법원은 부본을 바로 피고에게 송달하며 송달이 안 될 경우 주소보정명령을 내립니다. 원고가 일반적인 통상의 조사를 다했으나 송달이 불가능한 경우에는 최후의 방법으로 공시송달을 신청할 수 있습니다.

3. 소장의 제출

소송은 법원에 소장을 제출함으로써 제기합니다.

4. 재판장의 소장심사 및 보정명령

4-1. 소장심사 대상

① 소장의 기재사항

소장에는 당사자와 법정대리인, 청구 취지와 원인이 기재되어야 합니다.

② 보정명령

재판장은 소장심사를 한 후 다음과 같은 경우에는 상당한 기간을 정하고, 그 기간 이내에 흠을 보정하도록 명령합니다.

㉠ 소장에 기재사항이 제대로 기재되어 있지 않은 경우

㉡ 소장에 법률의 규정에 따른 인지를 붙이지 않은 경우

㉢ 소장에 인용한 서증(書證)의 등본 또는 사본을 붙이지 않은 경우

③ 재판장은 필요하다고 인정하는 경우 원고가 청구하는 이유에 대응하는 증거방법을 구체적으로 적어 내도록 명할 수 있습니다.

4-2. 소장의 각하

① 원고가 정해진 기간 이내에 흠을 보정하지 않은 경우 재판장은 명령으로 소장을 각하합니다.

② 각하명령에 대해서는 즉시항고를 할 수 있습니다.

5. 송달 및 주소보정

5-1. 소장부본의 송달

① 법원은 특별한 사정이 없으면 소장의 부본을 피고에게 바로 송달합니다.

② 소장 부본은 우편 또는 집행관에 의해 송달됩니다.

■ 소송계속 중 상대방 주소가 변경된 경우 소송서류는 어떻게 송달하나요?

Q. 저는 甲을 상대로 대여금청구소송을 제기하여 처음 두 번은 소장 등의 서류가 송달되었으나, 그 후 세 번째부터는 甲이 이사를 가버려 소장에 적힌 주소지에 거주하지 않는다는 이유로 송달불능이 되었습니다. 어떻게 하면 甲에게 소송서류 등을 송달되게 할 수 있는지요?

A. 「민사소송법」제185조는 "①당사자·법정대리인 또는 소송대리인이 송달받을 장소를 바꿀 때에는 바로 그 취지를 법원에 신고하여야 한다. ② 제1항의 신고를 하지 아니한 사람에게 송달할 서류는 '달리 송달할 장소를 알 수 없는 경우' 종전에 송달 받던 장소에 대법원규칙이 정하는 방법으로 송달할 수 있다."라고 규정하고 있고, 「민사소송규칙」제51조는 「민사소송법」제185조 제2항의 규정에 따른 서류의 송달은 등기우편으로 한다고 규정하고 있습니다. 관련 판례는 "민사소송법 제171조의2(현행 민사소송법 제185조) 제2항에서 말하는 '달리 송달할 장소를 알 수 없는 때에 한하여'라 함은, 기록에 현출되어 있는 자료만으로는 달리 송달할 장소를 알 수 없을 때에 한한다는 의미이지, 상대방에게 주소보정을 명하거나 직권으로 주민등록표 등을 조사하였음에도 변경된 송달장소를 알 수 없을 때에 비로소 등기우편에 의한 발송송달을 할 수 있음을 뜻하는 것은 아니다."라고 하였습니다(대법원 1997.9.26. 선고 97다23464 판결, 2001.8.24. 선고 2001다31592 판결). 그러므로 당사자·법정대리인 또는 소송대리인이 송달 받을 장소를 바꾸었음에도 불구하고 바로 그 취지를 법원에 신고하지 아니하였고, 달리 송달할 장소를 알 수 없는 경우에는 우편송달(실무상 발송송달이라 칭함)을 할 수 있도록 되어 있습니다. 이것은 법원사무관 등이 하는 것으로서 우편집배원이 하는 우편에 의한 송달과 구별되는데, 소송서류를 송달장소에 등기우편으로 발송하면 그 발송지에 송달된 것으로 보는 송달방법으로 이 경우 등기우편을 발송한 때에 송달이 된 것으로 간주하는 발신주의(發信主義)를 취하고 있습니다(민사소송법 제189조). 실제로 송달서류가 송

달되었는가 또 언제 송달되었는가를 불문하므로 송달받을 사람에게 불이익하며 위와 같이 특별한 경우에만 인정되는 송달방법입니다.

이러한 방법은 통상 재판부에서 직권으로 우편송달을 하게 되나 재판부에서 직권으로 하지 아니할 때는 우편송달을 신청할 수 있습니다. 이러한 우편송달은 법원사무관 등이 그 요건의 충족여부를 판단하여 실시하는 것이고 이에 대하여 재판장의 허가를 받을 필요는 없습니다. 참고로 위와 같은 송달영수인의 신고의무 있는 자가 이를 하지 아니한 때(민사소송법 제185조 제2항) 이외에 우편송달을 할 수 있는 경우를 살펴보면, ①보충송달(사무원이나 고용인 또는 동거자에게 송달하는 것)이나 유치송달이 불가능한 때(민사소송법 제187조), ② 부동산에 대한 경매절차에 있어서 이해관계인에 대한 경매기일 및 경락기일의 통지(민사집행법 제104조 제2항·제3항, 제268조, 민사집행규칙 제9조), ③담보권실행을 위한 경매절차가 금융기관 등의 신청에 의하여 진행되는 때(금융기관부실자산 등의 효율적 처리 및 한국자산관리공사의 설립에 관한 법률 제45조의2) 등이 있습니다.

■ 등기우편에 의한 발송송달 요건은 서류마다 요구되는지요?

Q. 甲은 乙을 상대로 물품대금청구의 소송을 제기하였는데, 乙은 가족도 없고 장기여행 중이므로 소송관계서류의 송달이 불가능하여 소송이 지연되고 있습니다. 이러한 경우 등기우편에 의한 발송송달이 가능하다고 하는데, 계속 소송이 지연될 것이 우려되는바, 최초의 소송관계서류가 발송송달의 요건을 갖추고 나면, 그 이후의 소송관계서류의 송달은 모두 발송송달로 송달할 수 있는지, 아니면 그 때마다 각각 발송송달의 요건이 갖추어져야 하는지요?

A. 「민사소송법」제178조 제1항은 "송달은 특별한 규정이 없으면 송달받을 사람에게 서류의 등본 또는 부본을 교부하여야 한다."라고 규정하여 교부송달(交付送達)의 원칙을 정하고 있습니다. 그리고 같은 법 제186조 제1항, 제2항은 "근무장소 외의 송달할 장소에서 송달받을 사람을 만나지 못한 때에는 그 사무원, 피용자(被用者) 또는 동거인으로서 사리를 분별할 지능 있는 사람에게 서류를 교부할 수 있다. 근무 장소에서 송달받을 사람을 만나지 못한 때에는 제183조 제2항의 다른 사람 또는 그 법정대리인이나 피용자 그 밖의 종업원으로서 사리를 분별할 지능이 있는 사람이 서류의 수령을 거부하지 아니하면 그에게 서류를 교부할 수 있다." 라고 보충송달(補充送達)에 관하여 규정하고 있고, 같은 조 제3항은 "서류를 송달 받을 사람 또는 제1항의 규정에 의하여 서류를 넘겨받을 사람이 정당한 사유 없이 송달 받기를 거부하는 때에는 송달할 장소에 서류를 놓아둘 수 있다."라고 유치송달(留置送達)에 관하여 규정하고 있습니다. 그러나 이러한 원칙적 교부송달방법의 변형으로도 송달이 불가능할 경우에 같은 법 제187조는 "제186조의 규정에 따라 송달할 수 없는 때에는 법원사무관 등은 서류를 등기우편 등 대법원규칙이 정하는 방법으로 발송할 수 있다."라고 규정하고 있으며, 「민사소송규칙」제51조는 「민사소송법」제185조 제2항의 규정에 따른 서류의 송달은 등기우편으로 한다고 규정하여 우편송달(발송송달)의 방법을 규정하고 있고, 이 경우에

는 소송관계서류를 우편으로 발송한 때에 송달된 것으로 보게 됩니다(민사소송법 제189조). 「민사소송법」제187조의 규정에 의한 우편송달의 요건에 관하여 판례는 "민사소송법 제173조(현행 민사소송법 제187조)의 규정에 의한 우편송달은 민사소송법 제172조(현행 민사소송법 제186조)의 규정에 의한 보충송달이나 유치송달이 불가능한 경우에 할 수 있는 것이므로, 폐문부재와 같이 송달을 받을 자는 물론 그 사무원, 고용인 또는 동거자 등 서류를 수령할 만한 자를 만날 수 없는 경우라면 모르거니와 단지 송달을 받을 자만이 장기출타로 부재중이어서 그 밖의 동거자 등에게 보충송달이나 유치송달이 가능한 경우에는 위 우편송달을 할 수 없다."라고 하였으나(대법원 1991.4.15.자 91마162 결정), "수취인이 장기여행 중이라는 사유로 송달불능 된 때에는 등기우편에 의한 발송송달을 할 수는 있어도 공시송달을 할 수 없다."라고 하였습니다(대법원 1969.2.19. 자 68마1721 결정). 따라서 위 사안에 있어서 乙은 가족도 없고 장기여행 중이므로 「민사소송법」제187조에 의한 우편송달을 할 수 있을 것으로 보이고, 甲은 직권에 의하여 우편송달(발송송달)이 되지 않을 경우 직권발동을 촉구하는 신청을 해볼 수 있을 것입니다.

그런데 이러한 등기우편에 의한 발송송달은 그 요건이 송달할 서류마다 구비되어야 하는 것인지에 관하여 판례는 "등기우편에 의한 발송송달은 당해 서류에 관하여 교부송달, 또는 보충·유치송달 등이 불가능한 것임을 그 요건으로 하는 것이므로, 당해 서류의 송달에 한하여 할 수 있는 것이지 그에 이은 별개의 서류의 송달은 이 요건이 따로 구비되지 않는 한 당연히 이 방법에 의한 우편송달을 할 수 있는 것이 아니다."라고 하였습니다(대법원 1994.11.11. 선고 94다36278 판결). 따라서 위 사안에 있어서도 乙에 대한 각각의 소송관계서류를 발송할 때마다 발송송달의 요건이 갖추어져야 할 것입니다.

■ 채무자가 소송관계서류의 송달 받기를 거부할 때는 어떤 송달방법이 있나요?

Q. 저는 甲에게 300만원을 빌려주면서 이자는 월 2푼으로 변제기일은 1년 후로 하였습니다. 그런데 甲은 이자만 몇 번 지급하였을 뿐 4년이 지난 지금까지도 돈을 갚지 않아 얼마 전에 소액심판을 청구하였습니다. 그러나 甲은 소장의 수령을 거부하여 송달이 안 되고 있는데, 이 경우 송달될 수 있도록 하는 방법은 없는지요?

A. 「민사소송법」제178조 제1항은 "송달은 특별한 규정이 없으면 송달받을 사람에게 서류의 등본 또는 부본을 교부하여야 한다."라고 규정하여 소송관계서류의 송달은 송달장소(송달받을 사람의 주소·거소·영업소 또는 사무소)에서 송달서류를 송달받을 사람에게 교부하여 행하는 교부송달(交付送達)을 원칙으로 하고 있습니다. 그리고 이러한 원칙적 교부송달 방법의 변형으로서 ①조우송달(遭遇送達 : 송달실시기관이 송달받을 사람의 송달장소 이외의 곳에서 송달받을 사람을 만난 때에 송달서류를 교부하여 행하는 송달, 민사소송법 제183조 제3항, 제4항), ②보충송달(補充送達 : 송달할 장소에서 송달받을 사람을 만나지 못한 때에 그 사무원, 피용자(被用者) 또는 동거인으로서 사리를 분별할 지능이 있는 자에게 서류를 교부하는 송달, 같은 법 제186조 제1항, 제2항), ③유치송달(留置送達 : 서류의 송달을 받을 자, 즉 수송달자 및 그 수령대리인이 송달 받기를 거부하는 때에 송달할 장소에 서류를 두어 송달의 효력을 발생시키는 송달, 같은 법 제186조 제3항)의 방법이 있습니다. 교부송달원칙에 대한 예외로서 ①등기우편에 의한 우편송달(郵便送達 : 보충송달이나 유치송달이 불가능한 때 법원사무관 등이 송달서류를 등기우편으로 발송하고, 발송한 때에 송달의 효력을 발생시키는 송달방법, 민사소송법 제187조, 제189조)과 ②송달함 송달{법원 안에 송달할 서류를 넣을 함(송달함)을 설치하여 법원사무관등이 송달할 수 있고, 송달받을 사람이 송달함에서 서류를 수령하여 가지 아니한 경우에는 송달함에 서류를 넣은 지 3일

이 지나면 송달된 것으로 보는 송달, 같은 법 제188조}, ③전화 등을 이용한 송달(변호사가 소송대리인으로 선임되어 있는 경우에 그에 대한 송달은 법원사무관등이 전화·팩시밀리 또는 전자우편을 이용하여 행할 수 있는바, 이 방식에 의한 송달, 민사소송규칙 제46조) 및 ④공시송달(公示送達: 당사자의 주소, 거소 기타 송달할 장소를 알 수 없는 경우 또는 외국에서 할 송달에 관하여 「민사소송법」제191조의 규정에 따를 수 없거나 이에 따라도 효력이 없는 것으로 인정되는 경우에 직권 또는 당사자의 신청이 있을 때 재판장의 명에 의하여 하는 송달방법으로서 법원사무관등이 송달서류를 보관하고 그 사유를 법원 게시장에 게시하거나, 필요한 경우에는 신문지상에 그 사유를 공고하고, 일정기간이 경과하면 송달의 효과가 발생하도록 하는 송달, 민사소송법 제194조, 제195조, 제196조)의 방법이 있습니다.

교부송달은 실무상 통상 우편집배원이 실시하고 있는데, 위 사안과 같이 송달받을 사람임이 명백함에도 송달받기를 거부하는 경우에는 위에서 설명한 송달방법 중 유치송달(留置送達)의 방법으로 송달시킬 수 있을 것입니다. 즉, 우편집배원은 송달할 서류를 송달할 장소에 두어 송달의 효력을 발생시킬 수 있고(민사소송법 제186조 제3항), 그 사유를 우편송달통지서에 기재하여 법원에 제출하게 됩니다. 그러나 우편집배원이 위와 같은 유치송달을 하지 못하였을 경우에는 법원에 특별송달허가신청을 하면 집행관에 의한 유치송달이 가능하게 됩니다. 그리고 이러한 유치송달을 받을 자 중에는 보충송달을 받을 수 있는 동거자도 포함됩니다(대법원 1979.1.23.자 78마362 결정, 1965.8.18.자 65마665 결정).

■ 고등학교 1학년생이 수령한 사실을 알리지 않았다면, 위 송달은 유효한가요?

Q. 甲은 乙에게 A 토지의 소유권이전등기청구의 소를 제기하였는데, 乙이 부재중인 동안 집으로 송달된 소장 및 변론기일통지서를 그의 아들 丙(만 15세, 고등학교 1학년)이 수령하였고 이 사실을 乙에게 알리지 않았다면, 위 송달은 유효한가요?

A. 소장 등 서류가 동거인이며 사리를 분별할 지능이 있는 사람에게 송달된 것은 보충송달로서 적법합니다. 여기서 사리를 분별할 지능이 있는 사람인지 여부는 교부를 기대할만한 정도의 능력을 갖춘 사람이면 족하므로 반드시 성년자임을 요하지 않습니다. 또한 보충송달은 동거인 등에게 소송서류를 교부한 때에 송달의 효력이 생기고, 송달받아야 할 사람에게 전달되었는지는 불문합니다. 따라서 乙에 대한 송달은 고등학생으로서 사리분별 능력 있고, 아들로서 생계를 같이하는 동거인 丙에게 전달된 것으로서 丙이 乙에게 전달하였는지 여부와 관계없이 효력이 있습니다.

[서식 예] **송달장소와 송달영수인 선정신고서**

송달장소와 송달영수인 선정신고

사　　건　20○○가합○○○○　손해배상(기)
원　　고　○○○
피　　고　◇◇◇

　위 사건에 관하여 원고는 다음과 같이 송달 받을 장소와 송달영수인을 정하였으므로 연서하여 신고합니다.

다　　　음

1. 송달 받을 장소 신고
　　원고　○○○
　　주소: ○○시 ○○구 ○○길 ○○
　　송달장소: ◎◎시 ◎◎구 ◎◎길 ◎◎(우편번호 ◎◎◎◎◎)
2. 송달 영수인 신고
　　원고의 송달영수인: ◎◎◎(주민등록번호)
　　◎◎시 ◎◎구 ◎◎길 ◎◎(우편번호 ◎◎◎◎◎)

20○○. ○. ○.
위 원고 ○○○(서명 또는 날인)
송달영수인 ◎◎◎(서명 또는 날인)

○○지방법원 제○민사부　귀중

※　당사자·법정대리인 또는 소송대리인은 주소등 외의 장소(대한민국 안의 장소로 한정)를 송달받을 장소로 정하여 법원에 신고할 수 있고, 이 경우에는 송달영수인을 정하여 신고할 수 있음.

5-2. 주소보정

① 송달을 실시한 결과 다음과 같은 사유로 송달불능이 된 경우 신청인
은 송달 가능한 주소로 보정을 해야 합니다.

㉮ 수취인불명 : 수취인의 주소나 성명의 표기가 정확하지 않은 경우

㉯ 주소불명 또는 이사불명 : 번지를 기재하지 않았거나, 같은 번지
에 호수가 많아서 주소를 찾을 수 없는 경우 및 이사를 한 경우

② 신청인은 보정명령서를 받은 후 정확히 주소 등을 재확인해 보정서를
제출합니다.

■ 소장 부본이 송달이 안 되어서 주소보정명령을 받았는데 어떻게 해야 하나요?

Q. 저는 부동산 매입 후 소유권이전등기만을 남겨놓은 상황이었는데, 매도자가 그만 사고로 사망했습니다. 상속인들은 망자와 저와의 매매계약을 인정하지 않으며 소유권이전등기를 해주지 않기에 소송을 제기하게 되었습니다. 그런데 제가 아는 주소는 망자의 주소뿐이고 상속인들의 주소는 알지 못하는 상황입니다. 연락도 잘 안 됩니다. 소장 부본이 송달이 안 되어서 주소보정명령을 받았는데 어떻게 해야 하나요?

A., 주소보정명령서를 가지고 동사무소를 방문해 상속인들의 주소를 알아보시기 바랍니다. 법원의 명령서가 있을 경우에는 동사무소에서 주민등록등본 및 초본을 발급해 줍니다. 발급받은 주민등록등본 등을 가지고 주소보정서를 제출하시기 바랍니다. 만약 주소보정서를 제출했음에도 송달이 안 되어 다시 재송달, 특별송달 등의 과정을 거쳤음에도 불구하고 상속인을 찾을 수 없다면 공시송달을 신청해 보시기 바랍니다. 공시송달은 본인이 할 수 있는 모든 방법을 동원했음에도 상대방에게 송달이 되지 않은 경우에 신청할 수 있는 최후의 방법으로 법원이 허가하면 법원게시판 게시·관보·공보 또는 신문 게재·전자통신매체를 이용한 공시를 거쳐 송달이 인정되는 제도입니다.

■ 법인주소지로 소송서류 송달 불능 시 곧바로 주소보정명령이 가능한지요?

Q. 甲은 乙회사(대표이사는 丙임)를 상대로 체불임금청구의 소를 제기하였는데, 소장부본 등을 乙회사의 법인주소지로 송달하였으나 폐문부재로 송달불능 되었습니다. 그런데 乙회사는 폐업을 하다시피 하여 사무실이 폐쇄되었는바, 이 경우 甲에게 주소보정명령이 발하여질 것인지, 그렇다면 甲으로서는 어떻게 주소를 보정하여야 하는지요?

A. 송달장소에 관하여 「민사소송법」제183조 제1항은 "송달은 받을 사람의 주소·거소·영업소 또는 사무소(주소 등)에서 한다. 다만, 법정대리인에게 할 송달은 본인의 영업소나 사무소에서도 할 수 있다."라고 규정하고 있고, 같은 법 제255조는 "①법원은 소장의 부본을 피고에게 송달하여야 한다. ②소장의 부본을 송달할 수 없는 경우에는 제254조 제1항 내지 제3항의 규정을 준용한다."라고 규정하고 있으며, 같은 법 제254조 제1항, 제2항, 제3항은 "①소장이 제249조(소장의 기재사항) 제1항의 규정에 어긋나는 경우와 소장에 법률의 규정에 따른 인지를 붙이지 아니한 경우에는 재판장은 상당한 기간을 정하고, 그 기간 이내에 흠을 보정하도록 명하여야 한다. 재판장은 법원사무관등으로 하여금 위 보정명령을 하게 할 수 있다. [개정 2014.12.30.] [시행일 2015.7.11.] ②원고가 제1항의 기간 이내에 흠을 보정하지 아니한 때에는 재판장은 명령으로 소장을 각하하여야 한다. ③제2항의 명령에 대하여는 즉시항고를 할 수 있다."라고 규정하고 있습니다. 그러므로 재판장은 소장의 부본을 송달할 수 없는 경우에는 주소보정명령을 하게 됩니다. 관련 판례는 "법인인 소송당사자에게 법적효과가 발생할 소송행위는 그 법인을 대표하는 자연인의 행위이거나 그 자연인에 대한 행위이어야 할 것이므로 동 법인에게로 소장, 기일소환장 및 판결 등 서류는 그 대표자에게 송달하여야 하고, 그 송달은 법인 대표자의 주소, 거소, 영업소 또는 사무소에서 함이 원칙인데{구 민사소송법(2002.1.26. 법률 제6626호로 전문 개정되기 전의 것) 제170조 제1항}, 여기에서 '영업소 또는 사무소'라 함은 당해 법인의 영업소 또는 사무

소를 말한다…"라고 하였습니다(대법원 2003.4.25. 선고 2000다60197 판결).

또한 법인의 주소지로 소송서류를 송달하였으나 송달불능된 경우, 그 대표자주소지로 송달하여 보지도 않고 주소보정명령을 할 수 있는지에 관하여 판례는 "법인의 소송당사자에게 효과가 발생할 소송행위는 그 법인을 대표하는 자연인의 행위거나 그 자연인에 대한 행위라야 할 것이므로, 소송당사자인 법인에의 소장, 기일소환장 및 판결 등 서류는 그 대표자에게 송달하여야 하는 것이니 그 대표자의 주소, 거소에 하는 것이 원칙이고, 법인의 영업소나 사무소에도 할 수 있으나, 법인의 대표자의 주소지가 아닌 소장에 기재된 법인의 주소지로 발송하였으나 이사불명으로 송달불능 된 경우에는, 원칙으로 되돌아가 원고가 소를 제기하면서 제출한 법인등기사항증명서 등에 나타나 있는 법인의 대표자의 주소지로 소장부본 등을 송달하여 보고 그곳으로도 송달되지 않을 때에 주소보정을 명하여야 하므로, 법인의 주소지로 소장부본을 송달하였으나 송달불능 되었다는 이유만으로 그 주소보정을 명한 것은 잘못이므로 그 주소보정을 하지 아니하였다는 이유로 한 소장각하명령은 위법하다."라고 하였습니다(대법원 1997.5.19.자 97마600 결정).

이를 기초로 한다면, 그 외에 특별한 사정이 없는 한 위 사안의 담당 재판부에서는 법인의 주소지로 송달하여 송달불능이 되었다고 하여 곧바로 주소보정명령을 할 가능성은 크지 않다고 보이며, 乙회사의 대표이사인 丙의 주소지로 다시 송달하였음에도 송달불능이 된다면 그 때 주소보정명령을 발할 것으로 보입니다. 그리고 丙의 주소지에로의 송달도 불능으로 된다면 그 불능사유가 어떠한 것인지를 파악한 후 보정방법을 강구하여야 할 것입니다.

[서식 예] 주소보정서 양식

주 소 보 정 서

사 건 번 호 20 가 (차) [담당재판부 : 제 (단독)부]
원고(채권자)
피고(채무자)

위 사건에 관하여 아래와 같이 피고(채무자) 주소를 보정합니다.

주소변동 유무	□주소변동 없음	종전에 적어낸 주소에 그대로 거주하고 있음
	□주소변동 있음	새로운 주소 :　　　　(우편번호　　　)
송달신청	□재송달신청	종전에 적어낸 주소로 다시 송달
	□특별송달신청	□ 주간송달 □ 야간송달 □ 휴일송달
		□ 종전에 적어낸 주소로 송달 □ 새로운 주소로 송달
	□공시송달신청	주소를 알 수 없으므로 공시송달을 신청함 (첨부서류 :　　　　　　)

20 ．　．　． 원고(채권자)　　　　　(서명 또는 날인)

법원 귀중

[주소보정요령]

1. 상대방의 주소가 변동되지 않은 경우에는 주소변동 없음란의 □에 "✔" 표시를 하고, 송달이 가능한 새로운 주소가 확인되는 경우에는 주소변동 있음란의 □에 "✔" 표시와 함께 새로운 주소를 적은 후 이 서면을 주민등록등본 등 소명자료와 함께 법원에 제출하시기 바랍니다.

2. 상대방이 종전에 적어 낸 주소에 그대로 거주하고 있으면 재송달신청란의 □에 "✔" 표시를 하여 이 서면을 주민등록등본 등 소명자료와 함

께 법원에 제출하시기 바랍니다.

3. 수취인부재, 폐문부재 등으로 송달되지 않는 경우에 특별송달(집행관송달 또는 법원경위송달)을 희망하는 때에는 특별송달신청란의 ㅁ에 "✔" 표시를 하고, 주간송달 · 야간송달 · 휴일송달 중 희망하는 란의 ㅁ에도 "✔" 표시를 한 후, 이 서면을 주민등록등본 등의 소명자료와 함께 법원에 제출하시기 바랍니다(특별송달료는 지역에 따라 차이가 있을 수 있으므로 재판부 또는 접수계에 문의바랍니다).
4. 공시송달을 신청하는 때에는 공시송달신청란의 ㅁ에 "✔" 표시를 한 후 주민등록말소자등본 기타 공시송달요건을 소명하는 자료를 첨부하여 제출하시기 바랍니다.
5. 지급명령신청사건의 경우에는 사건번호의 '(차)', '채권자', '채무자' 표시에 ㅇ표를 하시기 바랍니다.
6. 소송목적의 수행을 위해서는 읍 · 면사무소 또는 동주민센터 등에 주소보정명령서 또는 주소보정권고 등 상대방의 주소를 알기 위해 법원에서 발행한 문서를 제출하여 상대방의 주민등록표 초본 등의 교부를 신청할 수 있습니다(주민등록법 제29조 제2항 제2호, 동법 시행령 제47조 제5항 참조).

5-3 재송달

① 같은 주소지로 다시 송달을 하는 방법인 재송달을 신청하는 경우는 다음과 같습니다.

㉮ 수취인부재

㉯ 폐문부재

㉰ 수취인거절

㉱ 고의로 송달을 거부한 경우

② 주민등록등본 등 소명자료와 함께 법원에 제출해야 합니다.

■ 송달장소로서 '영업소 또는 사무소'의 의미는?

Q. 민사소송법 제183조 제1항에서 정한 송달장소로서 '영업소 또는 사무소'란 어떤 의미인가요?

A. 민사소송법 제183조 제1항은 "송달은 받을 사람의 주소·거소·영업소 또는 사무소(이하 '주소 등'이라 한다)에서 한다."고 규정하고 있는데, 여기서 영업소 또는 사무소는 송달받을 사람의 영업 또는 사무가 일정 기간 지속하여 행하여지는 중심적 장소로서, 한시적 기간에만 설치되거나 운영되는 곳이라고 하더라도 그곳에서 이루어지는 영업이나 사무의 내용, 기간 등에 비추어 볼 때 어느 정도 반복해서 송달이 이루어질 것이라고 객관적으로 기대할 수 있는 곳이라면 위 조항에서 규정한 영업소 또는 사무소에 해당합니다(대법원 2014.10.30. 선고 2014다43076 판결). 따라서 의원 보궐선거에 출마한 갑의 선거사무소로 소장부본 등의 송달이 유효하게 이루어진 후 송달장소변경신고를 하지 않은 상태에서 변론기일통지서 등이 송달불능되자 위 사무소로 발송 송달하였다면, 위 사무소도 민사소송법 제183조 제1항의 '사무소'로 볼 수 있으므로 위와 같은 송달은 적법합니다(위 판결 참조).

[서식 예] 재송달신청서

재 송 달 신 청 서

사　건　　20○○가합○○○　임금 등
원　고　　○○○ 외 12
피　고　　◇◇◇ 외 1

　위 사건에 관하여 귀원의 송달문서를 피고 1. ◇◇◇에게 송달하였으나 이사 불명으로 송달 불능되어 확인한 결과 피고1은 소장기재 주소지(○○시 ○○구 ○○길 ○○)에 거주하고 있으므로 재송달하여 주시기 바랍니다.

20○○. ○. ○.
위 원고들의 소송대리인
변호사 ◎◎◎(서명 또는 날인)

○○지방법원 제○민사부　귀중

5-4. 특별송달

① 특별송달은 주말송달, 야간송달, 휴일송달 등으로 송달하는 방법이며, 우편집배원이 아닌 법원의 집행관이 송달합니다.

② 재송달을 했음에도 수취인부재, 폐문부재 등으로 송달되지 않는 경우에는 특별송달을 신청합니다.

③ 주민등록등본 등 소명자료와 함께 법원에 제출해야 합니다.

■ 사망자를 상대로 한 송달은 법적 효력이 있나요?

Q. 저는 친구에게 돈을 빌려주었는데, 계속 갚지 않아 마음을 썩이다가 대여금 청구 소송을 제기하였습니다. 대법원 나의 사건 검색에서 살펴보니 제가 보낸 소장이 상대방에게 송달되었다고 떠서, 곧 법정에서 만날 수 있을 것이라고 생각하고 있었습니다. 그런데, 그 친구의 부고가 난 것을 동창을 통하여 알게 되었습니다. 그런데 사망한 날짜가 송달일보다 이전이었습니다. 그렇다면 죽은 사람이 소장을 받았다는 것인지요. 그 소장 송달의 효력은 어떻게 되는 것입니까?

A. 판례는 사망한 자에 대하여 실시한 송달은 위법하여 원칙적으로 무효이나, 그 사망자의 상속인이 현실적으로 그 송달서류를 수령한 경우 하자가 치유되어 그 송달은 그 때에 상속인에 대한 송달로써 효력을 발생한다고 합니다(대법원 1998.2.13. 95다15667 판결 참조). 상대방이 사망한 경우 처음부터 그 상속인을 상대로 소송을 제기한 것으로 보는 것이 판례의 확고한 입장이므로, 송달을 누가 받았는지 대법원 나의 사건 검색 사건에서 '도달'이라고 표시된 부분을 클릭하여 누가 송달받았는지 확인하시기 바랍니다.

[서식 예] 공휴일 특별송달신청서

특 별 송 달 신 청 서

사 건   20○○가단○○○   손해배상(기)
원 고   ○○○
피 고   ◇◇◇

　위 사건에 관하여 소장부본 및 변론기일소환장을 피고에게 송달하였으나 폐문부재로 송달불능인바, 피고는 생업관계로 평일에는 소장기재 피고의 주소지에 전혀 거주하지 않고 공휴일에만 소장기재 피고의 주소지에 거주하므로 귀원소속 집행관으로 하여금 공휴일에 소장부본 및 변론기일소환장을 피고에게 송달하도록 하여 주시기 바랍니다.

첨 부 서 류

　1. 집행관수수료납부서　　　　　　　　　　1통

20○○. ○. ○.
위 원고 ○○○(서명 또는 날인)

○○지방법원 제○○민사단독　귀중

[서식 예] 야간송달신청서

야 간 송 달 신 청 서

사　건　　20○○가합○○○　대여금
원　고　　○○○
피　고　　◇◇◇

　위 사건에 관한 귀원의 피고 주소지(장기폐문 부재) 보정명령에 의하여 확인한바, 피고 ◇◇◇는 현 주소지에 거주하는 것이 확실하나 낮에는 직장관계로 부재하는 경우가 대부분이므로 오후 9시 이후에 원고가 집행관과 동행하여 야간송달을 할 수 있도록 하여 주시기 바랍니다.

1. 피고 ◇◇◇
　송달장소 : ○○시 ○○구 ○○길 ○○(우편번호 ○○○○○)

첨 부 서 류
　　1. 집행관수수료납부서　　　　　　　1통

20○○. ○. ○.
위 원고 ○○○(서명 또는 날인)

○○지방법원 제○민사부 귀중

5-5. 공시송달

① 원고가 일반적인 통상의 조사를 다했으나 피고의 주소, 거소, 영업소, 사무소와 근무장소, 기타 송달장소 중 어느 한 곳도 알지 못해 송달이 불가능한 경우에 하는 송달 방법으로 다른 송달방법이 불가능한 경우에 한해 인정되는 최후의 송달방법입니다.

② 원고는 송달받을 사람의 최후 주소지를 확인할 수 있는 자료(주민등록 등·초본)와 신청인이 송달받을 사람의 주거 발견에 상당한 노력을 한 사실 및 그럼에도 불구하고 이를 찾아낼 수 없었던 사실에 관해 신빙성 있는 소명자료(집행관에 의한 특별송달 결과 등)를 첨부해 신청합니다.

③ 공시송달은 다음 중 어느 하나의 방법으로 그 사유를 공시하는 것을 말합니다.
  ㉮ 법원게시판 게시
  ㉯ 관보·공보 또는 신문 게재
  ㉰ 전자통신매체를 이용한 공시
  ㉱ 공시송달의 효력발생시기

④ 첫 공시송달은 실시한 날부터 2주가 지나야 효력이 생깁니다. 다만, 같은 당사자에게 하는 그 뒤의 공시송달은 실시한 다음 날부터 효력이 생깁니다.

⑤ 외국에 있는 상대방에 대한 공시송달은 2개월이 지나야 효력이 생깁니다.

■ 주소를 알 수 없다는 이유로 공시송달하고 그 후 공시송달로 심리를 진행하여 승소한 경우 이 공시송달 및 판결을 적법한가요?

Q. 甲은 乙회사를 상대로 임금의 지급을 청구하는 소를 제기하였고, 소장 부본은 乙회사의 법인등기부등본상 주소를 송달하였으나 송달불능되었고, 법원은 더 이상 별다른 조치 없이 송달 가능한 乙회사의 주소를 알 수 없다는 이유로 공시송달명령을 하였습니다. 그 후 공시송달로 심리를 진행하여 甲이 승소한 경우 위 공시송달 및 판결은 적법한가요?

A. 공시송달의 요건으로는 ①당사자의 주소 또는 근무장소를 알 수 없는 경우(민사소송법 제194조 제1항), ②다른 송달방법에 의하는 것이 불가능한 경우(공시송달의 보충성)일 것을 요합니다. 그런데 법인에의 소송서류는 법인의 영업소나 사무소에도 할 수 있으나, 그 대표자의 주소, 거소에 하는 것이 원칙이고 그 곳에서도 송달되지 않을 때에 주소 보정을 명하여야 하는 것입니다. 사례에서 乙회사의 대표의 주소나 거소에 송달하지 않고 법인의 영업소에만 송달하였음에도 송달불능을 이유로 공시송달명령을 한 것은 공시송달의 보충성에 반하여 위법합니다. 그러나 공시송달이 위법하다고 하여 확정된 판결을 무효로 볼 수는 없어 통상의 항소제기는 어렵고, 추후보완상소나 재심을 제기하여 구제를 받을 수 있습니다.

[서식 예] 공시송달신청서

공 시 송 달 신 청 서

사 건 20○○가합○○○ 손해배상(기)
원 고 ○○○
피 고 ◇◇◇

위 사건에 관하여, 원고는 피고에 대하여 공시송달을 신청합니다.

1. 피 고 ◇◇◇
   ○○시 ○○구 ○○길 ○○(우편번호 ○○○-○○○)
2. 피고는 위 주소지에 주민등록은 되어 있으나 실제로 거주하지 아니하며, 행방
   불명된 상태이고, 달리 주소·거소를 알 수 없으므로 공시송달을 신청합니다.

첨 부 서 류

1. 주민등록표등본   1통
1. 불거주확인서   1통(통장·이장)
1. 재직증명서 또는 위촉장사본   1통(통장·이장)

20○○. ○. ○.
위 원고 ○○○(서명 또는 날인)

○○지방법원 제○민사부 귀중

※ 당사자의 주소 또는 근무 장소를 알 수 없는 경우 또는 외국에서 하여야
  할 송달에 관하여 제191조(외국에서 하는 송달방법)의 규정에 따를 수
  없거나 이에 따라도 효력이 없을 것으로 인정되는 경우에는 재판장은 직
  권으로 또는 당사자의 신청에 따라 공시송달을 명할 수 있음(민사소송법
  제194조)

[서식 예] 공시송달신청서(소장제출과 함께 하는 경우)

공 시 송 달 신 청

사   건   대여금
원   고   ○○○
피   고   ◇◇◇

　위 사건에 관하여 원고는 피고가 주소를 ○○시 ○○구 ○○길 ○○에 두고 있으나 장기간 거주하지 아니하고 주민등록이 말소되었을 뿐만 아니라, 현재 소재불명으로 더 이상 피고의 거주지나 송달장소를 알 수 없어 공시송달의 방법에 의하지 않고서는 송달이 불가능하므로 소장제출과 함께 공시송달을 신청하오니 허가하여 주시기 바랍니다.

첨부 : 직권 말소된 주민등록표등본(피고)　1부

20○○. ○. ○.
위 원고 ○○○(서명 또는 날인)

○○지방법원 귀중

6. 민사전자소송제도

① 우리나라 법원은 2011년 5월 2일부터 민사전자소송을 실시하고 있습니다.

② 전자민사소송은 다음과 같은 절차로 진행됩니다.

6-1. 사용자 등록

① 전자소송시스템을 이용하려는 사람은 전자소송시스템에 접속하여 본인이 해당하는 회원유형에 맞게 일반 회원가입(개인, 법인) 또는 자격자 회원가입(변호사, 법무사, 회생·파산 사건의 절차관계인회원, 집행관 등)을 합니다.

② 법원행정처장은 다음의 어느 하나에 해당하는 경우 등록사용자의 사용을 정지하거나 사용자등록을 말소할 수 있습니다.

    ㉮ 등록사용자의 동일성이 인정되지 않는 경우

    ㉯ 사용자등록을 신청하거나 사용자정보를 변경할 때 거짓의 내용을 입력한 경우

    ㉰ 다른 등록사용자의 사용을 방해하거나 그 정보를 도용하는 등 전산정보처리시스템을 이용한 민사소송 등의 진행에 지장을 준 경우

    ㉱ 고의 또는 중대한 과실로 전산정보처리시스템에 장애를 일으킨 경우

    ㉲ 사용자등록이 소송 지연 등 본래의 용도와 다른 목적으로 이용되는 경우

    ㉳ 등록사용자에게 소송능력이 없는 경우

    ㉴ 그 밖에 위의 사유에 준하는 경우

③ 등록사용자가 전자소송시스템을 마지막으로 이용한 날부터 5년이 지

나면 사용자등록은 효력을 상실합니다.

④ 사용자 등록 방법 및 자격에 관한 자세한 내용은 대한민국 법원 전
자소송 홈페이지 전자소송안내, 전자소송준비, 회원가입에서 보실 수
있습니다.

6-2. 소제기

① 대한민국 법원 전자소송 홈페이지에서 전자소송절차 진행에 동의한
후 소장을 작성하고 전자서명을 하여 제출합니다.

② 전자서명은 보통 행정전자서명 또는 공인전자서명을 말합니다.

6-3. 답변서 제출

소장부본을 우편으로 송달받은 피고는 소송절차안내서에 표시된 전자소송
인증번호와 사건번호로 전자소송 동의를 한 후 온라인으로 답변서를 제출
할 수 있습니다.

6-4. 송달

① 전자소송에 동의한 당사자 및 대리인은 대법원 전자소송 홈페이지를
통해 전자문서를 송달 받고, 내용을 확인할 수 있습니다.

② 전자문서 등재사실의 통지는 등록사용자가 전자소송시스템에 입력한
전자우편주소로 전자우편을 보내고, 휴대전화번호로 문자메시지를 보
내는 방법으로 합니다. 다만, 문자메시지는 등록사용자의 요청에 따라
보내지 않을 수 있습니다.

③ 전자문서는 송달받을 자가 등재된 전자문서를 확인한 때에 송달된 것
으로 봅니다. 다만, 그 등재사실을 통지한 날부터 1주 이내에 확인하지
않은 때에는 등재사실을 통지한 날부터 1주가 지난 날에 송달된 것으로
봅니다.

6-5. 사건기록열람

① 전자소송에 동의한 당사자 및 대리인은 해당 사건의 소송기록을 언제든지 온라인상에서 열람 및 출력할 수 있습니다. 진행 중 사건에 대해 대법원 전자소송홈페이지에서 열람하는 경우는 수수료가 부과되지 않습니다.

② 등록사용자로서 전자소송 동의를 한 당사자, 사건 본인, 소송대리인 또는 법정대리인, 특별대리인, 보조참가자, 공동소송적 보조참가인, 경매사건의 이해관계인, 과태료 사건의 검사가 전자기록을 열람, 출력 또는 복제하는 방법은 전자소송시스템에 접속한 후 전자소송홈페이지에서 그 내용을 확인하고 이를 서면으로 출력하거나 해당사항을 자신의 자기디스크 등에 내려받는 방식으로 합니다.

③ 가사사건이나 회생·파산사건의 전자기록도 위와 같은 방법으로 열람, 출력 등을 할 수 있습니다.

■ 전자소송에서는 송달을 어떤 방법으로 하나요?

Q. 저는 월간베스트 저장소에 26레벨의 아이디를 가지고 있는 속칭 '네임드' 회원입니다. 저는 2016. 5.경 위 사이트의 정치게시판에 "A당 대표 B는 금괴 200톤과 1조원짜리 자기앞수표 20장을 비자금으로 조성하여 시위에 나오는 사람들의 교통 편의를 위해 관광버스를 대절해 주고 참석자 일인당 10만원 씩 돈을 지급하면서 200만 명의 시위대를 모았다."는 게시글을 올렸고, 그 글은 '월베로' 10,000개를 받으면서 베스트 게시물로 등록되었습니다. 위 글을 본 B는 저를 상대로 명예훼손을 원인으로 하여 1,000만원의 지급을 구하는 손해배상청구소송을 제기하였는데, 저는 대법원에서 전자소송이라는 좋은 시스템이 있어서 직접 법원에 서류를 제출하지 않아도 된다는 소문을 듣고, 위 사건에 대하여 전자소송전환신청을 해서 전자소송 홈페이지를 통해 답변서를 제출하였습니다. 그런데 누군가가 제 신상정보를 털어 인터넷에 제 이름과 연락처, 메일주소 등을 올려 제 휴대전화번호로 각종 항의전화, 문자메세지, 카카오톡 메시지가 밀려들어왔고, 저는 순간 가슴이 먹먹해져 와 휴대전화번호를 변경하고, 번호변경안내서비스신청을 일부러 하지 않았습니다. 다행히 사람들이 변경된 휴대전화번호는 몰랐는지 더 이상 항의 메세지나 전화는 오지 않았는데, 어느날 갑자기 저에게 소송 비용확정결정이 송달되었고 그제서야 불현듯 B대표가 제기한 민사소송이 떠올랐습니다. 저는 부랴부랴 전자소송 홈페이지에 접속해서 사건 진행경과를 살펴보았으나, 이미 2개월 전 판결 선고가 되었고 판결이 확정된 것으로 기재되어 있었습니다. 저는 국내 굴지의 단체인 C연합의 회원이 A당 당사 앞에서 위와 같은 내용이 기재된 피켓을 들고 있는 것을 보았기 때문에, 여전히 제가 적시한 내용은 진실이라고 믿고 있습니다. 그래서 늦게나마 항소를 제기하려고 하는데, 제가 불복할 수 있는 방법이 없을까요?

A. 전자문서 등재사실의 통지는 등록사용자가 전자소송시스템에 입력한 전자우편주소로 전자우편을 보내고, 휴대전화번호로 문자메시지를 보내는 방법으로 하고(민사소송 등에서의 전자문서 이용 등에 관한 규칙 제26조 제1항 본문), 이 통지는 전자우편이 전자우편주소로 전송된 때 또는 문자메시지가 휴대전화번호로 전송된 때 효력이 생깁니다(제2항). 한편 전자소송에 있어 송달받을 자가 등재된 전자문서를 확인하면 그 사람에게 송달이 이루어진 것으로 보고, 다만 그 등재사실을 통지한 날로부터 1주일 이내에 전자문서를 확인하지 않는 경우 등재사실을 통지한 날로부터 1주가 경과한 때 전자문서가 송달된 것으로 봅니다(민사소송 등에서의 전자문서 이용 등에 관한 법률 제11조 제4항). 또한 등록사용자가 책임질 수 없는 사유로 전자소송시스템에 등재된 전자문서를 위 기간 안에 확인하지 못한 경우에는 그 사유가 없어진 날로부터 2주 이내에 게을리 한 소송행위를 보완할 수 있습니다(규칙 제26조 제3항).

따라서 이 사건의 경우에도 위와 같은 사유가 당사자의 책임질 수 없는 사유를 구성하는 경우에는 그 사유가 없어진 날로부터 2주 이내에 게을리 한 소송행위를 보완할 수 있을 것인데, 종이소송 사건에서 소송행위의 추후보완에 관하여, 처음에는 통상의 송달에 의해 소송이 진행되다가 피고가 주소를 옮기고도 주소변경을 법원에 신고하지 않은 결과 공시송달이 된 때에는 피고에게 과실이 있다고 보아 정당한 이유가 없는 경우에 해당한다고 본 사례에 비추어 볼 때(대법원 1987.9.22. 선고 87므8 판결), 의뢰인이 소송계속 중 단지 전자소송에 등록된 이메일 계정에 메일이 폭주한다는 이유로 통지를 확인하지 못하였다거나, 휴대전화 번호를 변경하였음에도 변경신고를 하지 않아 통지가 이루어지지 않았다는 사정은 모두 의뢰인의 과실에 기초한 것이므로, 추완항소를 제기하는 것은 불가능합니다.

■ 전자소송에서 전자문서 등재사실에 관한 통지는 어떤 방법으로 하나요?

Q. 저는 전자소송으로 진행된 1심에서 전자우편주소와 휴대전화번호를 전자소송시스템에 입력하였습니다. 전자문서 등재사실의 통지는 전자우편과 문자메시지 양자의 방법으로 행하여져 왔습니다. 2017.5. 29. 패소의 제1심판결을 전자적으로 송달받았고, 역시 전자적인 방법으로 항소장을 제출하였으나, 항소취지와 항소이유를 구체적으로 기재하지는 않았고 인지대와 송달료도 납입하지 아니하였습니다. 이에 제1심법원은 별다른 조치 없이 이 사건 기록을 원심법원에 송부하였고, 원심법원의 재판장은 2017.7.9. 저에게 보정기한을 송달일로부터 7일 이내로 정하여 항소취지의 기재와 인지대 납부를 명하는 보정명령을 보냈습니다. 그런데 이 사건 보정명령은 2017.7.13. 전산정보처리시스템에 등재됨과 아울러 그 등재사실이 전자메일로만 전송되고 문자메시지로는 전송되지 않았습니다. 원심법원의 재판장은 이 사건 보정명령이 2017.7.21. 송달 간주된 것으로 보아 2017.7.14. 이 사건 보정명령 불응을 이유로 제 항소장을 각하하는 명령했습니다. 문자메세지로 받지 못했는데도 이 각하명령이 타당한가요?

A. [대법원 2013.4.26.자 2013마4003 결정]은 '이른바 전자소송의 등록사용자가 전자우편주소와 휴대전화번호를 전자소송시스템에 입력한 경우에는 등록사용자의 별다른 요청이 없는 한, 반드시 전자우편과 문자메시지 양자의 방법으로 전자문서의 등재사실을 통지하여야 하고, 그 등재된 전자문서가 등록사용자의 미확인으로 송달 간주되는 시기는 전자우편과 문자메시지 양자 모두의 방법으로 등재사실이 통지된 날부터 1주가 지난 날이라고 보아야 한다.'라고 판시하고 있습니다. 한편, 위 결정 이후 2013. 6.27. 전자소송규칙이 개정되었는데, 그 주요 내용 가운데 하나는 전자소송에서 송달의 요건이 되는 전자문서 등재사실의 통지는 전자우편과 문자메시지를 보내는 방법으로 하되, 둘 중 하나라도 먼저 전송된 때 통지의 효력이 발생하도록 한 제26조 제2항을 신설하였습니다. 그러므로 위 각하명령은 위법하다고 볼 수 있습니다.

■ 전자소송에서 판결문을 전자적으로 등재 및 통지한 경우 판결문 송달의 효력이 발생하는 시기는 언제인가요?

Q. 甲은 乙과의 소송에서 일부패소하였는데, 제1심법원이 판결문을 전자문서로 등재하고 그 사실을 전자적으로 통지하였지만 甲이 판결문을 확인하지 않고 있는 경우 甲의 상소기간은 어떻게 되나요?

A. 판례는 "판결 선고 후 판결문을 전자문서로 전산정보처리시스템에 등재하고 그 사실을 전자적으로 통지하였지만 등록사용자가 판결문을 1주 이내에 확인하지 아니한 경우 판결문 송달의 효력이 발생하는 시기는 등재사실을 등록사용자에게 통지한 날의 다음 날부터 기산하여 7일이 지난 날의 오전 영시가 되고, 상소기간은 민법 제157조 단서에 따라 송달의 효력이 발생한 당일부터 초일을 산입해 기산하여 2주가 되는 날에 만료한다"라고 하고 있습니다(대법원 2014.12.22. 선고 2014다229016 판결). 따라서 甲에게 2017.7.31. 전산정보처리시스템에 등재한 사실이 전자적으로 통지된 경우 판결문 송달의 효력은 2017.8.1.부터 발생하고, 상소기간은 2017.8.1. 당일부터 초일을 산입해 기산하게 됩니다.

제2절 피고의 답변서 제출 및 반소제기

① 피고가 원고의 청구에 이의가 있어 소송을 진행하길 원할 경우 원고의 청구에 반박하는 내용을 기재해 법원에 제출하는 서류가 답변서입니다.

② 법원은 피고가 답변서를 제출하지 않은 경우 청구의 원인이 된 사실을 자백한 것으로 보고 변론 없이 판결할 수 있습니다.

1. 피고의 답변서 제출

1-1. 답변서 제출통보

법원은 소장의 부본을 송달할 때에 피고가 원고의 청구에 이의가 있어 소송을 진행하길 원할 경우 답변서를 제출하라는 취지를 피고에게 알립니다.

1-2. 답변서의 작성

① 답변서에는 다음의 사항을 적어야 합니다.

  ㉮ 당사자의 성명·명칭 또는 상호와 주소

  ㉯ 대리인의 성명과 주소

  ㉰ 사건의 표시

  ㉱ 공격 또는 방어의 방법 : 주장을 증명하기 위한 증거방법

  ㉲ 상대방의 청구와 공격 또는 방어의 방법에 대한 진술 : 상대방의 증거방법에 대한 의견 기재

  ㉳ 덧붙인 서류의 표시

  ㉴ 작성한 날짜

  ㉵ 법원의 표시

  ㉶ 청구 취지에 대한 답변

  ㉷ 소장에 기재된 개개의 사실에 대한 인정 여부 및 증거방법

  ㉸ 항변과 이를 뒷받침하는 구체적 사실 및 증거방법

1-3. 답변서의 첨부서류

① 답변서에는 증거방법 중 입증이 필요한 사실에 관한 중요한 서증의 사본을 첨부해야 합니다.

② 당사자가 가지고 있는 문서로 답변서에 인용한 것은 그 등본 또는 사본을 붙여야 합니다.

③ 문서의 일부가 필요한 경우에는 그 부분에 대한 초본을 붙이고, 문서가 많을 때에는 그 문서를 표시하면 됩니다.

④ 첨부서류는 상대방이 요구하면 그 원본을 보여 주어야 합니다.

1-4. 답변서 제출기한

① 피고는 소장의 부본을 송달받은 날부터 30일 이내에 답변서를 제출해야 합니다.

② 다만, 피고가 공시송달의 방법에 따라 소장의 부본을 송달받은 경우에는 그렇지 않습니다.

1-5. 보정명령

재판장은 답변서의 기재사항 등이 제대로 기재되어 있지 않은 경우 법원서기관·법원사무관·법원주사 또는 법원주사보(이하 '법원사무관등'이라 한다)로 하여금 방식에 맞는 답변서의 제출을 촉구하게 할 수 있습니다.

1-6. 답변서의 송달

법원은 답변서의 부본을 원고에게 송달합니다.

1-7. 답변서 미제출의 효과

① 법원은 피고가 답변서를 제출하지 않은 경우 청구의 원인이 된 사실을 자백한 것으로 보고 변론 없이 판결할 수 있습니다.

② 다만, 직권으로 조사할 사항이 있거나 판결이 선고되기까지 피고가 원고의 청구를 다투는 취지의 답변서를 제출한 경우에는 그렇지 않습니다.

③ 자백하는 취지의 답변서 제출의 경우: 피고가 청구의 원인이 된 사실을 모두 자백하는 취지의 답변서를 제출하고 따로 항변을 하지 않은 경우 법원은 변론 없이 판결할 수 있습니다.

④ 선고 기일 통지: 법원은 피고에게 소장의 부본을 송달할 때에 변론 없이 판결을 선고할 기일을 함께 통지할 수 있습니다.

■ 답변서는 어떻게 제출해야 하나요?

Q. 저는 작년에 대부업체에서 돈을 빌린 적이 있었는데 모두 변제했다고 생각하고 있었습니다. 당시 변제 후 받은 영수증도 아직 가지고 있습니다. 그런데 얼마 전 대부업체에서 독촉전화가 오더니 대여금청구로 기재된 소장까지 받게 되었습니다. 이제 어떻게 해야 하나요?

A. 법원에서 소장과 함께 답변서를 제출하라는 취지의 서류를 보냈을 것입니다. 원고의 주장을 법정에서 다투길 원할 경우 소장의 부본을 송달받은 날부터 30일 이내에 답변서를 제출하면 됩니다. 기한 내에 답변서를 제출하지 않으면 원고의 청구대로 변론 없이 판결이 날 수 있으니 기한 내에 제출하시기 바랍니다. 대한민국 법원 나홀로 소송 사이트를 방문하시면 답변서를 작성하실 수 있도록 프로그램이 마련되어 있습니다. 사건번호 등을 확인하시고 답변서를 작성해 제출하면 됩니다. 이 때 청구취지에 대한 답변 및 청구원인에 대한 답변은 별도로 기재해야 하는데 언제, 누가(누구와 함께), 어디서, 어떤 방법으로 변제를 했고, 첨부할 증명자료 등은 무엇인지 등을 자세하게 기재하면 됩니다. 또한 증명자료도 첨부해야 합니다.

■ 답변서를 제출하지 않는다면 불이익이 있나요?

Q. 甲이 乙을 상대로 소송을 제기하고 소장이 乙에게 송달되었는데 乙은 위 소송이 부당하다고 생각하여 답변서를 제출하지 않는다면 불이익이 있나요?

A. 민사소송법 제256조, 제257조는 피고가 소장부본을 송달받고 30일의 답변서 제출기간 내에 답변서를 제출하지 않는 경우 원고의 청구 원인사실에 대해 자백한 것으로 봅니다. 자백간주가 성립되면 재판상의 자백과 마찬가지로 법원은 그 사실을 판결의 기초로 삼아야 하므로, 乙에게 매우 불리합니다. 다만 자백간주는 당사자에 대한 구속력이 생기지 않기 때문에 변론기일에 참석하여 원고의 청구를 다투는 경우 자백간주의 효과가 배제됩니다.

[서식 예] 답변서(건물 등 철거)

답 변 서

사 건 20○○가단○○○ 건물 등 철거
원 고 ○○○
피 고 ◇◇◇

위 사건에 관하여 피고의 소송대리인은 아래와 같이 답변합니다.

청구취지에 대한 답변

1. 원고의 청구를 기각한다.
2. 소송비용은 원고가 부담한다.
라는 재판을 구합니다.

청구원인에 대한 답변

1. 사실관계의 정리

원고는 피고가 이 사건 건물의 소유자라고 주장하나 이는 사실과 다릅니다.

① 피고는 1984.8.24.경 소외 이00으로부터 이 사건 건물과 그 대지를 매수하기로 계약하였습니다. (을 제1호증 매매계약서 참조)

② 당시 이 사건 건물은 위 이00이 신축하여 소유하고 있던 미등기 건물이었습니다.

③ 피고는 위 이00과의 위 매매계약에 기하여 이 사건 건물을 인도받아 현재까지 살고 있습니다.

④ 한편, 위 이00은 1995년 경 사망하였는바, 이 사건 대지는 위 이00의 직계비속인 소외 이@@이 상속하였고, 그 무렵 이 사건 건물 역시 위 이@@에게 상속되었다 할 것입니다.

⑤ 2004년 경 피고는 당시까지 토지와 건물에 대한 등기이전을 하지 못한 관계로 이 사건 건물을 보수하기 위하여 토지의 소유자로 등기되어있던 위 이@@의 승낙이 필요하였고, 위 이@@의 승낙을 받아 이 사건 건

물을 개보수 하였습니다. {을 제2호증 확인서(이@@) 참조}

⑥ 그 이후 2013.1.14.경 이 사건 토지는 강제경매에 의해 원고가 매수하였습니다.

2. 원고 주장의 부당성

가. 관습법상 법정지상권의 존재

① 관습법상 법정지상권은 ㉮ 토지와 건물이 동일인의 소유에 속하였다가, ㉯ 그 토지소유자와 건물소유자가 다르게 되었을 경우, ㉰ 위 건물에 대한 철거 특약이 없을 것을 조건으로 성립하게 됩니다.

② 이 사건 건물의 경우 최초 이 사건 건물을 신축한 위 망 이00이 원시취득한 이래로 미등기상태로 계속 존재하고 있어 현재까지도 위 이00의 상속인인 위 이@@의 소유라 할 것이고, 이 사건 토지의 경우에도 위 이@@이 위 이00로부터 상속하여 소유하고 있다가 2013년 경 강제경매에 의해 원고에게로 소유권이 이전된 것이므로, 관습법상 법정지상권의 첫 번째 성립요건인 ㉮ 토지와 건물이 동일인의 소유에 속하였다는 것과 ㉯ 그 토지소유자와 건물소유자가 다르게 되었을 것이라는 요건을 충족한다 할 것입니다. 또한, 강제경매로 인하여 이 사건 토지의 소유권이 이전된 이상 건물소유자와 토지소유자 사이에 이 사건 건물에 대한 철거 합의가 있는 것을 불가능하므로, 이를 이유로 ㉰ 위 건물에 대한 철거 특약이 없을 것이라는 요건도 충족합니다.

③ 따라서 이 사건 건물에 대하여 현재 법정지상권이 성립되어있다 할 것입니다.

나. 피고의 점유 권원

① 피고는 과거 이 사건 건물과 토지를 위 망 이00로부터 매수하기로 계약하였고, 현재까지 점유·사용하고 있으므로 소유권이전등기청구권의 소멸시효는 중단된 상태라 할 것입니다.

② 또한 소외 이@@은 위 망 이00의 상속인으로 피고와 위 망 이00 사이의 매매계약에 따른 채무를 승계하고 있다 할 것이고, 비록 이 사건 토지에 대한 소유권이전등기청구는 이행불능에 빠졌지만, 이 사건 건물에 대하여는 여전히 피고가 위 매매계약에 따른 채권에 기하여 이 사건 건물을 점유·사용하고 있는 것인바, 민법 제213조 단서에 기하여 이 사건 건물 및 토지를 점유할 권리가 있다 할 것입니다.

다. 본론 - 피고의 관습법상 법정지상권 등기 및 이전 계획

 ① 현재 이 사건 건물의 대외적 소유권자는 위 이@@이라 할 것이고, 위
    이@@은 이 사건 건물에 대한 관습법상 법정지상권을 취득한 상태입
    니다.
 ② 한편, 피고는 위 이@@로부터 이 사건 건물에 대한 소유권이전을 청구할
    수 있는 채권을 보유하고 있고, 이 사건 건물의 유지를 위한 법정지상권도
    함께 이전을 청구할 권리를 가지고 있습니다.
 ③ 위와 같은 이유로 현재 피고는 이 사건 건물에 대한 소유권보존등기를
    경료하여 위 이@@로부터 소유권이전을 받고, 아울러 관습법상 법정지
    상권까지 함께 등기하여 이전받을 계획에 있으나, 이 사건 건물이 장기
    간 미등기로 존재하고 있던 건물이어서 건축 허가 등의 업무처리에 어려
    움이 있어 지연되고 있는 상황입니다.

3. 맺음말

   요컨대, 이 사건 건물과 토지는 위 이@@의 소유였다가 강제경매로 인하여 소유
   권자가 달라진 상황으로, 이 사건 건물에 대한 관습법상 법정지상권이 성립되어 있
   어, 원고의 이 사건 청구는 이유 없다 할 것입니다.

입 증 방 법

   1. 을 제1호증   매매차계약서 사본
   1. 을 제2호증   확인서(이@@)

첨 부 서 류

   1. 위 입증방법   각 1통
   2. 위임장   1통
   3. 납부서   1통
   4. 소장부본   1통

200○. ○○. ○○.
위 피고 ◇◇◇(서명 또는 날인)

○○지방법원 제○○민사단독   귀중

[서식 예] 답변서(임차료청구에 대한 항변)

답 변 서

사　　건　　20○○가소○○ 임차료 등
원　　고　　○○○
피　　고　　◇◇◇

　위 사건에 관하여 피고는 아래와 같이 답변합니다.

청구취지에 대한 답변

1. 원고의 청구를 기각한다.
2. 소송비용은 원고의 부담으로 한다.
라는 판결을 구합니다.

청구원인에 대한 답변

원고의 청구원인 사실 중,
1. 이 사건 건물이 원래 소외 김◉◉의 소유였다가 그 뒤 소외 ▣▣▣가 상속한 사실,
2. 또한 피고의 남편 망 이◈◈가 임대료 월 금 70,000원씩 주고 임차하여 사용하다가 사망한 뒤 그의 처인 피고가 계속 사용하고 있다는 원고의 주장은 이를 인정하나, 위 건물을 소외 제3자에게 전대하였다거나, 월 임차료가 10개월 연체되었다는 원고의 주장은 전혀 사실이 아니거나 피고가 모르는 사실입니다.

20○○.　○.　○.
위 피고　◇◇◇(서명 또는 날인)

○○지방법원 제○○민사단독 귀중

답 변 서

사　건　20ㅇㅇ가단ㅇㅇㅇㅇ 손해배상(자)
원　고　ㅇㅇㅇ
피　고　◇◇보험주식회사

위 사건에 관하여 피고는 원고의 청구에 대하여 아래와 같이 답변합니다.

청구취지에 대한 답변

1. 원고의 청구를 기각한다.
2. 소송비용은 원고의 부담으로 한다.
라는 재판을 구합니다.

청구원인에 대한 답변

1. 원고의 주장
   원고는 20ㅇㅇ.ㅇ.ㅇ.ㅇㅇ:ㅇㅇ경 소외 ◆◆◆ 운전의 경남 ㅇ고ㅇㅇㅇㅇ호 승용차가 ㅇㅇ시 ㅇㅇ구 ㅇㅇ길 소재 ㅇㅇ숯불갈비 앞에서 공사용 가드레일을 들이받아 그 파편이 원고에게 튕기면서 다발성 좌상, 미골탈구, 추간판탈출증 등의 상해를 입게 하였으므로 위 승용차의 보험자인 피고로서는 원고의 손해를 배상할 책임이 있다고 주장하고 있습니다.

2. 채무의 부존재
   ① 위와 같은 원고의 주장과는 달리 이 사건 사고로 인하여 원고가 입은 상해는 장기간의 치료를 요하거나 후유장해를 남기는 상해가 아니라 경미한 좌상에 불과하였습니다.
   ② 이에 피고는 이 사건 소제기 전에 원고의 치료요청에 따라 원고가 입은 손해의 전부인 치료비 전액 금 3,133,970원을 지급함으로써 이 사건 사고로 인한 배상책임을 모두 이행하였습니다.
   (피고는 추후 신체감정 및 형사기록이 송부되는 대로 원고가 주장하고 있는 사고발생 경위, 일실수입, 치료비 및 위자료에 대하여 적극적으로 다툴 예정입니다)

3. 결어

　피고는 그 지급책임이 있는 범위내의 모든 채무를 이행하였으므로 원고의 이
사건 청구는 마땅히 기각되어야 할 것입니다.

20○○.　○.　○.
위 피고　◇◇보험주식회사
대표이사 ◇◇◇(서명 또는 날인)

○○지방법원 제○○민사단독　귀중

[서식 예] 답변서(대여금청구에 대한 부인)

답 변 서

사　　건　20ㅇㅇ가단ㅇㅇㅇㅇ 대여금

원　　고　ㅇㅇㅇ

피　　고　◇◇◇

위 사건에 관하여 피고는 다음과 같이 답변합니다.

다　　음

1. 기초적인 사실관계

　가. 원고는 20ㅇㅇ.ㅇ.ㅇ. 피고에게 금 30,000,000원을 대여하였다고 주장하며 그 돈의 지급을 구하고 있으나 이는 사실과 다릅니다.

　나. 원고와 피고는 평소 잘 알고 지내던 사이로서 소외 ⊙⊙⊙는 피고의 매형입니다. 소외 ⊙⊙⊙는 20ㅇㅇ.ㅇ.경 사업문제로 인하여 급전이 필요하다고 하여 피고에게 돈을 빌릴 만한 사람이 없느냐고 물어왔고 피고는 잘 알고 있던 원고에게 혹시 여유 있는 돈이 있느냐고 물었더니 가능하다고 하여 피고는 원고를 소외 ⊙⊙⊙에게 소개하여 주었던 것입니다.

　다. 그 뒤 소외 ⊙⊙⊙가 위 가항 일시에 원고로부터 금 30,000,000원을 차용한 것은 사실입니다.

2. 피고의 책임

　비록 원고가 피고의 소개로 인하여 소외 ⊙⊙⊙를 알게 되어 소외 ⊙⊙⊙에게 돈을 대여하였다고는 하나 이는 피고와는 직접적인 관련은 없는 것으로서 피고가 위 대여금의 지급을 보증한 적은 없습니다.

　원고는 피고가 위 대여일시에 동석하였다는 이유만으로 피고가 책임을 져야 한다는 취지로 주장하나 이는 타당하다고 볼 수 없으며, 어떠한 형태로든 피고가 위 지급의 보증의사를 표시한 적이 없으므로 피고가 이를 책임질 이유는 없다 할 것입니다.

3. 결론

　원고는 소외 ⊙⊙⊙로부터 대여금을 지급 받지 못하자 피고에게 소를 제기

한 것으로서 위와 같이 원고의 청구는 타당하지 않으므로 이를 기각하여
주시기 바랍니다.

20○○. ○. ○.
위 피고 ◇◇◇(서명 또는 날인)

○○지방법원 제○○민사단독   귀중

[서식 예] 답변서(임차보증금반환청구에 대한 부인)

답 변 서

사   건   20○○가단○○○ 임차보증금반환
원   고   ○○○
피   고   ◇◇◇

　　위 사건에 관하여 피고는 다음과 같이 답변합니다.

청구취지에 대한 답변

1. 원고의 청구를 기각한다.
2. 소송비용은 원고의 부담으로 한다.
라는 판결을 구합니다.

청구원인에 대한 답변

1. 원고가 이 사건 건물의 임차인이었던 사실과 임대차계약기간이 종료한 사실
   은 인정하나 나머지 사실은 부인합니다.
2. 원고의 주장에 대한 검토
   가. 원고는 20○○.○.○. 소외 ⊙⊙⊙와 이 사건 건물에 대하여 임차기간
       2년, 임차보증금 30,000,000원으로 정하여 임대차계약을 체결하고 당일
       주민등록전입신고를 한 대항력 있는 임차인이므로 소외 ⊙⊙⊙로부터 이
       사건 건물을 매수한 피고는 임차보증금을 지급할 의무가 있다고 주장하
       고 있습니다.
   나. 그러나 이 사건 건물에 대한 건축물대장의 기재에 의하면 다세대 주택
       임을 알 수 있습니다. 대법원의 판례에 의하면 다세대 주택의 경우에는
       주민등록전입신고를 할 때 호수의 기재가 있어야 대항력 있는 유효한 주민
       등록이라고 보고 있습니다. 따라서 원고는 대항력이 없는 임차인이므로
       피고에게는 임차보증금을 지급할 의무가 없다고 할 것입니다.

3. 결론

　이상과 같은 이유로 원고의 청구를 기각한다는 판결을 구합니다.

입 증 방 법

　1. 을 제1호증　　　　　　　　건축물대장등본
　1. 을 제2호증　　　　　　　　주민등록표등본(원고)

첨 부 서 류

　1. 위 입증방법　　　　　　　　　　　　각 1통

20○○. ○. ○.
위 피고 ◇◇◇(서명 또는 날인)

○○지방법원 제○○민사단독　귀중

2. 피고의 반소 제기

2-1. 반소의 개념

① '반소'란 소송의 계속 중에 피고가 원고에게 본소청구 또는 이에 대한 방어방법과 견련관계가 있는 새로운 청구를 하기 위해 동일한 절차에서 제기하는 소송을 말합니다.

② 예를 들면 A가 B에게 물품의 매매대금을 요구하는 소송을 제기했는데 물품을 받지 않은 B는 A에게 물품을 인도 받지 않았다고 주장하는 것이 방어 방법입니다. 그런데 반소는 물품을 받지 않은 B가 A에게 물품인도를 청구하는 소송을 제기해 본소와 함께 심판받도록 하는 것을 말합니다.

2-2. 반소의 요건

① 본소와의 관련성

㉮ 반소의 목적이 된 청구가 본소의 청구 또는 방어의 방법과 서로 관련이 있어야 합니다(민사소송법 제269조 제1항 단서).

그러나 원고가 본소로 대여금 청구를 했는데 반소로 바로 그 대여금의 부존재의 확인을 구하는 것과 같이 원고의 청구기각신청 이상의 아무런 적극적 내용이 포함되어 있지 않은 경우는 반소로서의 청구 이익이 없어 허용되지 않으므로 주의하시기 바랍니다.

㉯ 반소의 목적이 된 청구가 다른 법원의 관할에 속하지 않아야 합니다(민사소송법 제269조 제1항 단서).

② 본소 절차를 현저히 지연시키지 않을 것

피고는 소송절차를 현저히 지연시키지 않는 경우에만 반소를 제기할 수 있습니다(민사소송법 제269조 제1항 본문).

③ 본소의 변론종결 전일 것

피고는 변론 종결 때까지 본소가 진행 중인 법원에 반소를 제기할 수 있습니다(민사소송법 제269조 제1항 본문).

■ 전세보증금을 달라고 했으나 매수인은 계속 거절하고 있는 경우 어떻게 해야 하나요?

Q. 친구에게 전세금을 빌려주었으나 받지 못하고 있던 중 친구가 당장 돈을 갚는 대신 일단 자신의 집에 들어와 살고 있으면 돈이 생기는 대로 갚겠다고 하여 친구와 채권적 전세계약을 체결한 후 입주를 했습니다. 2009.5.5. 입주를 하면서 전입신고와 함께 확정일자를 받았고, 2009.5.11. 근저당설정등기를 마친 뒤 현재까지 거주하고 있습니다. 그런데 2009.5.8. 자로 설정된 근저당권자가 경매를 실행해 경락을 받은 매수인이 제게 집을 비우라고 소송을 제기한 상태입니다. 그러나 저는 전세보증금을 받지 못한 채로 나갈 수 없어 전세보증금을 달라고 했으나 매수인은 계속 거절하고 있습니다. 이제 저는 어떻게 해야 하나요?

A. 일단 그러한 취지로 답변서를 제출한 후 전세보증금 청구소송을 반소로 제기하는 방법을 생각해 보시기 바랍니다. 건물명도소송의 판결은 '명도하라'와 '명도하지 않아도 된다' 둘 중 하나로 결정이 되므로 전세보증금을 달라는 피고의 청구는 본소에서는 판단 받지 못합니다. "반소"란 소송의 계속 중에 피고가 원고에게 본소청구 또는 이에 대한 방어방법과 견련관계가 있는 새로운 청구를 하기 위해 동일한 절차에서 제기하는 소를 말합니다. 따라서 건물명도 청구소송의 반소로 전세보증금 청구소송을 제기하면 본소와 함께 피고의 요청사항도 법원의 판단을 받을 수 있습니다.

■ 반소로 차임 감액을 청구할 수 있는지요?

Q. 甲은 乙에게 토지를 임대하였는데, 乙이 차임을 지급하지 않자 乙을 상대로 차임 청구소송을 제기하였습니다. 이에 乙은 토지에 대한 공과부담의 증가를 이유로 반소로써 차임의 감액을 청구하고자 하는데 가능한지요?

A. 민법 제628조는 "임대물에 대한 공과부담의 증감 기타 경제사정의 변동으로 인하여 약정한 차임이 상당하지 아니하게 된 때에는 당사자는 장래에 대한 차임의 증감을 청구할 수 있다."라고 규정하고 있습니다. 그런데 민법 제628조에 의한 임차인의 차임감액청구권은 사법상의 형성권이지 법원에 대하여 형성판결을 구할 수 있는 권리가 아니므로 차임청구의 본소가 계속한 법원에 반소로서 차임의 감액을 청구할 수는 없습니다(대법원 1968.11.19. 선고 68다1882, 68다1883 판결 참조). 따라서 乙은 甲의 차임 청구소송에 대해서 반소로써 차임의 감액을 청구할 수는 없을 것으로 보입니다.

■ 형식적으로 확정된 제1심판결에 대한 피고의 항소추완신청이 적법하여
해당사건이 항소심에 계속된 경우, 반소를 제기할 수 있는지요?

Q. 저는 제1심판결을 알지 못하다가 적법한 기간 내에 추완항소를 제
기하여 항소심이 계속 중입니다. 그런데 상대방에게 반소를 제기할
사유가 있는데, 항소심 중에서 반소를 제기할 수 있는지요?

A. 민사소송법은 제412조 제1항에서 "반소는 상대방의 심급의 이익을 해할
우려가 없는 경우 또는 상대방의 동의를 받은 경우에 제기할 수 있다."고
규정하고 있습니다. 따라서 항소심에서도 반소 제기는 가능하나 추완 항소
의 경우에도 동일한지여부와 심급의 이익을 해할 우려가 없는 경우가 어
떤 것인지가 문제됩니다. 판례는 "형식적으로 확정된 제1심판결에 대한 피
고의 항소추완신청이 적법하여 해당 사건이 항소심에 계속된 경우 그 항
소심은 다른 일반적인 항소심과 다를 바 없다. 따라서 원고와 피고는 형식
적으로 확정된 제1심판결에도 불구하고 실기한 공격·방어방법에 해당하
지 아니하는 한 자유로이 공격 또는 방어방법을 행사할 수 있고, 나아가
피고는 상대방의 심급의 이익을 해할 우려가 없는 경우 또는 상대방의 동
의를 받은 경우에는 반소를 제기할 수도 있다"라고 하였습니다(대법원
2013.1.10. 선고 2010다75044 판결). 한편 심급의 이익을 해할 우려가 없는
경우에 대해서 판례는 "상대방의 심급의 이익을 해할 우려가 없는 경우'라
함은 반소청구의 기초를 이루는 실질적인 쟁점이 제1심에서 본소의 청구
원인 또는 방어방법과 관련하여 충분히 심리되어 상대방에게 제1심에서의
심급의 이익을 잃게 할 염려가 없는 경우를 말한다."라고 하였습니다(대법
원 2005.11.24. 선고 2005다20064 판결). 그렇다면 결국 반소 제기 자체는
가능하나 그 반소의 내용에 따라 상대방이 심급의 이익을 잃게 될 염려가
있는 경우에는 그 반소에 대해 상대방의 동의를 받아야 하고, 심급의 이익
을 읽잃게 될 염려가 없는 경우에는 동의 없이 반소가 허용되며 우려 존
부에 대해서는 추완항소 재판부에서 판단하게 됩니다. 한편 민사소송법 제
412조 제2항은 반소에 대해 상대방이 이의를 제기하지 아니하고 반소의

본안에 관하여 변론을 한 때에는 반소제기에 동의한 것으로 본다고 규정하고 있으므로, 일응 반소를 제기하고 상대방이 이의 없이 변론한다면 별도로 동의를 구하지 않으므로 우선 반소를 제기해볼 것을 권합니다.

[서식 예] 반소장

반 소 장

사　　건　　20○○가소○○○ 손해배상(기)

피고(반소원고)　　　　　◇◇◇ (주민등록번호)
○○시 ○○구 ○○길 ○○(우편번호 ○○○-○○○)
전화 · 휴대폰번호:
팩스번호, 전자우편(e-mail)주소:

원고(반소피고)　　　　　○○주식회사
○○시 ○○구 ○○길 ○○(우편번호 ○○○-○○○)
대표이사 ⊙⊙⊙
전화 · 휴대폰번호:
팩스번호, 전자우편(e-mail)주소:

　위 사건에 관하여 피고(반소원고)는 아래와 같이 반소를 제기합니다.

퇴직금청구의 소

반 소 청 구 취 지

1. 원고(반소피고)는 피고(반소원고)에게 금 ○○○원 및 이에 대한 20○○.○
○.○○.부터 20○○.○○.○○.까지는 연 6%의, 그 다음날부터 다 갚는 날
까지는 연 20%의 각 비율에 의한 돈을 지급하라.
2. 소송비용은 원고(반소피고)가 부담한다.
3. 위 제1항은 가집행 할 수 있다. 라는 판결을 구합니다.

반 소 청 구 원 인

1. 피고(반소원고)는 ○○시 ○○구 ○○길 ○○-○에 소재한 원고(반소피고)
회사에 20○○.○.○. 입사하여 20○○.○○.○. 퇴사할 때까지 ○○점 매장
및 ◎◎점 매장에서 의류를 판매하는 일에 종사하였습니다.

2. 피고(반소원고)는 매월 금 ㅇㅇㅇ원 정도의 월급과 400%의 수당을 원고(반소피고)회사로부터 지급 받았습니다. 그리고 판매실적에 따라 판매수당을 지급 받았습니다.

3. 그러나 피고(반소원고)가 20ㅇㅇ.ㅇㅇ.ㅇ. 퇴직할 당시 원고(반소피고)회사로부터 퇴직금을 지급 받지 못하였으며, 그 퇴직금은 금 ㅇㅇㅇ원입니다. 또한, 단체협약서에 퇴직금의 지급시기에 관하여 별도로 정해진 바가 없으며, 근로기준법 제37조 소정의 금품청산제도는 근로관계가 종료된 후 사용자로 하여금 14일 내에 근로자에게 임금이나 퇴직금 등의 금품을 청산하도록 하는 의무를 부과하는 한편, 이를 불이행하는 경우 형사상의 제재를 가함으로써 근로자를 보호하고자 하는 것이지 사용자에게 위 기간 동안 임금이나 퇴직금지급의무의 이행을 유예하여 준 것이라고 볼 수는 없으므로 피고(반소원고)는 퇴직금 청구권을 퇴직한 다음날부터 행사할 수 있다고 봄이 타당합니다.

4. 따라서 피고(반소원고)는 원고(반소피고)회사에게 위 퇴직금 ㅇㅇㅇ원 및 이에 대한 퇴직한 날의 다음날인 20ㅇㅇ.ㅇㅇ.ㅇㅇ.부터 20ㅇㅇ.ㅇㅇ.ㅇㅇ.까지는 상법에서 정한 연 6%의, 그 다음날부터 다 갚는 날까지는 근로기준법 제37조 및 동법 시행령 제17조에서 정한 연 20%의 각 비율에 의한 지연손해금의 지급을 구하기 위하여 이 사건 반소청구에 이르게 된 것입니다.

입 증 방 법

1. 을 제1호증　　　　　　　　단체협약서
1. 을 제2호증　　　　　　　　체불금품확인원

첨 부 서 류

1. 위 입증방법　　　　　　　　각 1통
1. 반소장부본　　　　　　　　　　1통
1. 송달료납부서　　　　　　　　　1통

20ㅇㅇ. ㅇ. ㅇ.
위 피고(반소원고) ◇◇◇(서명 또는 날인)

ㅇㅇ지방법원 ㅇㅇ지원 제ㅇㅇ민사단독　귀중

2-3. 반소 제기 시의 비용 산정

2-3-1. 인지첩부

① 반소장에 첩부해야 할 인지액은 본소에 첩부하는 인지액과 같습니다.

② 1심 소가에 따른 인지액

소 가	인 지 대
소가 1천만원 미만	소가 × 50 / 10,000
소가 1천만원 이상 1억원 미만	소가 × 45 / 10,000 + 5,000
소가 1억원 이상 10억원 미만	소가×40 / 10,000 + 55,000
소가 10억원 이상	소가× 35 / 10,000 + 555,000
※ 인지액이 1천원 미만이면 1천원으로 하고, 수수료 중 100원 미만은 계산하지 않습니다(「민사소송 등 인지법」 제2조제2항).	

2-3-2. 인지를 붙이지 않는 경우

① 본소와 소송목적이 동일한 경우에는 반소에 붙일 인지액에서 본소의 인지액을 뺀 금액을 붙이도록 되어 있습니다.

② 예를 들어, 본소가 '소유권이전등기이행청구'이고 반소가 '소유권확인청구'와 같이 소송목적이 동일한 경우에는 인지를 붙이지 않아도 됩니다.

2-4. 송달료 납부

송달료는 민사 제1심 단독사건과 합의사건의 경우 당사자수 × 4,800원 × 15회분으로 계산해 납부하면 됩니다.

2-5. 반소의 제기

① 반소장 제출

소송은 법원에 소장을 제출함으로써 제기됩니다.

② 이송

본소가 단독사건인 경우 피고가 반소로 합의사건에 속하는 청구를 한 때에는 법원은 직권 또는 당사자의 신청에 따른 결정으로 본소와 반소를 합의부에 이송해야 합니다(민사소송법 제269조 제2항 본문). 다만, 반소에 관해 피고가 관할위반이라고 항변하지 않고 변론하거나 변론준비기일에 진술하면 본소의 담당부가 관할권을 가집니다.

③ 취하
본소가 취하된 경우 피고는 원고의 동의 없이 반소를 취하할 수 있습니다.

제3절 변론절차

1. 쟁점정리기일 및 변론준비절차(입증책임)

① 쟁점정리기일은 변론준비절차 전에 사건의 쟁점을 확인하기 위해 정해지는 기일로 당사자 쌍방 본인이 법관 면전에서 사건의 쟁점을 확인하고 상호 반박하는 기회를 가질 수 있도록 마련된 제도입니다.
② 변론준비절차란 변론기일에 앞서 변론이 효율적이고 집중적으로 실시될 수 있도록 당사자의 주장과 증거를 정리해 소송관계를 명확하게 하는 절차로 서면에 의한 변론준비절차와 변론준비기일 방식으로 진행됩니다.

■ 입증책임은 누구에게 있나요?

Q. 저는 이웃인 A의 간곡한 부탁으로 3천만 원을 빌려주었는데, 내심 집이 A의 명의이니 설마 그 돈 못 갚겠느냐는 마음이 있었습니다. 그런데 변제일이 지나 독촉을 해도 돈을 갚지 않던 A가 갑자기 이혼 후 분할소송으로 집을 아내에게 명의이전 했다고 합니다. A의 행위를 사해행위로 보아 취소소송을 제기하고 싶은데 가능할까요?

A. 판례는 이혼에 따른 재산분할이 채권자에 대한 담보가 감소되는 결과가 되더라도 특별한 사정이 없는 한 사해행위로서 취소되어야 할 것은 아니므로, 재산분할이 상당한 정도를 벗어나는 과대한 것이라고 볼 만한 특별한 사정에 대한 입증책임은 채권자에게 있다고 판시하고 있습니다. 따라서, A를 상대로 사해행위 취소소송을 제기할 수는 있으나 A의 이혼에 따른 재산분할이 적정 수준을 벗어나 과대하게 이루어 진 것임을 입증할만한 증거를 원고가 제시해야 하므로 이러한 증거를 준비할 수 있는지 먼저 확인해 보시기 바랍니다.

2. 쟁점정리기일

① '쟁점정리기일'이란 변론기일방식을 따르며 양쪽 당사자가 법관을 조기에 대면해 사건의 쟁점을 확인하는 날을 말합니다.

② 원칙적으로 재판장이 가능한 최단기간 안의 날로 쟁점정리기일(제1회 변론기일)을 지정해 쌍방 당사자 본인이 법관 면전에서 사건의 쟁점을 확인하고 상호 반박하는 기회를 가질 수 있도록 마련된 제도입니다.

③ 쟁점정리기일을 통해 양쪽 당사자가 서로 다투는 점이 무엇인지 미리 분명하게 밝혀지면, 그 이후의 증거신청과 조사는 그와 같이 확인된 쟁점에 한정해 집중적으로 이루어집니다.

④ 재판장은 쟁점정리기일 이후에 해당 사건을 변론준비절차에 회부할 수 있습니다. 이는 양쪽 당사자의 주장내용이나 증거관계가 매우 복잡하여, 별도의 준비절차를 통해 주장과 증거를 정리하고 앞으로의 심리계획을 수립하는 것이 필요하다고 판단되는 경우에 이루어집니다.

3. 변론준비절차

3-1. 개념

① '변론준비절차'란 변론기일에 앞서 변론이 효율적이고 집중적으로 실시될 수 있도록 당사자의 주장과 증거를 정리해 소송관계를 명확하게 하는 절차를 말합니다.

② 변론준비절차는 서면에 의한 변론준비절차와 변론준비기일 방식으로 진행됩니다.

3-2. 서면에 의한 변론준비절차

① 서면에 의한 변론준비절차는 기간을 정해 당사자에게 준비서면, 그 밖의 서류를 제출하게 하고 이를 교환해서 주장사실을 증명할 증거를 신청하게 하는 방법으로 진행합니다.

② 기간

서면에 의한 변론준비절차는 4개월을 넘지 못합니다.

3-3. 변론준비기일

① 변론준비기일은 변론준비절차를 진행하는 재판장, 수명법관, 촉탁판사 (이하 "재판장등" 이라 한다)가 서면에 의한 변론준비절차가 진행되는 동안에 주장 및 증거를 정리하기 위해 필요하다고 인정하는 때에 당사자를 출석하게 해 최종적으로 쟁점을 정리하는 기일을 말합니다.

② 당사자는 변론준비기일이 끝날 때까지 변론준비에 필요한 주장과 증거를 정리해 제출해야 합니다.

③ 변론준비절차를 진행하는 경우 재판장등은 법원사무관등으로 하여금 그 이름으로 준비서면, 증거신청서 및 그 밖의 서류의 제출을 촉구하게 할 수 있습니다.

④ 제3자의 출석

당사자는 재판장등의 허가를 얻어 변론 준비기일에 제3자와 함께 출석할 수 있습니다.

⑤ 진행방법

㉮ 변론준비기일에는 당사자가 말로 변론의 준비에 필요한 주장과 증거를 정리해 진술하거나, 법원이 당사자에게 말로 해 당사항을 확인해 정리해야 합니다.

㉯ 법원은 다음과 같은 경우 원고 또는 피고가 제출한 소장·답변서, 그 밖의 준비서면에 적혀 있는 사항을 진술한 것으로 보고 출석한 상대방에게 변론을 명할 수 있습니다.

ⓐ 원고 또는 피고가 변론준비기일에 출석하지 않은 경우

ⓑ 출석하고서도 변론하지 않은 경우

㉰ 당사자가 변론준비기일에 상대방이 주장하는 사실을 명백히 다투지

않은 경우에는 그 사실을 자백한 것으로 봅니다. 다만, 변론 전체의 취지로 보아 그 사실에 대해 다툰 것으로 인정되는 경우에는 그렇지 않습니다.

㉣ 상대방이 주장한 사실에 대해 알지 못한다고 진술한 경우에는 그 사실을 다툰 것으로 추정됩니다.

⑥ 기간

변론준비절차는 서면에 의한 변론준비절차까지 포함해 모두 6개월을 넘지 못합니다.

■ 변론준비기일에 불출석하면 소송이 취하된 것으로 되는지요?

Q. 저는 甲을 상대로 매매계약을 원인으로 하여 소유권이전등기청구소송을 제기하였습니다. 그런데 甲은 제가 제기한 소송에 답변서만 제출하였을 뿐 전혀 응하지 않고 있는데, 저 역시 개인적인 사정으로 변론준비기일과 제1회 변론기일에 불출석 하고 말았습니다. 제가 듣기로 기일에 2회 불출석하면 법에서 소송을 취하한 것으로 본다고 들었는데 제 경우에도 소송이 취하된 것으로 되는지요?

A. 「민사소송법」제268조는 두 번의 변론기일에 양쪽 당사자가 출석하지 아니하거나 출석하였다 하더라도 변론하지 아니하고, 기일지정신청에 따라 다시 진행되는 이후의 변론기일에서 다시 양쪽 당사자가 불출석한 경우에는 소를 취하한 것으로 본다고 규정하고 있으므로, 변론기일에 양쪽 당사자가 두 번 불출석하고 기일지정신청 후 변론기일에서 다시 불출석한 경우 및 변론준비기일에 양쪽 당사자가 두 번 불출석하고 기일지정신청 후 변론준비기일에서 다시 불출석한 경우 각기 소를 취하한 것으로 보게 됩니다. 그런데 양쪽 당사자가 변론준비기일과 변론기일에 불출석한 횟수가 합쳐서 세 번에 이를 경우 변론준비기일에서의 양쪽 당사자 불출석의 효과가 변론기일에까지 연결되어 승계됨으로써 그 전체과정에서 세 번 불출석의 요건을 충족시키는 것으로 보아 소를 취하한 것으로 볼 것인지 여부에 관하여 민사소송법에는 별도의 규정을 두고 있지 않습니다. 한편, 양쪽 당사자가 변론준비기일에 한 번, 변론기일에 두 번 불출석한 경우와 관련하여 판례는 "변론준비절차는 원칙적으로 변론기일에 앞서 주장과 증거를 정리하기 위하여 진행되는 변론 전 절차에 불과할 뿐이어서 변론준비기일을 변론기일의 일부라고 볼 수 없고 변론준비기일과 그 이후에 진행되는 변론기일이 일체성을 갖는다고 볼 수도 없는 점, 변론준비기일이 수소법원 아닌 재판장 등에 의하여 진행되며 변론기일과 달리 비공개로 진행될 수 있어서 직접주의와 공개주의가 후퇴하는 점, 변론준비기일에 있어서 양쪽 당사자의 불출석이 밝혀진 경우 재판장 등은 양쪽의 불출석으로 처리하여

새로운 변론준비기일을 지정하는 외에도 당사자 불출석을 이유로 변론준비 절차를 종결할 수 있는 점, 나아가 양쪽 당사자 불출석으로 인한 취하간주 제도는 적극적 당사자에게 불리한 제도로서 적극적 당사자의 소송유지의사 유무와 관계없이 일률적으로 법률적 효과가 발생한다는 점까지 고려할 때 변론준비기일에서 양쪽 당사자 불출석의 효과는 변론기일에 승계되지 않는 다."라고 하면서(대법원 2006.10.27. 선고 2004다69581 판결), 양쪽 당사자 가 변론준비기일에 한 번, 변론기일에 두 번 불출석하였다고 하더라도 변 론준비기일에서 불출석의 효과가 변론기일에 승계되지 아니하므로 소를 취 하한 것으로 볼 수 없다고 하였습니다. 따라서 귀하의 경우에는 변론준비 기일 1회, 변론기일에 1회에 불출석하였을 뿐, 2회의 변론기일 불출석한 것이 아니므로 소취하 간주되는 불이익은 없을 것으로 보입니다.

■ 변론기일에 양쪽 당사자 모두 출석하지 않은 경우의 구제방법이 없는지요?

Q. 저는 甲에 대한 손해배상청구채권이 있어 관할법원에 소를 제기하였으나 사정이 생겨 2회의 변론기일에 출석하지 못하였습니다. 그런데 법원에서는 아무런 연락도 없고 주위에서는 재판이 이미 종결되었다고 합니다. 저는 위 소송과 관련하여 많은 비용을 지출하였는데, 이 경우 구제방법이 없는지요?

A. 양쪽 당사자가 변론기일에 출석하지 아니한 경우 사건의 처리에 관하여 「민사소송법」제268조는 "①양 쪽 당사자가 변론기일에 출석하지 아니하거나 출석하였다 하더라도 변론하지 아니한 때에는 재판장은 다시 변론기일을 정하여 양 쪽 당사자에게 통지하여야 한다. ②제1항의 새 변론기일 또는 그 뒤에 열린 변론기일에 양 쪽 당사자가 출석하지 아니하거나 출석하였다 하더라도 변론하지 아니한 때에는 1월 이내에 기일지정신청을 하지 아니하면 소를 취하한 것으로 본다. ③제2항의 기일지정신청에 따라 정한 변론기일 또는 그 뒤의 변론기일에 양쪽 당사자가 출석하지 아니하거나 출석하였다 하더라도 변론하지 아니한 때에는 소를 취하한 것으로 본다. ④상소심의 소송절차에는 제1항 내지 제3항의 규정을 준용한다. 다만, 상소심에서는 상소를 취하한 것으로 본다."라고 규정하고 있습니다. 그러므로 양 쪽 당사자가 변론기일에 출석하지 아니하거나 출석하였다 하더라도 변론하지 아니한 때에는 다시 변론기일을 정하여 당사자를 소환하게 되는데, 이 때 새로 지정된 변론기일이나 그 뒤의 변론기일에 다시 양 쪽 당사자가 출석하지 아니하거나 출석하였다 하더라도 변론하지 아니한 때에는 1개월 이내에 기일지정신청을 할 수 있고, 위 기일 내에 기일지정신청을 하지 아니한 때에 소를 취하한 것으로 보게 됩니다. 따라서 귀하의 경우 출석하지 아니한 기일의 1개월 이내에 소송이 계속 중인 법원에 변론기일지정신청을 하면 소송이 다시 속행됩니다. 다만, 기일지정신청에 의하여 정한 변론기일 또는 그 뒤의 변론기일에 다시 출석하지 아니한 때에는 소를 취하한 것으로 간주합니다.

참고로 요건불비(要件不備)의 공시송달에 의하여 쌍방 불출석의 효과가 발생하는지에 관하여 판례는 "민사소송법 제241조(현행 민사소송법 제268조) 제2항 및 제4항에 의하여 소 또는 상소의 취하가 있는 것으로 보는 경우 민사소송법 제241조(현행 민사소송법 제268조) 제2항 소정의 1월의 기일지정신청기간은 불변기간이 아니어서 그 추완이 허용되지 않는 점을 고려한다면, 민사소송법 제241조(현행 민사소송법 제268조) 제1항, 제2항에서 '변론의 기일에 당사자 쌍방이 출석하지 아니한 때'란 당사자 쌍방이 적법한 절차에 의한 송달을 받고도 변론기일에 출석하지 않는 것을 가리키는 것이고, 변론기일의 송달절차가 적법하지 아니한 이상 비록 그 송달이 유효하고 그 변론기일에 당사자 쌍방이 출석하지 아니하였다고 하더라도 쌍방 불출석의 효과는 발생하지 않으며, 당사자의 주소, 거소 기타 송달할 장소를 알 수 없는 경우가 아님이 명백함에도 재판장이 당사자에 대한 변론기일소환장을 공시송달에 의할 것으로 명함으로써 당사자에 대한 변론기일소환장이 공시송달 된 경우, 그 당사자는 각 변론기일에 적법한 절차에 의한 송달을 받았다고 볼 수 없으므로, 위 공시송달의 효력이 있다 하더라도 각 변론기일에 그 당사자가 출석하지 아니하였다고 하여 쌍방 불출석의 효과가 발생한다고 볼 수 없다."라고 하였습니다(대법원 1997.7.11. 선고 96므1380 판결).

■ 출석하였으나 재판장이 기일을 연기한 경우 변론을 하지 않은 것으로
되는지요?

Q. 저는 甲을 상대로 건물손괴로 인한 손해배상청구의 소송을 제기하였는
데, 1차 변론기일에 출석하지 못하였고, 甲도 역시 출석하지 않았다고
합니다. 그런데 2차 변론기일에 출석하였으나 甲은 출석하지 않았고,
재판장이 기일을 연기하여 추후 지정한다고 하여 변론하지 못하였습니
다. 이 경우 제가 2차 변론기일도 출석하지 아니한 것으로 되어 불이
익을 받지는 않는지요?

A. 「민사소송법」제268조 제1항은 "양 쪽 당사자가 변론기일에 출석하지 아
니하거나 출석하였다 하더라도 변론하지 아니한 때에는 재판장은 다시 변
론기일을 정하여 양 쪽 당사자에게 통지하여야 한다."라고 규정하고 있고,
같은 법 제286조 제2항은 "제1항의 새 변론기일 또는 그 뒤에 열린 변론
기일에 양쪽 당사자가 출석하지 아니하거나 출석하였다 하더라도 변론하지
아니한 때에는 1월 이내에 기일지정신청을 하지 아니하면 소를 취하한 것
으로 본다."라고 규정하고 있습니다. 그런데 당사자가 출석하였는데 재판
장이 기일을 연기한 것이 출석한 당사자가 변론을 하지 아니한 때에 해당
하는지에 관하여 판례는 "당사자의 일방 또는 쌍방이 출석한 경우에 기일
을 연기하는 것은 출석한 당사자에게 기일해태의 효력이 생기는 것이 아
니고, 민사소송법 제241조(현행 민사소송법 제268조) 제1항, 제2항에서 규
정한 당사자가 변론기일에 출석하더라도 변론하지 아니한 때라는 것은 기
일이 개시되어 변론에 들어갔으나 변론을 하지 아니한 경우를 말하는 것
이지 변론에 들어가기도 전에 재판장이 기일을 연기하고 출석한 당사자에
게 변론의 기회를 주지 아니함으로써 변론을 하지 아니한 경우에는 출석
한 당사자가 변론을 하지 아니한 때에 해당하지 않는 것이다."라고 하였습
니다(대법원 1993.10.26. 선고 93다19542 판결).

한편 판례는 "원고와 피고가 모두 적법한 소환을 받고 변론기일에 출석하
지 아니한 때에는 그와 같은 변론조서의 기재에 의하여 쌍방불출석의 효

과가 생기고, 변론조서에 연기라는 기재가 있다고 하여도 이것은 무의미한 기재로 돌아가고 연기로 인정될 수 없다."라고 하였습니다(대법원 1978.6.13. 선고 78다557 판결, 1982.1.26. 선고 81다849 판결). 따라서 위 사안에서 귀하는 2차 변론기일에 출석하였으나 재판장이 기일을 연기하고 출석한 귀하에게 변론의 기회를 주지 아니함으로써 변론을 하지 아니한 경우이므로 출석한 당사자가 변론을 하지 아니한 때에 해당하지 않는 것이라고 보아야 할 것이고, 양 쪽 당사자가 출석하지 아니한 경우로 인한 불이익을 받지는 않을 것으로 보입니다.

■ 변론준비기일에서 양쪽 당사자 불출석의 효과가 변론기일에 승계되는지요?

Q. 甲은 변론준비기일에 한 번, 변론기일에 두 번 불출석하였는데, 변론준비기일에서 불출석의 효과가 변론기일에 승계되어 소가 취하된 것으로 간주되게 되나요?

A. 변론준비절차는 원칙적으로 변론기일에 앞서 주장과 증거를 정리하기 위하여 진행되는 변론 전 절차에 불과할 뿐이어서 변론준비기일을 변론기일의 일부라고 볼 수 없고 변론준비기일과 그 이후에 진행되는 변론기일이 일체성을 갖는다고 볼 수도 없는 점, 변론준비기일이 수소법원 아닌 재판장 등에 의하여 진행되며 변론기일과 달리 비공개로 진행될 수 있어서 직접주의와 공개주의가 후퇴하는 점, 변론준비기일에 있어서 양쪽 당사자의 불출석이 밝혀진 경우 재판장 등은 양쪽의 불출석으로 처리하여 새로운 변론준비기일을 지정하는 외에도 당사자 불출석을 이유로 변론준비절차를 종결할 수 있는 점, 나아가 양쪽 당사자 불출석으로 인한 취하간주제도는 적극적 당사자에게 불리한 제도로서 적극적 당사자의 소송유지의사 유무와 관계없이 일률적으로 법률적 효과가 발생한다는 점까지 고려할 때 변론준비기일에서 양쪽 당사자 불출석의 효과는 변론기일에 승계되지 않습니다 (대법원 2006.10.27. 선고 2004다69581 판결). 따라서 甲이 변론준비기일에 한 번, 변론기일에 두 번 불출석하였다고 하더라도 변론준비기일에서 불출석의 효과가 변론기일에 승계되지 않으므로 소를 취하한 것으로 간주되지는 않을 것으로 보입니다.

3-4. 종결

① 당사자가 정해진 기간 이내에 준비서면 등을 제출하지 않거나 증거의 신청을 하지 않은 경우 재판장등은 변론준비절차를 종결하고 변론기일을 지정할 수 있습니다.

② 당사자가 변론준비기일에 출석하지 않은 경우 재판장등은 변론준비절차를 종결하고 변론기일을 지정할 수 있습니다.

③ 다만, 변론의 준비를 계속해야 할 상당한 이유가 있는 경우에는 그렇지 않습니다.

3-5. 종결의 효과

① 변론준비기일에 제출하지 않은 공격방어방법은 다음 중 어느 하나에 해당해야만 변론에서 제출할 수 있습니다.

　㉮ 그 제출로 인해 소송이 현저히 지연되지 않는 경우

　㉯ 중대한 과실 없이 변론준비절차에서 제출하지 못했다는 것을 소명한 경우

　㉰ 법원이 직권으로 조사할 사항인 경우

② 그러나 소장 또는 변론준비절차 전에 제출한 준비서면에 적힌 사항은 변론준비기일에 제출하지 않았다 하더라도 변론에서 주장할 수 있습니다.

③ 다만, 변론준비절차에서 철회되거나 변경된 경우에는 변론에서 주장할 수 없습니다.

4. 입증책임

4-1. 개념

'입증책임'이란 소송에 나타난 일체의 증거자료에 의해서도 법원이 그 존부 여하를 결정할 수 없는 경우 이를 어느 당사자에게 불리하게 판단하지 않는 한 재판을 할 수 없게 됩니다. 이와 같은 경우에 당사자의 일방이 입을 불이익을 입증책임이라 합니다.

4-2. 입증책임의 분배

어느 당사자에게 불이익하게 그 사실의 존부를 인정할 것이냐의 결정을 입증책임의 분배라고 하는데, 일반적으로 권리관계의 발생·변경·소멸 등의 법률효과를 주장하는 자가 입증책임을 집니다.

4-2-1. 원고에게 입증책임이 있는 경우

① 사용자에게 손해배상 청구를 하기 위해서는 사용자가 해당 근로로 근로자의 신체상의 재해가 발생할 수 있음을 알았거나 알 수 있었음에도 불구하고 별다른 안전조치를 취하지 않은 과실이 인정되어야만 하고, 이러한 과실의 존재는 손해배상을 청구하는 근로자가 입증해야 합니다.

② 미성년자의 불법행위와 감독의무자의 의무위반이 상당인과관계가 있으면 감독의무자는 일반불법행위자로서 손해배상책임을 지지만, 이 경우에 그러한 감독의무위반사실 및 손해발생과의 상당인과관계의 존재는 원고가 입증해야 합니다.

③ 대여금 청구소송에서 이혼에 따른 재산분할이 채권자에 대한 공동담보가 감소되는 결과가 되더라도 특별한 사정이 없는 한 사해행위로서 취소되어야 할 것은 아니므로, 재산분할이 상당한 정도를 벗어나는 과대한 것이라고 볼 만한 특별한 사정에 대한 입증책임은 채권자(원고)에게 있습니다.

④ 의료사고에 의한 손해배상 소송에서 의료상의 주의의무 위반과 손해의 발생이 있고 그 사이에 인과관계가 있어야 하므로, 먼저 환자측에서 일반인의 상식에 바탕을 두고 일련의 의료행위 과정에 의료상의 과실 있는 행위가 있었고 그 행위와 손해의 발생 사이에 다른 원인이 개재되지 않았다는 점을 입증해야 합니다.

⑤ 계약(기계공급계약)이 일단 성립한 후 그 해제원인의 존부에 대한 다툼(기계의 불량 등으로 계약의 해제를 원고가 주장)이 있는 경우 그 계약해제권을 주장하는 자(원고)가 이를 증명해야 합니다.

4-2-2. 피고에게 입증책임이 있는 경우

① 물건의 점유자(원고)는 소유의 의사로 점유한 것으로 추정되므로 점유자가 취득시효를 주장하는 경우 스스로 소유의 의사를 입증할 책임은 없고, 오히려 점유자의 취득시효의 성립을 부정하는 자(피고)에게 그 입증책임이 있습니다.

② 방송 등 언론매체가 사실을 적시하여 개인의 명예를 훼손하는 행위를 한 경우 그 목적이 오로지 공공의 이익을 위한 것일 때에는 적시된 사실이 진실이라는 증명이 있거나 그 증명이 없다 하더라도 행위자가 그것을 진실이라고 믿었고 또 그렇게 믿을 상당한 이유가 있으면 위법성이 없다고 보아야 할 것이나, 그에 대한 입증책임은 어디까지나 명예훼손 행위를 한 방송 등 언론매체(피고)에게 있습니다.

③ 원고가 망자의 대여금 채무를 상속인에게 청구한 경우 상속인이 한정승인을 할 수 있는 요건인'상속채무가 상속재산을 초과하는 사실을 중대한 과실 없이 상속개시가 있음을 안 날로부터 3개월 내에 알지 못하였다'는 점에 대한 입증책임은 상속인(피고)에게 있다고 할 것입니다.

④ 건물명도 청구소송에서 임대차계약의 성립 후 임대료를 지급했다는 입증책임은 임차인(피고)이 부담합니다.

⑤ 채무자가 자기의 유일한 재산인 부동산을 매각하여 소비하기 쉬운 금전으로 바꾸거나 타인에게 무상으로 이전해 주는 행위는 특별한 사정이 없는 한 채권자에 대해 사해행위가 된다고 볼 것이므로 채무자(피고)의 사해 의사는 추정되고, 이를 매수하거나 이전 받은 자가 악의가 없었다는 입증책임은 수익자(피고)에게 있습니다.

■ 손해배상을 청구하고자 하는 경우 제출하여야 할 입증자료는 무엇인가요?

Q. 甲은 乙로부터 폭행을 당하였고, 乙은 이와 관련하여 폭행죄로 처벌을 받았습니다. 이후 甲이 乙을 상대로 손해배상을 청구하고자 하는데 제출하여야 할 입증자료는 무엇인가요?

A. 판례는 법률요건분류설에 따라 법규의 구조, 형식에 따라 소송 당사자 간 증명책임을 분배하고 있습니다. 불법행위로 인한 손해배상청구소송에 있어 피해자가 증명을 하여야 하는 사항은 상대방(피고)의 불법행위, 본인(원고)의 손해발생, 인과관계, 손해액입니다. 손해액은 적극적 손해(치료비, 입원비, 수리비 등), 소극적 손해(일실이익 등), 정신적 손해(위자료)로 분류할 수 있습니다. 한편 민사소송절차에서 관련 형사판결문을 증거로 제출하는 경우 법원은 특별한 사정이 없는 이상 다른 사실을 인정할 수 없습니다. 즉 甲이 乙을 상대로 손해배상청구소송을 진행함에 있어서 손해액에 관한 자료와 관련 형사판결문을 제출하는 경우 승소할 가능성이 매우 높습니다.

■ 소유권이전등기말소청구소송을 진행하는 경우 제출하여야 할 입증자료
는 어떤 것이 있나요?

Q. 乙은 관련 서류 등을 위조하여 甲의 토지에 관하여 무단으로 자신
의 앞으로 소유권이전등기를 마쳤습니다. 이 경우 甲이 乙을 상대
로 소유권이전등기말소청구소송을 진행하는 경우 제출하여야 할 입
증자료로는 어떤 것이 있나요?

A. 판례는 부동산이전등기는 권리의 추정력이 있으므로 이를 다투는 측에서
무효사유를 주장, 입증하지 않는 한 그 등기를 무효라고 판정할 수 없
다고 하고 있습니다(대법원 1992.10.27. 선고 92다30047 판결 등). 즉 등
기는 진실한 권리상태를 공시하는 것으로 추정되므로 이의 무효를 주장
하는 자에게 그 추정력을 번복할 만한 반대사실을 입증할 책임이 있는
것입니다. 관련 서류가 위조된 경위에 관한 간접적인 사실들, 증인들의
증언이 위 소송에서 도움이 될 수 있겠으나 소유권이전등기가 무효라는
점을 입증할 결정적인 증거는 乙에 대한 사문서위조 등의 형사판결이
될 것입니다.

5. 준비서면

5-1. 개념

'준비서면'이란 당사자가 변론에서 하고자 하는 진술사항을 기일 전에 예고적으로 기재해 법원에 제출하는 서면을 말합니다.

5-2. 기재사항

① 준비서면에는 다음의 사항을 적고, 당사자 또는 대리인이 기명날인 또는 서명해야 합니다.
   ㉮ 당사자의 성명·명칭 또는 상호와 주소
   ㉯ 대리인의 성명과 주소
   ㉰ 사건의 표시
   ㉱ 공격 또는 방어의 방법: 주장을 증명하기 위한 증거방법
   ㉲ 상대방의 청구와 공격 또는 방어의 방법에 대한 진술: 상대방의 증거방법에 대한 의견 기재
   ㉳ 덧붙인 서류의 표시
   ㉴ 작성한 날짜
   ㉵ 법원의 표시

② 첨부서류
   ㉮ 당사자가 가지고 있는 문서로서 준비서면에 인용한 것은 그 등본 또는 사본을 붙여야 합니다.
   ㉯ 문서의 일부가 필요한 경우에는 그 부분에 대한 초본을 붙이고, 문서가 많을 때에는 그 문서를 표시하면 됩니다.
   ㉰ 첨부서류는 상대방이 요구하면 그 원본을 보여주어야 합니다.
   ㉱ 외국어로 작성된 문서에는 번역문을 붙여야 합니다.

③ 준비서면의 분량
   ㉮ 준비서면의 분량은 30쪽을 넘어서는 안 됩니다.

㉯ 재판장 등은 위를 어긴 당사자에게 해당 준비서면을 30쪽 이내로 제출하도록 할 수 있습니다. 다만, 재판장 등이 당사자와 준비서면의 분량에 관한 합의가 이루어진 경우에는 그렇지 않습니다.

㉰ 준비서면에는 소장, 답변서 또는 앞서 제출한 준비서면과 중복·유사한 내용을 불필요하게 반복 기재해서는 안 됩니다.

[서식 예] 준비서면

준 비 서 면

사 건   20○○가합○○○○○ 대여금

원 고   ○○○

피 고   ◇◇◇

위 사건에 관하여 원고는 다음과 같이 변론을 준비합니다.

다   음

1. 사실관계의 정리

가. 대여금 액수에 대하여

피고는 ○○구 ○○동에서 '○횟집'을 운영하였습니다. 그러던 중, 피고는 원고로부터 19○○년경 금 2,500만원, 19○○년경 금 3,500만원 합계 금 6,000만원을 빌렸습니다.

나. 다툼 없는 사실의 정리

피고는 19○○년경 금 2,500만원을 빌렸다는 것을 인정하고 있으나, 19○○년경 금 3,500만원을 빌렸다는 사실은 이를 부인하고 있으며, 피고가 오히려 원고에게 금 80,919,000원을 원금과 이자조로 변제하였다고 주장하고 있습니다.

다. 따라서 이 사건의 쟁점은 피고가 19○○년경 금 3,500만원을 빌린 사실이 있는지, 피고가 원고에게 이자 및 원금의 상환조로 준 돈이 얼마인지라고 하겠습니다.

2. 금 3,500만원의 대여여부에 관하여

가. 피고의 주장

피고는 원고가 19○○년경 위 횟집의 전세보증금으로 투자한 금 2,800만원과 권리금 1,000만원을 합한 금액에서 금 300만원을 뺀 금 3,500만원에 이 사건 횟집을 인수하기로 피고와 합의하였으나 이를 이행하지 않았으므로, 결과적으로 피고는 채무를 지지 않고 있다는 것입니다.

나. 피고 주장의 부당성

원고는 피고가 먼저 빌려간 금 2,500만원의 원금은커녕 이자의 지급마저 게을리 하고 있자, 이를 독촉하던 차에 피고가 자신에게 금 3,500만원을 추가로 빌려준다면 소외 ⊙⊙⊙에게 들고 있던 계금 5,400만원의 명의를 원고에게 이전시켜 주겠다고 기망하였습니다. 이에 원고는 소외 ⊙⊙⊙로부터 피고가 위 계원으로 있는지 확인(수사기록 78면, 진술조서)을 하였고, 기존에 빌려주었던 금 2,500만원까지 확보하겠다는 욕심에 친구로부터 금 4,000만원을 차용하여 피고에게 금 3,500만원을 빌려 주었던 것입니다.

그러나 피고는 위 계금을 성실히 납부하지 않았고 원고는 빌려준 금 3,500만원을 위 계금으로 충당하지 못하게 된 것입니다.

3. 피고가 이자 및 원금상당의 금원을 변제하였는지

가. 피고의 주장

피고는 19○○. ○.경부터 19○○. ○.경까지 총액 금 80,919,000원을 갚았고 이것으로 이자뿐만이 아니라 원금까지 변제되었다고 주장하고 있습니다.

나. 피고 주장의 부당성

그러나 피고는 증거로 장부를 제출하고도 도대체 어느 부분이 피고의 주장 사실에 부합하는지 특정도 하지 않았으며, 게다가 위 장부와 사실확인서는 객관성도 없습니다.

원고는 총액 금 1,500여만원 정도를 피고로부터 받은 사실은 있으나 이는 어디까지나 이자조로 받은 것이지 원금이 상환된 것도 아닙니다. 이것은 각서상으로도 분명히 인정되고 있습니다.

4. 결 론

결국 피고의 주장은 어느 것도 이를 인정할 만한 정도로 입증되지 않은 허위의 진술에 지나지 않습니다. 오히려 원고는 금 6,000만원이나 되는 거금을 빌려주고도 6년이 지난 현재까지 원금은커녕 이자도 제대로 받지 못하였습니다. 특히 원고가 빌려준 금 3,500만원은 원고가 친구인 소외 ◎◎

◎로부터 차용한 돈입니다. 원고는 친구의 빚 독촉에 못 이겨 동생 소외 ◼◼◼의 집을 저당 잡혀 위 돈을 변제한 상태이며(수사기록 45면, 금전 소비대차약정서), 생활고로 하루 하루 어려운 생활을 하던 중 자살까지 기도하였습니다. 따라서 원고의 권리회복을 위해 조속히 원고의 청구를 인용하여 주시기 바랍니다.

200○. ○. ○.

위 원고 ○○○(서명 또는 날인)

○○지방법원 제○○민사부 귀중

5-3. 제출

① 새로운 공격방어방법을 포함한 준비서면은 변론기일 또는 변론준비기일의 7일 전까지 상대방에게 송달될 수 있도록 적당한 시기에 제출해야 합니다. 법원은 상대방에게 그 부본을 송달합니다.

② 요약준비서면

㉮ 재판장은 당사자의 공격방어방법의 요지를 파악하기 어렵다고 인정하는 경우 변론을 종결하기에 앞서 당사자에게 쟁점과 증거의 정리 결과를 요약한 준비서면을 제출하도록 할 수 있습니다.

㉯ 위에 따른 요약준비서면을 작성할 때에는 특정 부분을 참조하는 뜻을 적는 방법으로 소장, 답변서 또는 앞서 제출한 준비서면의 전부 또는 일부를 인용해서는 안 됩니다.

5-4. 준비서면의 기재 효과

① 준비서면에 기재하지 않은 사실은 상대방이 출석해야 변론에서 주장할 수 있습니다.

② 다만, 서면으로 변론을 준비하지 않는 단독사건의 경우에는 상대방이 출석하지 않아도 변론에서 주장할 수 있습니다.

■ 답변서에 적힌 주장을 다투고 싶은데 준비서면은 어떠한 절차를 통해야 하나요?

Q. 甲은 乙을 상대로 민사소송을 진행 중에 있는데, 乙이 답변서를 법원에 제출하여 이를 송달받았습니다. 위 답변서에 적힌 주장을 다투고 싶은데 어떠한 절차를 통해야 하나요?

A. 소송 당사자가 변론기일에서 말로 하고자 하는 사실상·법률상 사항을 기일 전에 준비서면에 기재하여 제출하면 됩니다. 이 경우 추가 증거를 첨부할 수도 있고, 상대방이 주장하는 사실을 부인하는 등의 취지의 주장을 할 수도 있습니다. 준비서면 제출과 관련한 효과로는 출석한 당사자가 준비서면에 적지 아니한 사실은 상대방이 출석하지 아니한 경우에 변론기일에서 주장하지 못합니다.

■ 준비서면에 자백에 해당하는 내용이 기재되어 있는 경우, 재판상 자백이 성립하는지요?

Q. 법원에 제출되어 상대방에게 송달된 답변서나 준비서면에 자백에 해당하는 내용이 기재되어 있는 경우에, 그것이 변론기일이나 변론준비기일에서 진술 또는 진술 간주되어야만 재판상 자백이 성립하는지요?

A. 민사소송법 제288조의 규정에 의하여 구속력을 갖는 자백은 재판상의 자백에 한하는 것이고, 재판상 자백이란 변론기일 또는 변론준비기일에서 당사자가 하는 상대방의 주장과 일치하는 자기에게 불리한 사실의 진술을 말하는 것으로서(대법원 1996.12.20. 선고 95다37988 판결 등 참조), 법원에 제출되어 상대방에게 송달된 답변서나 준비서면에 자백에 해당하는 내용이 기재되어 있는 경우라도 그것이 변론기일이나 변론준비기일에서 진술 또는 진술간주되어야 재판상 자백이 성립합니다(대법원 2015.2.12. 선고 2014다229870 판결). 즉, 답변서나 준비서면에 자백에 해당하는 진술을 기재하여 법원에 제출하는 것만으로는 재판상 자백이 성립하지 않습니다.

[서식 예] 준비서면(보험금, 피고)

준 비 서 면

사　　건　　20○○가단○○○○ 보험금
원　　고　　○○농업협동조합
피　　고　　◇◇보증보험(주)

위 사건에 관하여 피고는 다음과 같이 변론을 준비합니다.

다　　음

1. 원고의 주장

　원고는 원고와 피고 사이에 체결된 20○○.○.○.자 이행(지급)보증보험계약에 근거하여 이 사건 보험금을 청구한다는 취지입니다.

2. 원고의 주장에 대한 검토

　가. 이 사건 보증보험계약의 체결

　　20○○.○.○. 원고와 피고는 소외 ■■산업 ■■■의 원고에 대한 "외상물품대금"을 지급보증하기로 하는 보증보험계약을 보험기간을 20○○.○.○.부터 20○○.○○.○.로 하여 체결한 바 있습니다.(갑 제2호증의 1 참조.)

　나. 보증보험약관의 규정

　　위 보증보험보통약관 제1조(보상하는 손해)의 규정에 의하면 피고는 채무자인 보험계약자가 보험증권에 기재된 계약(다음부터 주계약이라 함)에서 정한 채무(이행기일이 보험기간 안에 있는 채무에 한함)를 이행하지 아니함으로써 채권자(다음부터 '피보험자'라 함)가 입은 손해를 보험증권에 기재된 사항과 위 약관에 따라 보상하기로 되어 있습니다.

　다. 일부채권의 이행기일이 보험기간을 도과함

　　① 그런데 원고 제출의 갑 제7호증의 1(판매 미수금원장) 중 제3매째 미수금원장 기재를 보면 상환기일이 위에서 본 보험기간 만료일인 20○○.○○.○. 후로 된 부분이 있어 이는 이행기일이 보험기간을 넘어섰기 때문에 위 약관규정에 따라 피고는 보험금을 지급할 의무가 없습니다.

　　② 이에 대하여 원고측 증인 ◎◎◎도 무이자 외상기간 30일을 인정한 것으로 증언하여 위 쌀미대금의 이행기일이 보험기간을 넘어선 것임이 명백합니다.

3. 결 론
따라서 원고의 청구는 이유 없으므로 기각되어 마땅합니다.

20○○. ○. ○.
위 피고 ◇◇보증보험(주)
대표이사 ◈◈◈ (서명 또는 날인)

○○지방법원 제○○민사단독 귀중

[서식 예] 준비서면(대여금, 원고)

준 비 서 면

사 건 20○○가합○○○○○ 대여금
원 고 ○○○
피 고 ◇◇◇

위 사건에 관하여 원고는 다음과 같이 변론을 준비합니다.

다 음

1. 사실관계의 정리

가. 대여금 액수에 대하여

피고는 ○○구 ○○동에서 '○횟집'을 운영하였습니다. 그러던 중, 피고는 원고로부터 19○○년경 금 2,500만원, 19○○년경 금 3,500만원 합계 금 6,000만원을 빌렸습니다.

나. 다툼 없는 사실의 정리

피고는 19○○년경 금 2,500만원을 빌렸다는 것을 인정하고 있으나, 19○○년경 금 3,500만원을 빌렸다는 사실은 이를 부인하고 있으며, 피고가 오히려 원고에게 금 80,919,000원을 원금과 이자 조로 변제하였다고 주장하고 있습니다.

다. 따라서 이 사건의 쟁점은 피고가 19○○년경 금 3,500만원을 빌린 사실이 있는지, 피고가 원고에게 이자 및 원금의 상환조로 준 돈이 얼마인지라고 하겠습니다.

2. 금 3,500만원의 대여여부에 관하여

가. 피고의 주장

피고는 원고가 19○○년경 위 횟집의 전세보증금으로 투자한 금 2,800만원과 권리금 1,000만원을 합한 금액에서 금 300만원을 뺀 금 3,500만원에 이 사건 횟집을 인수하기로 피고와 합의하였으나 이를 이행하지 않았으므로, 결과적으로 피고는 채무를 지지 않고 있다는 것입니다.

나. 피고 주장의 부당성

원고는 피고가 먼저 빌려간 금 2,500만원의 원금은커녕 이자의 지급마저 게을리 하고 있자, 이를 독촉하던 차에 피고가 자신에게 금 3,500만원을 추가로 빌려준다면 소외 ⊙⊙⊙에게 들고 있던 계금 5,400만원의 명의를 원고에게 이전시켜 주겠다고 기망하였습니다. 이에 원고는 소외 ⊙⊙⊙로부터 피고가 위 계원으로 있는지 확인(수사기록 78면, 진술조서)을 하였고, 기존에 빌려주었던 금 2,500만원까지 확보하겠다는 욕심에 친구로부터 금 4,000만원을 차용하여 피고에게 금 3,500만원을 빌려 주었던 것입니다.

그러나 피고는 위 계금을 성실히 납부하지 않았고 원고는 빌려준 금 3,500만원을 위 계금으로 충당하지 못하게 된 것입니다.

3. 피고가 이자 및 원금상당의 금원을 변제하였는지

가. 피고의 주장

피고는 19○○.○.경부터 19○○.○.경까지 총액 금 80,919,000원을 갚았고 이것으로 이자뿐만이 아니라 원금까지 변제되었다고 주장하고 있습니다.

나. 피고 주장의 부당성

그러나 피고는 증거로 장부를 제출하고도 도대체 어느 부분이 피고의 주장 사실에 부합하는지 특정도 하지 않았으며, 게다가 위 장부와 사실확인서는 객관성도 없습니다.

원고는 총액 금 1,500여만 원 정도를 피고로부터 받은 사실은 있으나 이는 어디까지나 이자조로 받은 것이지 원금이 상환된 것도 아닙니다. 이것은 각서상으로도 분명히 인정되고 있습니다.

4. 결 론

결국 피고의 주장은 어느 것도 이를 인정할 만한 정도로 입증되지 않은 허위의 진술에 지나지 않습니다. 오히려 원고는 금 6,000만원이나 되는 거금을 빌려주고도 6년이 지난 현재까지 원금은커녕 이자도 제대로 받지 못하였습니다. 특히 원고가 빌려준 금 3,500만원은 원고가 친구인 소외 ◎◎◎로부터 차용한 돈입니다. 원고는 친구의 빚 독촉에 못 이겨 동생 소외 ▣▣▣의 집을 저당 잡혀 위 돈을 변제한 상태이며(수사기록 45면, 금전소비대차약정서), 생활고로 하루 하루 어려운 생활을 하던 중 자살까지 기도하였습니다. 따라서 원고의 권리회복을 위해 조속히 원고의 청구를 인용하여 주시기 바랍니다.

20○○. ○. ○.

위 원고 ○○(서명 또는 날인)

○○지방법원 제○○민사부 귀중

[서식 예]준비서면(임차보증금반환, 원고)

준 비 서 면

사　　건　20○○가합○○○○ 임차보증금반환
원　　고　○○○
피　　고　◇◇◇

위 사건에 관하여 원고는 다음과 같이 변론을 준비합니다.

다　음

1. 피고 주장에 대한 답변
가. 피고는 원고가 이 사건 주택을 피고로부터 임차한 것이 아니라 이 사건 주택에 대해여 아무런 권한이 없는 소외 ⊙⊙⊙와 사이에 임대차계약을 체결하였으므로 피고는 원고의 임차보증금반환청구에 응할 수 없다고 합니다.
나. 그러나 원래 피고는 19○○.○.○. 소외 ⊙⊙⊙에게 금 504,000,000원에 이 사건 주택이 포함된 연립주택(○○빌라) 건물의 신축공사를 도급하였는 바, 그 공사가 완공된 뒤에도 그 공사대금 중 금 273,537,400원을 지급하지 못하게 되자 20○○.○.○. 위 연립주택 중 제101호(이 사건 주택)와 제102호에 대하여 소외 ⊙⊙⊙에게 피고를 대리하여 이를 분양하거나 임대할 권리를 부여하고 그 분양대금으로 공사비에 충당하기로 약정하였던 것인데, 원고는 소외 ⊙⊙⊙와 사이에 이 사건 주택에 대하여 20○○.○.○. 임대차기간 2년, 임대차보증금은 금 ○○○원으로 하는 임대차계약을 체결하고 그 임대보증금을 완불한 뒤 20○○.○.○.에 이 사건 주택에 입주하고 있는 것입니다.

2. 표현대리
가. 설사 소외 ⊙⊙⊙에게 피고를 대리하여 이 사건 주택을 매각할 권리만 있을 뿐이고 이를 임대할 대리권이 없다고 하더라도 ①소외 ⊙⊙⊙에게 기본대리권이 존재하고, ②상대방으로서는 대리인에게 대리권이 있다고 믿고 또한 그렇게 믿을 만한 정당한 이유가 있는 경우라면 민법 제126조 표현대리가 성립되어 이 사건 임대차계약의 효력은 피고에게 미친다고 할 것입니다.

나. 즉, 피고는 소외 ◉◉◉에게 이 사건 주택의 분양대리권을 준 것이고 분양대리권에는 당연히 임대할 대리권도 포함하는 것이 일반적이라고 할 것인바, 피고는 소외 ◉◉◉에게 분양권을 주는 각서를 만들어 교부하였고 소외 ◉◉◉는 자신에게 임대할 권리가 있다고 말하였는바, 위 인증서를 확인한 원고로서는 소외 ◉◉◉에게 이 사건 주택을 임대할 대리권이 있다고 믿음에 아무런 과실이 없다고 할 것인즉, 소외 ◉◉◉의 대리행위가 설사 무권대리라고 할지라도 권한을 넘는 표현대리로서 유효하다고 할 것입니다.

20○○. ○. ○.
원고 ○○○(서명 또는 날인)

○○지방법원 제○민사부 귀중

[서식 예]준비서면(계약금 등 반환, 원고)

준 비 서 면

사   건   20○○가단○○○○ 계약금 등 반환
원   고   ○○○
피   고   ◇◇◇

위 사건에 관하여 원고는 다음과 같이 변론을 준비합니다.

다   음

1. 중도금수령거절
   피고는 원고가 중도금을 약정한 시기에 지급하지 아니하므로 계약해제 할 수밖에 없었다고 주장하나 이는 사실이 아닙니다.
   원고와 피고는 20○○.○.○. 피고 소유의 ○○시 ○○동 ○○ 대 166㎡ 및 지상 주택을 대금 1억 2,000만원에 매매하기로 계약하고, 원고는 같은 날 피고에게 계약금 1,000만원을 지급하였고 같은 해 ○.○○. 약속대로 피고의 집을 방문하여 중도금 5,000만원을 지급하려고 하였으나 집이 비어있는 관계로 중도금을 지급하지 못하였고, 피고의 처 소외 ◈◈◈가 운영하는 같은 동 소재 ○○갈비집으로 찾아가 중도금의 지급의사를 밝혔으나 피고의 처 소외 ◈◈◈는 피고가 중도금을 수령하지 말라고 했다면서 수령을 거부하였습니다.

2. 계약금의 반환
   피고는 20○○.○○.○. 원고에게 전화로 부동산가격이 올랐으므로 매매가격을 조정할 것을 요청하였으며, 원고가 이에 대한 거부의사를 표시하자 원고가 중도금을 제때 지급하지 아니한다는 이유로 20○○.○○.○○. 계약금 중 금 500만원을 반환하며 계약해제의 의사표시를 하였습니다.

3. 위약금의 지급책임
   이 사건 매매계약해제의 원인이 원고가 중도금을 약정된 시기에 지급하지 아니 하였기 때문이라는 피고의 주장은 사실과 다르므로 부인합니다. 피고는 원고와는 무관하게 일방적으로 부동산가격의 상승을 이유로 중도금의 수령을 거부하고 계약해제통지를 하였으므로 피고가 이 사건 부동산매매계약의 해제로 인한 위약의 책임을 부담하여야 하며 위약의 책임범위는 피고가 지급 받은 계약금 1,000만원 중 원고에게 반환하지 아니한 금 500만원 이외에도 계약서상 명시된 대로 매도인이 계약해제한 경우에 지급하기로 되어있는 계약금에 해당하는 금 1,000만원을 위약금으로 추가 지급하여야 할 것입니다

20○○. ○. ○.

위 원고 ○○○(서명 또는 날인)

○○지방법원 제○민사단독 귀중

[서식 예]준비서면(임금, 원고)

준 비 서 면

사   건   20○○가소○○○○○ 임금
원고(선고당사자)   ○○○
피   고   1. ◇①◇
                    2. ◇②◇

위 사건에 대하여 원고는 다음과 같이 준비서면을 제출합니다.

다   음

1. 소외 노동부에서 사실관계를 조사하여 발급한 체불임금확인서에 의하면 소외 ⊙⊙산업의 명의대표자는 피고 ◇①◇, 실질적인 사용주는 피고 ◇②◇로 되어 있으나 노동부 조사과정에서 원고가 알게 된 바에 의하면 피고 ◇①◇는 개인기업인 ⊙⊙산업의 대표로서 제조공구업을 하는 사업자이고, 피고 ◇②◇는 개인기업인 ◎◎농산의 대표자로서 ◎◎농산은 톱밥을 공급하는 회사로 피고들은 각자 다른 사업체로서 사업자등록증을 팔하였으나 원고인 선정당사자 및 선정자들은 ⊙⊙산업에 고용되어 근로한 근로자이나 사업장에서 실질적으로 작업감독 및 지시를 한 것은 피고 ◇①◇입니다.(갑 제1호증 – 체불금품확인원)

   가. 원고인 ○○○(선고당사자) 및 선정자들이 근무한 ○○ ○○시 ○○○면 ○○리 ○○○-○ 소재 ⊙⊙산업의 건물에는 유일한 간판으로 ⊙⊙산업이라는 간판이 붙어 있으며 (위 주소지에 ◎◎농산과 같은 사업장의 간판은 건물 어디에도 없음) 근무할 당시에 직원들에게 외부에서 걸려오는 전화를 받을 때에 "⊙⊙산업입니다."라고 말하게 하였습니다.(갑 제2호증 – 소외 ■■■의 사실확인서)

   나. 또 원고인 ○○○(선고당사자) 및 선정자들이 톱밥운반 일을 할 당시에 피고 ◇②◇가 거래처에 주도록 지시한 거래명세표를 보면 분명히 ⊙⊙산업 사업자 피고 ◇①◇라고 적혀 있거나 또는 ⊙⊙산업의 사업자 ◇②◇라고 적혀 있지 ◎◎농산이라는 상호는 거래명세표 어디에서도 볼 수가 없습니다.(갑 제3호증- 거래명세표)

따라서 원고는 명의대표자나 실질사용자에 관계없이 A산업의 근로자이지B농산의 근로자는 아닙니다.

2. 그리고 피고가 톱밥운반일을 시킬 때 거래처에 주도록 지시한 거래명세표를 다시 한번 살펴보면 이 거래명세표에서 ◎◎산업의 사업자가 피고 ◇①◇로 되어있는 것이 있는가 하면 또 다른 거래명세표에는 사업자가 분명히 피고 ◇②◇로 되어있음을 통하여 형식적인 사업자등록 여부와 관계없이 ◎◎산업은 남매지간인 피고 ◇①◇와 피고 ◇②◇의 공동사업체임을 알 수 있습니다.

3. 그렇다면 원고인 선정당사자 및 선정자들은 남매지간인 피고들이 공동운영하는 A산업의 근로자로 근무하였으며 선정당사자 및 선정자 중 그 누구도 피고들로부터 현재에 이르기까지 노동부 발급 체불임금확인서에 나와 있는 바와 같은 체불임금을 지급 받은 바 없으므로 피고들은 연대하여 원고의 체불임금을 지급할 의무가 있다고 할 것입니다.

200○. ○. ○.
위 원고 ○○○(서명 또는 날인)

○○지방법원 ○○지원 제○○민사단독 귀중

6. 증거의 신청 및 조사

① 증거란 법원이 법률의 적용에 앞서서 당사자의 주장사실의 진위를 판단하기 위한 재료를 말하고, 이 증거를 제출하는 것이 입증입니다.

② 증거의 입증방법으로 서증, 증인, 당사자 본인신문, 감정, 검증, 문서송부촉탁, 사실조회촉탁, 증거보전, 녹음녹취 등이 있습니다.

6-1. 증거 등의 신청

6-1-1. 개념

① '증거'란 법원이 법률의 적용에 앞서서 당사자의 주장사실의 진위를 판단하기 위한 재료를 말합니다.

② '입증'이란 원고의 주장이나 피고의 항변을 증명할 수 있는 증거를 제출하는 것을 말합니다.

③ 입증의 방법에는 여러 가지가 있으나 서증, 증인, 당사자 본인신문, 감정, 검증, 문서송부촉탁, 사실조회촉탁, 증거보전, 녹음녹취 등이 많이 사용됩니다.

6-1-2. 증거가 필요하지 않은 사실

① 법원에서 당사자가 자백한 사실과 뚜렷한 사실은 증명을 필요로 하지 않습니다.

② 다만, 진실에 어긋나는 자백은 그것이 착오로 인한 것임을 증명한 경우에는 취소할 수 있습니다.

6-1-3. 신청시기

① 당사자는 변론준비기일이 끝날 때까지 증거를 정리해 제출해야 합니다.

② 증거를 신청할 때에는 증거와 증명할 사실의 관계를 구체적으로 밝혀야 합니다.

■ 녹음파일만 증거로 제출해도 되나요? 아니면 녹취록 같은 것을 별도로 만들어야 하나요?

Q. 이웃이 주차를 하다 주차되어 있던 제 자동차의 옆문을 망가뜨렸습니다. 당시에는 사과를 하더니 다음날 찾아가 손해배상을 요구하자 자신은 그런 적이 없다고 도리어 화를 내는 것입니다. 다음날 전화로 통화를 하며 자신이 사고를 냈다고 고백하는 내용을 녹음해서 컴퓨터 파일로 만들었습니다. 하지만 만나면 자신은 그런 적이 없다고 우기고 있어 소송을 제기하려고 합니다. 이 녹음파일만 증거로 제출해도 되나요? 아니면 녹취록 같은 것을 별도로 만들어야 하나요?

A. 「민사소송규칙」에는 녹음테이프 등에 대한 증거조사는 녹음테이프 등을 재생해 검증하는 방법을 택하고 있으므로 일단 소송제기 시 증거로 컴퓨터 파일만 제출해도 됩니다. 그러나 녹취서, 그 밖에 그 내용을 설명하는 서면을 제출하도록 상대방이 요청하거나 법원이 명하는 경우에는 별도의 비용을 들여 속기사에 의해 녹취한 녹취록을 작성해 제출해야 함을 유의하시기 바랍니다.

■ 소송상대방에게 있는 서류를 법원에 증거로 제출하도록 하는 방법은?

Q. 저는 甲에게 제 소유 부동산을 1억 원에 팔기로 계약하였으나, 甲이 그 매매대금을 지급하지 않아 甲을 상대로 부동산매매대금청구소송을 진행 중에 있습니다. 그런데 甲은 제가 보관하고 있던 매매계약서가 분실된 것을 알고는 매매계약에 대한 허위의 사실을 주장하고 있습니다. 이 경우 甲이 소지하고 있는 부동산매매계약서를 증거로 신청할 수 있는지요?

A. 당사자가 어느 문서를 서증으로 제출하고자 하나 그 문서를 상대방 또는 제3자가 소지하고 있어 본인이 직접 제출할 수 없는 경우에는 법원에 문서제출명령을 신청할 수 있습니다(민사소송법 제343조). 문서제출명령이란 문서제출의무를 부담하는 상대방 당사자나 제3자인 문서소지인에게 그 문서의 제출을 명하는 재판을 말하며, 「민사소송법」제344조에 의한 문서제출의무가 인정되는 경우로는, ①당사자가 소송에서 인용한 문서를 가지고 있는 때, ②신청자가 문서를 가지고 있는 사람에게 그것을 넘겨달라고 하거나 보겠다고 요구할 수 있는 사법상의 권리를 가지고 있는 때, ③문서가 신청자의 이익을 위하여 작성되었거나, 신청자와 문서를 가지고 있는 사람 사이의 법률관계에 관하여 작성된 것인 때 등입니다. 다만, 상업장부에 대해서는 「민사소송법」제344조에 해당되지 아니하여도 법원은 제출을 명할 수 있습니다(상법 제32조). 문서제출명령의 신청을 하는 경우에는 문서의 표시, 문서의 취지, 문서를 가진 사람 및 증명할 사실, 문서를 제출하여야 하는 의무의 원인 등을 명시하여야 합니다(민사소송법 제345조). 그런데 법원이 문서제출명령을 발함에 있어서는 먼저 당해 문서의 존재와 소지가 증명되어야 하고, 그 입증책임은 원칙적으로 신청인에게 있습니다(대법원 1995.5.3.자 95마415 결정). 당사자가 문서제출명령을 받고 이에 응하지 아니하는 때에는 법원은 문서의 기재에 관한 상대방의 주장을 진실한 것으로 인정할 수 있습니다(민사소송법 제349조). 제3자가 문서의 제출명령에 응하지 아니한 때에는 법원은 그로 인한 소

송비용의 부담을 명하고 500만원 이하의 과태료를 부과합니다(같은 법 제351조, 제318조, 제311조 제1항). 따라서 귀하의 경우 상대방이 소지하고 있는 부동산매매계약서는 귀하와 상대방간의 법률관계에 관하여 작성된 것으로 문서제출의무가 있는 문서이므로 법원에 문서제출명령을 신청할 수 있습니다. 참고로 법원이 문서제출명령신청에 대해 아무런 판단 없이 판결을 선고한 경우 판단유탈로 볼 것인지 여부에 관하여 판례는 "법원이 문서제출명령신청에 대해서, 별다른 판단을 하지 아니한 채 변론을 종결하고 판결을 선고한 것은 문서제출명령신청을 묵시적으로 기각한 취지라고 할 것이니 이를 가리켜 판단유탈에 해당한다고는 볼 수 없다."라고 하였습니다(대법원 1992.4.24. 선고, 91다25444 판결, 2001.5.8. 선고 2000다35955 판결).

■ 채무자와의 대화를 몰래 녹음한 테이프도 증거로 될 수 있는지요?

Q. 저는 3년 전 친구 甲에게 500만원을 빌려주면서 차용증서를 받지 않았는데, 甲은 변제기일이 지난 현재까지도 갚지 않고 있습니다. 저는 甲이 차용사실을 부인할 것에 대비하여 甲의 차용사실 등을 甲이 알지 못하도록 몰래 녹음하려고 하는데, 이러한 녹음테이프가 증거능력이 있는지요?

A. 어떠한 사람이나 물건을 증거로 할 수 있는가 하는 물음에는 두 가지 의미가 포함되어 있다고 할 것입니다. 하나는 그 사람이나 물건이 증거방법으로서 증거조사의 대상이 될 자격이 있는가 하는 것으로서 이를 '증거능력'이라 하고, 다음은 증거자료가 입증을 요하는 사실의 인정에 미치는 정도가 어떠한가 하는 것으로서 이를 '증명력' 또는 '증거가치'라고도 합니다. 다시 말하면 전자는 증거가 될 자격이 있느냐의 문제이고, 후자는 그 증거에 의하여 당사자가 주장하는 사실을 인정할 수 있는가 하는 문제라고 말할 수 있습니다. 우리 민사소송법에서는 자유심증주의를 채택하고 있기 때문에 형사소송과 달리 증거능력에 제한은 없음이 원칙입니다. 다만, 증거능력이 인정되는 증거라도 이를 믿을 것인지 여부는 자유심증주의에 의하여 전적으로 법관의 판단에 의하게 됩니다. 당사자 일방이 상대방 모르게 상대방과의 대화내용을 비밀로 녹음한 경우에 관하여 판례를 보면, 우리 민사소송법이 자유심증주의를 채택하였음을 들어 상대방 모르게 비밀로 녹음한 녹음테이프를 위법으로 수집된 증거라는 이유만으로 증거능력이 없다고는 단정할 수 없다고 하였으며(대법원 1981.4.14. 선고 80다2314 판결), 자유심증주의를 채택하고 있는 우리 민사소송법에서 상대방의 부지중 비밀리에 상대방의 대화를 녹음하였다는 이유만으로 그 녹음테이프가 증거능력이 없다고 단정할 수 없고, 그 채증여부는 사실심법원의 재량에 속하는 것이며, 녹음테이프에 대한 증거조사는 검증의 방법에 의하여야 하고, 당사자 일방이 녹음테이프를 녹취한 녹취문을 증거로 제출하고 이에 대하여 상대방이 부지로 인부한 경

우, 그 녹취문이 오히려 상대방에게 유리한 내용으로 되어 있었다면 녹음테이프 검증 없이 녹취문의 진정성립을 인정할 수 있다고 한 바 있습니다(대법원 1998.12.23. 선고 97다38435 판결, 1999.5.25. 선고 99다1789 판결). 참고로 형사소송에 있어서도 피고인이 범행 후 피해자에게 전화를 걸어오자 피해자가 증거를 수집하려고 그 전화내용을 녹음한 경우 그 녹음테이프가 피고인 모르게 녹음된 것이라 하여 이를 위법하게 수집된 증거라고 할 수 없다고 하였습니다(대법원 1997.3.28. 선고 97도240 판결). 그러므로 귀하의 경우 일단 그 녹음테이프를 증거로서 신청할 수 있고, 이 때 상대방이 그 수집절차의 위법 따위의 주장을 하게 되면 그 증거능력을 인정할 것인가 여부는 궁극적으로는 법관이 판단하게 될 것입니다. 그리고 녹음테이프의 증거능력이 인정될 경우 그 증거조사는 검증의 방법에 의하여야 합니다. 귀하가 테이프에 녹음된 내용을 변론에 제출할 때에는 먼저 그 내용을 문서에 옮겨 적어(녹취서작성) 이를 서증으로 제출하고 이어 서증의 증명력의 보강을 위해 녹음테이프를 증거물로 제출하는 것이 바람직한 것으로 보입니다.

■ 핸드폰으로 촬영한 동영상을 소송절차에서 재생할 수 있는 방법이 있나요?

Q. 핸드폰으로 촬영한 동영상을 소송절차에서 재생할 수 있는 방법이 있나요?

A. 녹음, 녹화테이프, usb 등 음성·영상자료에 대한 증거조사는 검증의 방법에 의하여야 합니다(민사소송규칙 제121조 제2항). 검증이란 법관이 오관의 작용에 의하여 직접적으로 사물의 성질과 상태를 검사하여 그 결과를 증거자료로 하는 증거조사입니다. 검증의 경우도 당사자가 이를 신청하여야 하고, 동영상파일을 usb에 담아 제출하는 방식으로 변론기일 전에 법원에 제출하면, 변론기일에서 재생을 하는 방식으로 증거조사를 하게 됩니다. 즉 동영상을 증거로 쓰려면 동영상의 내용설명, 일시, 장소 등 입증취지를 밝히고 미리 법원에 파일을 제출하는 방식을 취하면 됩니다.

6-1-4. 사실조회촉탁신청

'사실조회촉탁신청'이란 당사자가 법원에 사실조회신청서를 제출하면 법원이 공공기관·학교, 그 밖의 단체·개인 또는 외국의 공공기관에게 그 업무에 속하는 사항에 관해 필요한 조사 또는 보관 중인 문서의 등본·사본의 송부를 촉탁하는 것을 말합니다.

■ 폭행등으로 인한 손해배상청구 사건에서 사실조회 신청은 어떻게 해야 할까요?

Q. 甲은 乙로부터 폭행을 당해 병원에 입원하였고 乙은 형사처벌을 받았습니다. 甲은 폭행으로 발생한 금전 및 정신적 피해를 보상받기 위해 乙을 상대로 민사소송을 제기하였는데 乙의 인적사항을 알지 못하는 상태입니다. 甲은 어떻게 해야 할까요?

A. 형사사건에서 가해자가 처벌을 받았더라도 가해자의 인적사항을 알기 어려운 경우가 종종 발생합니다. 따라서 민사소송을 제기할 때 곤란을 겪는 경우가 많습니다. 이러한 경우 문서송부촉탁이나 사실조회 등을 통하여 가해자의 인적사항을 알 수 있습니다. 따라서 甲은 우선 민사소송을 제기한 후 해당 폭행사건을 진행한 검찰청에 해당사건의 피고인들의 인적사항에 대하여 사실조회 신청을 할 수 있습니다.

[서식 예]사실조회신청서

사 실 조 회 신 청 서

사 건   20 가   [담당재판부 : 제   (단독)부]
원 고
피 고

 위 사건에 관하여 주장사실을 입증하기 위하여 다음과 같이 사실조회를 신청합니다.

(예시)
 1. 사실조회의 목적
    본건 지역의 벼농사가 피고 회사 제조공장 설치 후 그 공장에서 흘러나오는 폐유에 의하여 소장 청구원인 제3항에 기재와 같이 수확이 감소된 사실을 명백히 함에 있다.
 2. 사실조회 기관
    농림수산부 농산물검사소
 3. 사실조회 사항
    가. 경기도 부천군 소래면 서부지구에 있어서 2000년 이전의 평년작 마지기당 수확량
    나. 위 지역에 있어서 1998년도 및 1999년도의 각 마지기당 수확량

20 . . .

신청인 원(피)고 (날인 또는 서명)
(연락처)

○○지방법원 귀중

6-1-5. 증인신청

① 법원은 특별한 규정이 없으면 누구든지 증인으로 신문할 수 있습니다.

② 증인신문은 부득이한 사정이 없는 한 일괄하여 신청해야 합니다.

③ 당사자신문을 신청하는 경우에도 일괄하여 신청해야 합니다.

④ 증인신문을 신청할 경우에는 증인의 이름·주소·연락처·직업, 증인과 당사자의 관계, 증인이 사건에 관여하거나 내용을 알게 된 경위, 증인신문에 필요한 시간 및 증인의 출석을 확보하기 위한 협력방안을 밝혀야 합니다.

■ 증인으로 신청하고자 하는데 그 절차는 어떻게 되나요?

Q. 원고 甲은 피고 乙을 상대로 민사소송을 진행하던 중 丙을 증인으로 신청하고자 하는데 그 절차는 어떻게 되나요?

A. 증인신청을 하기 위해서는 소송이 진행되고 있는 재판부에 증인신청서를 작성하여 제출하고, 재판부가 그 신청을 받아들일지 여부를 결정하게 됩니다. 증인신청서에는 증인의 표시(이름, 주소 등 인적사항), 증인신문을 통하여 입증하고자 하는 내용 등을 기재하여야 하며, 원고가 증인을 신청하는 경우 어떠한 내용을 신문할 것인지에 관하여 증인신문사항을 미리 작성하여 제출하여야 합니다. 실무적으로는 위 신청서와 증인신문사항을 재판부에 제출하여야 상대방의 반대신문 준비라던가 증인에 대한 소환장의 송달이 이루어질 수 있기 때문에 기일 2주전까지 위 사항을 신청하여야 합니다.

증 인 신 청 서

1. 사건 : 20 가

2. 증인의 표시

이　름	○ ○ ○				
생년월일	1964.1.1.				
주　소	서울 ○○구 ○○동 123 4통 5반				
전화번호	자택	(02)555-777×	사무실	(02)777-999×	휴대폰	(010)1234-4567
원·피고 와의 관계	원고 처의 친구(고등학교 동창)				

3. 증인이 이 사건에 관여하거나 그 내용을 알게 된 경위
   이 사건 임대차계약을 체결할 당시 원고, 원고의 처와 함께 계약현장에 있었음

4. 신문할 사항의 개요
   ① 이 사건 임대차계약 당시의 정황
   ② 임대차 계약서를 이중으로 작성한 이유

5. 희망하는 증인신문방식(해당란에 "∨" 표시하고 희망하는 이유를 간략히 기재)
   ☑ 증인진술서 제출방식　　□ 증인신문사항 제출방식　□ 서면에 의한 증언방식
   이유 : 원고측과 연락이 쉽게 되고 증인진술서 작성 의사를 밝혔음

6. 그 밖에 필요한 사항

20 . . .

○고 소송대리인　　○○○ ㊞

○○지방법원 제○부 앞

1. 증인이 이 사건에 관여하거나 그 내용을 알게 된 경위는 구체적이고 자세하게 적어야 합니다.
2. 여러 명의 증인을 신청할 때에는 증인마다 증인신청서를 따로 작성하여야

합니다.

3. 신청한 증인이 채택된 경우에는 법원이 명하는 바에 따라 증인진술서나 증인신문사항을 미리 제출하여야 하고, 지정된 신문기일에 증인이 틀림없이 출석할 수 있도록 필요한 조치를 취하시기 바랍니다.

6-1-6. 증언에 갈음하는 서면

① 법원은 증인과 증명할 사항의 내용 등을 고려해 상당하다고 인정하는 경우에는 출석·증언에 갈음해 증언할 사항을 적은 서면을 제출하게 할 수 있습니다.

② 법원은 상대방의 이의가 있거나 필요하다고 인정하는 경우에는 증언에 갈음해 증언할 사항을 적은 서면을 제출한 증인에게 출석하여 증언하게 할 수 있습니다.

6-1-7. 증인진술서

① 법원은 효율적인 증인신문을 위해 필요하다고 인정하는 경우에는 증인을 신청한 당사자에게 증인진술서를 제출하게 할 수 있습니다.

② 증인진술서에는 증언할 내용을 그 시간 순서에 따라 적고, 증인이 서명날인 해야 합니다.

6-1-8. 증인진술서 부본의 제출

증인진술서의 제출명령을 받은 당사자는 법원이 정한 기한까지 원본과 함께 상대방의 수에 2(다만, 합의부에서는 상대방의 수에 3)를 더한 만큼의 사본을 제출해야 합니다.

6-1-9. 증인진술서 부본 송달

법원서기관·법원사무관·법원주사 또는 법원주사보(이하 '법원사무관등'이라 한다)는 증인진술서 사본 1통을 증인신문기일 전에 상대방에게 송달해야 합니다.

6-1-10. 증인신문사항

① 증인신문을 신청한 당사자는 증인신문사항을 적은 서면을 제출해야 합니다.

② 다만, 증인진술서를 제출하는 경우로 법원이 증인신문사항을 제출할 필요가 없다고 인정하는 때에는 제출하지 않아도 됩니다.

③ 재판장은 제출된 증인신문사항이 다음에 해당하는 경우 증인신문사항의 수정을 명할 수 있습니다. 다만, 증인을 모욕하거나 증인의 명예를 해치는 내용의 신문이 포함된 경우를 제외하고 정당한 사유가 있는 경우에는 수정을 명하지 않을 수 있습니다.

㉮ 개별적이고 구체적이지 않은 경우

㉯ 증인을 모욕하거나 증인의 명예를 해치는 내용의 신문이 포함된 경우

㉰ 유도신문이 포함된 경우

㉱ 반대신문의 경우 재판장의 허가 없이 주신문에 나타나지 않은 사항에 관한 신문이 포함된 경우

㉲ 재주신문(再主訊問)의 경우 재판장의 허가 없이 반대신문에 나타나지 않은 사항에 관한 신문이 포함된 경우

㉳ 증언의 증명력을 다투기 위한 신문에서 증인의 경험·기억 또는 표현의 정확성 등 증언의 신빙성에 관련된 사항 및 증인의 이해관계·편견 또는 예단 등 증인의 신용성에 관련된 사항과 무관한 내용의 신문이 포함된 경우

㉴ 의견 진술을 요구하는 신문

㉵ 증인이 직접 경험하지 않은 사항에 관한 진술을 요구하는 신문

6-1-11. 증인신문사항 부본의 제출

증인신문을 신청한 당사자는 법원이 정한 기한까지 상대방의 수에 3(다만, 합의부에서는 상대방의 수에 4)을 더한 통수의 증인신문사항의 기재서면을 제출해야 합니다.

6-1-12. 증인신문사항 부본 송달

법원사무관등은 증인신문사항의 기재서면 1통을 증인신문기일 전에 상대방에게 송달해야 합니다.

6-2. 감정신청

① 감정을 신청할 경우 감정신청서와 감정을 요구하는 사항을 적은 서면을 함께 제출해야 합니다.

② 다만, 부득이한 사유가 있는 경우에는 재판장이 정하는 기한까지 제출하면 됩니다.

■ 감정신청의 방법과 절차가 어떻게 되는지요?

Q. 저는 근무하던 생산공장에서 선반작업을 하던 중 선반기계에 오른손 제1지와 제2지가 절단 당하는 상해를 입고 현재 민사소송을 진행중입니다. 상해부위에 대한 후유장애 정도에 대해 정확한 신체감정을 받고자 하는데, 그 방법 및 절차가 어떻게 되는지요?

A. 사망사고가 아닌 상해사고에 대한 손해배상청구소송에 있어 필수적인 절차가 피해자의 신체감정입니다. 신체감정은 법원의 촉탁에 의해 전문의사가 하게 되는 것으로 당사자가 법원에 신체의 감정을 요구하는 신청서를 접수하여야 하는데, 이 때 비용(감정료)을 예납하여야 합니다. 만약 검증·감정비용을 예납하지 아니하면 검증·감정을 실시하지 않는 불이익을 받을 수 있습니다. 법원에 예납한 비용 외에 추가감정료, 진찰료 등을 병원에서 청구할 수도 있으므로 신체감정시 충분히 준비해두는 것이 좋을 것입니다. 신청서접수를 하게 되면 해당재판부에서 어느 병원으로 감정촉탁을 하는지 알아두어야 하며, 특별한 경우 환자를 특정병원에서 감정해야 할 상당한 이유가 있다면 그 사실을 기재하여 감정신청을 해도 무방합니다. 감정이 끝나면 병원에서 주감정의사가 타과의 감정내용을 취합하여 감정서를 작성한 후 감정서 2통을 촉탁법원에 송부하는데 감정신청인이나 그 대리인은 해당재판부에 가서 감정서부본을 수령해온 후 동 감정서 기재에 따라 청구취지확장신청 등 변론에 임하면 되겠습니다.

그리고 신체감정비 및 이에 관한 부대비용은 소송비용에 해당하므로 재판확정 후 민사소송비용법의 규정에 따른 소송비용액확정절차를 거쳐 상환받을 수 있을 것입니다. 판례도 "타인의 불법행위로 인하여 상해를 입었음을 내세워 그로 인한 손해의 배상을 구하는 소송에서 법원의 감정명령에 따라 신체감정을 받으면서 법원의 명에 따른 예납금액 외에 그 감정을 위하여 당사자가 직접 지출한 비용이 있다 하더라도 이는 소송비용에 해당하는 감정비용에 포함되는 것이고, 소송비용으로 지출한 금액은 재판확정 후 민사소송비용법의 규정에 따른 소송비용액확정절차를 거쳐 상환

받을 수 있는 것이므로, 이를 별도의 적극적 손해라 하여 그 배상을 구할 수는 없다."라고 하였습니다(민사소송비용법 제6조, 민사소송법 제110조, 대법원 1995.11.7. 선고 95다35722 판결, 2000.5.12. 선고 99다68577 판결).

■ 측량감정신청의 방법과 절차가 어떻게 되는지요?

Q. 甲은 乙을 상대로 토지경계침범등을 이유로 건물철거 등 소송을 진행하고 있습니다. 이 경우 토지경계가 침범한 것을 어떻게 입증하여야 하나요?

A. 토지경계침범 등 부동산의 현황이 소송결과 자체에 영향을 주는 경우 당사자는 감정신청을 통하여 위 사실을 입증하여야 합니다. 소송에 따라 그 감정내용은 달라질 것이며, 소송에서 증거로 사용되기 위해서는 감정신청서를 작성하여 재판부에 제출하여야 합니다. 감정신청서에는 감정의 목적, 감정목적물, 감정을 할 사항 등을 기재하여야 합니다. 위 감정신청을 법원에서 받아들이는 경우 감정이 이루어지고 감정결과는 소송에서 중요한 입증자료로서 역할을 하게 됩니다.

감 정 신 청 서

사   건   20○○가합○○○○ 손해배상(기)
원   고   ○○○
피   고   ◇◇◇

   위 사건에 관하여 원고는 그 주장사실을 입증하기 위하여 다음과 같이 감정
을 신청합니다.

다   음

1. 감정의 목적
   이 사건 건물의 지반을 원상복구하고 파손된 건물을 원상회복하는데 소요되는 비
   용을 명백히 함에 있다.

2. 감정목적물
   ○○시 ○○구 ○○동 ○○ 지상 원고소유 건물

3. 감정사항
   이 사건 건물 파손부분을 원상대로 복구하고 내려앉은 지반과 건물경사
   상태를 원상회복하기 위하여 소요되는 경비

4. 감정인 선임의견
   법률에 의하여 등록하여 개업하고 있는 공인감정사를 선임하여 주시기 바랍니다.

20○○. ○. ○.
위 원고 ○○○(서명 또는 날인)

○○지방법원 제○민사부 귀중

6-2-1. 감정신청서 등의 송달

① 법원은 감정신청서와 감정을 요구하는 사항을 적은 서면을 상대방에게 송달해야 합니다.

② 다만, 그 서면의 내용을 고려해 법원이 송달할 필요가 없다고 인정하는 경우에는 그렇지 않습니다.

6-2-2. 상대방의 의견서 제출

① 상대방은 신청인의 감정신청서와 감정을 요구하는 사항을 적은 서면에 관해 의견이 있는 경우 의견을 적은 서면을 법원에 제출할 수 있습니다.

② 재판장은 미리 의견 제출기한을 정할 수 있습니다.

6-3. 문서제출신청

① 문서제출신청은 당사자가 법원에 문서를 제출하는 방식 또는 문서를 가진 사람에게 그것을 제출하도록 명할 것을 요청하는 신청을 말합니다.

② 문서제출신청은 서면으로 해야 하고, 서면에는 다음의 사항을 기재해야 합니다.

⑦ 문서의 표시

⑭ 문서의 취지

⑮ 문서를 가진 사람

⑯ 증명할 사실

⑰ 문서를 제출해야 하는 의무의 원인

■ 문서제출명령을 신청하려면 어떻게 해야 하나요?

Q. 저는 A병원에서 의사甲에게 성형수술을 받았는데, 후유증이 발생하였습니다. 이에 甲에게 손해배상을 청구하려고 하는데, 의료상 과실을 증명하기 위해 진료기록부 등 수술자료 등을 확보할 수 있는 방법이 있나요?

A. 민사소송법 제 344조에서는 문서의 제출의무 규정을 두고 있습니다. 진료기록부는 민사소송법 제344조 제1항의 이익문서로 볼 수 있거나 적어도 제2항의 문서로서 제출의무가 면제되는 문서가 아닌 제출의무 있는 문서에 해당하는 것으로 보입니다. 따라서 귀하는 법원에 문서제출명령을 신청하여 진료기록부 등 수술자료를 확보하실 수 있습니다.

■ 문서제출명령 신청은 적법하다고 할 수 있는가요?

Q. 甲이 乙을 상대로 손해배상 소송을 진행하고 있는데, 甲은 乙의 과실 등을 입증하기 위하여 丙이 가지고 있는 동영상 파일 및 사진 등을 증거로 제출하고자 법원에 문서제출명령을 신청하였습니다. 甲의 위와 같은 문서제출명령 신청은 적법하다고 할 수 있는가요?

A. 민사소송법 제347조 제1항이 정하는 문서제출명령은, 문서제출신청의 상대방이 소지하고 있는 문서가 서증으로 필요한 경우 민사소송법 제344조에 의하여 문서의 제출의무를 부담하는 문서제출신청의 상대방에 대하여 그 문서의 제출을 명하는 것으로서, 이에 따르지 아니한 때에는 그 상대방이 누구인가에 따라 민사소송법 제349조에 의하여 법원이 문서의 기재에 관한 문서제출신청인의 주장을 진실한 것으로 인정하거나(상대방이 당해 소송의 당사자인 경우) 민사소송법 제351조 에 의하여 과태료의 제재(상대방이 제3자인 경우)를 할 수 있습니다. 한편, 민사소송법 제374조는 "도면·사진·녹음테이프·비디오테이프·컴퓨터용 자기디스크, 그 밖에 정보를 담기 위하여 만들어진 물건으로서 문서가 아닌 증거의 조사에 관한 사항"은 감정· 서증조사· 검증에 관한 규정에 준하여 대법원규칙으로 정한다고 규정하고, 이에 따라 민사소송규칙 제121조에서는 음성·영상자료 등에 대한 증거조사는 검증의 방법으로 하도록 규정하고 있으며, 같은 규칙 제122조에서는 도면·사진 등에 대한 증거조사는 특별한 규정이 없으면 감정·서증조사·검증에 관한 규정을 준용하도록 규정하고 있습니다. 따라서, 음성·영상자료에 해당하는 동영상 파일은 검증의 방법으로 증거조사를 하여야 하므로, 민사소송법 제366조에 따라 검증목적물 제출명령의 대상이 될 수 있음은 별론으로 하고, 문서가 아닌 이 사건 동영상 파일이 문서제출명령의 대상이 될 수는 없는 것이며, 사진이나 도면의 경우에는 그 사진·도면의 형태, 담겨진 내용 등을 종합하여 감정·서증조사·검증의 방법 중에서 가장 적절한 증거조사 방법을 택하여 이를 준용하여야 할 것입니다. 따라서, 甲의 문서제출명령신청의 대상 중 동영상파일

은 검증에 의한 증거조사 대상이 될 뿐이므로, 문서제출명령의 대상이 될 수 없습니다. 다만, 甲은 검증목적물 제출명령 신청을 하여 丙으로부터 이를 제출받은 후, 그 동영상 파일에 대해 법원에 검증신청을 하여야 할 것입니다. 한편, 사진의 경우, 법원이 서증조사의 방법이 가장 적절한 방법이라고 판단한다면 문서제출명령의 대상이 될 수 있을 것이나, 검증이나 감정의 방법에 의하는 것이 가장 적절한 것으로 판단한다면, 甲은 검증목적물 제출명령 신청 또는 감정목적물 제출명령 신청을 해야 할 것으로 판단됩니다.

[서식 예]문서제출신청서 양식

문 서 제 출 명 령 신 청

사 건   20○○가합○○○ 손해배상(기) 등
원 고   ○○○
피 고   ◇◇◇

  위 사건에 관하여 원고의 주장사실을 입증하기 위하여 아래의 문서에 대하여
제출명령을 하여 줄 것을 신청합니다.

1. 문서의 표시 및 소지자
  피고가 소지하고 있는 원고와 피고간에 20○○.○.○. 체결한 물품매매계약서 1통

2. 문서의 취지
  20○○. ○. ○. 원고가 피고로부터 방망이 등 물품을 금 500만원을 주고
매수하였을 때 피고는 방망이 등을 매매대금과 동시이행으로 제공하기로
하는 내용의 계약문서입니다.

3. 입증취지
  이 사건 매매계약에 의하여 원고는 매수인으로서 매매대금을 지급하였으므
로 매도인인 피고의 의무불이행으로 인하여 원고에게 손해가 발생하였음을
입증하고자 합니다.

20○○. ○. ○.
위 원고 ○○○(서명 또는 날인)

○○지방법원 ○○지원 제○민사부 귀중

6-3-2. 문서제출의무

다음의 경우 문서를 가지고 있는 사람은 그 제출을 거부하지 못합니다.

① 당사자가 소송에서 인용한 문서를 가지고 있는 경우

② 신청자가 문서를 가지고 있는 사람에게 그것을 넘겨 달라고 하거나 보겠다고 요구할 수 있는 사법상의 권리를 가지고 있는 경우

③ 문서가 신청자의 이익을 위해 작성된 경우

④ 신청자와 문서를 가지고 있는 사람 사이의 법률관계에 관해 작성된 경우

⑤ 오로지 문서를 가진 사람이 이용하기 위한 문서가 아닌 경우

6-3-3. 법원의 문서제출명령을 거부할 수 있는 경우

다음의 경우에는 법원의 문서제출명령을 거부할 수 있습니다.

① 공무원 또는 공무원이었던 사람이 그 직무와 관련해 보관하거나 가지고 있는 문서

② 대통령·국회의장·대법원장 및 헌법재판소장 또는 그 직책에 있었던 사람을 증인으로 하여 직무상 비밀에 관한 사항을 신문한 내용을 기재한 문서로 증인의 동의를 받지 않은 문서

③ 국회의원 또는 그 직책에 있었던 사람을 증인으로 하여 직무상 비밀에 관한 사항을 신문한 내용을 기재한 문서로 국회의 동의를 받지 않은 문서

④ 국무총리·국무위원 또는 그 직책에 있었던 사람을 증인으로 하여 직무상 비밀에 관한 사항을 신문한 내용을 기재한 문서로 국무회의의 동의를 받지 않은 문서

⑤ 공무원 또는 공무원이었던 사람을 증인으로 하여 직무상 비밀에 관한 사항을 신문한 내용을 기재한 문서로 그 소속 관청 또는 감독 관청의 동의를 받지 않은 문서

⑥ 문서를 가진 사람이나 다음에 해당하는 사람이 공소 제기되거나

유죄판결을 받을 염려가 있는 사항 또는 자기나 그들에게 치욕이
될 사항이 기재된 문서

㉮ 문서를 가진 사람의 친족 또는 이런 관계에 있었던 사람

㉯ 문서를 가진 사람의 후견인 또는 문서를 가진 사람의 후견을 받
는 사람

⑦ 변호사·변리사·공증인·공인회계사·세무사·의료인·약사, 그 밖에 법
령에 따라 비밀을 지킬 의무가 있는 직책 또는 종교의 직책에 있
거나 이러한 직책에 있었던 사람의 직무상 비밀에 속하는 사항이
적혀 있고 비밀을 지킬 의무가 면제되지 않은 문서

⑧ 기술 또는 직업의 비밀에 속하는 사항이 적혀 있고 비밀을 지킬
의무가 면제되지 않은 문서

6-3-4. 문서목록의 제출

법원은 필요하다고 인정하는 경우 상대방 당사자에게 신청내용과 관련해
가지고 있는 문서 또는 신청내용과 관련해 서증으로 제출할 문서의 표시
와 취지 등을 적어 내도록 명할 수 있습니다.

6-4. 문서송부촉탁신청

① 문서송부촉탁신청은 당사자가 법령에 의해 문서의 정본 또는 등본을
청구할 수 없는 경우 법원이 직접 문서를 가지고 있는 사람에게 그
문서를 보내라는 촉탁을 하도록 요청하는 신청을 말합니다.

② 제3자가 가지고 있는 문서를 서증으로 신청할 수 없거나 신청하기 어
려운 사정이 있는 경우 법원은 촉탁신청을 받아 조사할 수 있습니다.

③ 법원·검찰청, 그 밖의 공공기관이 보관하고 있는 기록의 불특정한 일
부에 대해서도 촉탁을 신청할 수 있습니다.

■ 문서송부촉탁신청은 어떤 경우에 하나요?

Q. 손해배상청구소송을 진행하는 도중 상대방에 대한 수사관련 자료 등
이 필요한 경우에는 어떠한 절차로 이를 받아볼 수 있나요?

A. 해당 수사 관련 기록을 소지하고 있는 경찰서 또는 검찰청에 문서송부촉탁
을 신청하는 방법이 있습니다. 소송이 진행되고 있는 법원에 문서송부촉
탁신청을 하면 법원이 해당기관에 위 신청서를 송달하게 되고, 이를 확인
한 후 당사자는 해당기관에 방문하여 송부할 문서를 지정하여 법원으로
송부해 줄 것을 요청하는 절차를 거칩니다. 위 절차를 거친 경우 해당 기
관에서는 개인정보보호 등의 절차를 거쳐 해당 서류를 법원에 제출하게
되고, 당사자는 위 서류를 증거서류로 제출하여 민사소송에서 증거서류로
활용할 수 있습니다.

문 서 송 부 촉 탁 신 청

사 건   2015 가소〇〇〇 손해배상
원 고   이〇〇
피 고   정〇〇

위 사건에 관하여 원고는 다음과 같이 문서송부촉탁을 신청합니다.

1. 입증 취지
   원고에게 손해배상 채무를 지고 있는 피고가 사망하였으므로 그 상속인을
   파악하여 피고의 표시를 정정하기 위함입니다.

2. 문서의 보관처
   부천시청
   주소 : (우편번호) 부천시 원미구 길주로 210(중동 1156)
   연락처 : 032-320-3000

3. 송부촉탁할 문서의 표시
   별지와 같음

                    2015.   .   .
                    위 원고   이〇〇

인천지방법원 부천지원 민사과 민사〇단독(소액) 귀 중

[별지]

송부촉탁할 문서의 표시
(부천시청)

1. 귀 관내에 주소지를 두고 있는 아래 사람은 인천지방법원 부천지원 2015가

소○○○ 손해배상 사건의 피고이나 현재 사망하였습니다.

성   명 : 정○○
주민등록번호 : 470707-*******
주   소 : 부천시 오정구 ○○○

2. 위 정○○의 상속인을 확인하고자 하오니 다음의 자료를 송부하여 주시기
   바랍니다.
   가. 위 사람의 **폐쇄가족관계증명서**
   나. 위 사람의 **배우자, 자녀의 각 주민등록표 초본**

끝.

6-5. 검증신청

① 검증이란 법관이 다툼이 있는 사실을 판단하기 위해 사람의 신체 또는 현장 등 그 사실에 관계되는 물체를 자기의 감각으로 스스로 실험하는 증거조사를 말합니다.

② 당사자가 검증을 신청할 경우에는 검증의 목적을 표시하여 신청해야 합니다.

검 증 신 청 서

사　건 20○○가단○○○○(본소), 20○○가단○○○○(반소)
원　고 (반소피고) ○○○
피　고 (반소원고) (주)◇◇◇

　위 사건에 관하여 원고(반소피고)는 주장사실을 입증하기 위하여 아래와 같이 검증신청을 합니다.

- 아　　래 -

1. 검증장소
　　○○시 ○○구 ○○길 ○○(피고회사 본사 사무실)

2. 검증의 목적물
　　- 피고가 원고에게 20○○.○.○. 우편으로 송부한 이 사건 웹사이트 및 관리프로그램의 검수용 컴팩트디스크(CD)
　　- 원고 보관중이며 검증기일에 현장에서 제출할 예정임

3. 검증에 의하여 명확하게 하려는 사항
　　원고가 이 사건 용역계약의 해제통보 후 피고가 우편으로 송부한 위 검증 목적물도 이 사건 용역계약에 따른 완성품이 아니라는 사실

4. 첨부 : 검증장소약도

20○○. ○. ○.
위 원고(반소피고) ○○○(서명 또는 날인)

○○지방법원 제○○민사단독 귀중

6-6. 그 밖의 증거신청

그 밖의 증거는 도면·사진·녹음테이프·비디오테이프·컴퓨터용 자기디스크, 그 밖에 정보를 담기 위해 만들어진 물건 등을 말합니다.

6-6-1. 자기디스크 등의 증거신청

① 컴퓨터용 자기디스크·광디스크, 그 밖에 이와 비슷한 정보저장매체(이하 "자기디스크등"이라 한다)에 기억된 문자정보, 도면, 사진을 증거자료로 하는 경우에는 읽을 수 있도록 출력한 문서, 도면, 사진을 제출할 수 있습니다.

② 자기디스크등에 기억된 문자정보, 도면, 사진에 대한 증거조사를 신청한 당사자는 법원이 명하거나 상대방이 요구하면 자기디스크등에 입력한 사람과 입력한 일시, 출력한 사람과 출력한 일시를 밝혀야 합니다.

6-6-2. 녹음테이프 등의 증거신청

① 녹음·녹화테이프, 컴퓨터용 자기디스크·광디스크, 그 밖에 이와 비슷한 방법으로 음성이나 영상을 녹음 또는 녹화(이하 "녹음등"이라 한다)해 재생할 수 있는 매체(이하 '녹음테이프등'이라 한다)에 대한 증거조사를 신청하는 경우 음성이나 영상이 녹음등이 된 사람, 녹음등을 한 사람 및 녹음등을 한 일시·장소를 밝혀야 합니다.

② 녹음테이프등에 대한 증거조사는 녹음테이프등을 재생해 검증하는 방법으로 합니다.

③ 녹음테이프등에 대한 증거조사를 신청한 당사자는 법원이 명하거나 상대방이 요구하면 녹음테이프등의 녹취서, 그 밖에 그 내용을 설명하는 서면을 제출해야 합니다.

6-7. 전자소송의 경우

6-7-1. 전자문서에 대한 증거조사의 신청

① 전자문서에 대한 증거조사의 신청은 ㉮ 전자문서가 전자소송시스템에
  등재되어 있는 경우에는 그 취지를 진술라고, ㉯ 전자문서가 자기디
  스크 등에 담긴 경우에는 이를 제출하며, ㉰ 다른 사람이 전자문서
  를 가지고 있을 경우에는 그것을 제출하도록 명할 것을 신청하는 방
  법으로 합니다.

② 다음의 경우에는 증거신청을 하는 전자문서를 자기디스크 등에 담아
  제출할 수 있습니다.

  ㉮ 전자문서에 대한 증거조사를 신청하는 자가 전자소송시스템을 이용
    한 소송의 진행에 동의하지 아니한 경우

  ㉯ 전자소송시스템 등을 이용할 수 없는 경우.

  ㉰ 전자소송시스템의 장애가 언제 제거될 수 있는지 알 수 없는 경우

  ㉱ 전자소송시스템의 장애가 제거될 시점에 서류를 제출하면 소송이
    지연되거나 권리 행사에 불이익을 입을 염려가 있는 경우

  ㉲ 등록사용자가 사용하는 정보통신망의 장애가 제거될 시점에 서류
    를 제출하면 소송이 지연되거나 권리 행사에 불이익을 입을 염려
    가 있는 경우

  ㉳ 다음에 해당하는 서류가 전자문서로 작성되어 있을 경우.

    - 서류에 당사자가 가지는 「부정경쟁방지 및 영업비밀보호에 관한 법
      률」 제2조제2호에 규정된 영업비밀에 관한 정보가 담겨 있는 경우

    - 사생활 보호 또는 그 밖의 사유로 필요하다고 인정하여 재판
      장 등(재판장, 수명법관, 수탁판사, 조정담당판사 또는 조정장
      을 말함)이 허가한 경우

③ 전자문서에 대한 증거조사를 신청하는 때에는 전자문서의 내용에 따
  라 다음의 내용을 밝혀야 합니다.

  ㉮ 전자문서가 문자, 그 밖의 기호, 도면, 사진 등에 관한 정보인 경

우 : 전자문서의 명칭과 작성자 및 작성일(전자문서로 변환하여 제출된 경우에는 원본의 작성자와 작성일을 말함)

㉯ 전자문서가 음성·음향이나 영상정보인 경우 : 음성이나 영상에 녹음 또는 녹화된 사람, 녹음 또는 녹화를 한 사람 및 그 일시·장소, 음성이나 영상의 주요내용, 용량, 입증할 사항과 음성·음향이나 영상정보와의 적합한 관련성

6-7-2. 전자문서에 대한 증거조사

① 전자문서에 대한 증거조사는 다음의 방법으로 할 수 있습니다.

㉮ 문자, 그 밖의 기호, 도면·사진 등에 관한 정보에 대한 증거조사 : 전자문서를 모니터, 스크린 등을 이용하여 열람하는 방법

㉯ 음성이나 영상정보에 대한 증거조사 : 전자문서를 청취하거나 시청하는 방법

② 전자문서에 대한 증거조사는 그 성질에 반하지 않는 범위에서 「민사소송법」의 규정을 준용합니다.

7. 변론기일 및 집중증거조사기일

① 변론기일은 법원, 당사자, 그 밖의 소송관계인이 모이는 날로 변론준비절차에서 정리된 결과를 발표하고 증거조사를 합니다.

② 집중증거조사기일이란 당사자의 주장과 증거를 정리한 뒤 증인신문과 당사자신문이 집중적으로 이루어지는 기일을 말합니다.

7-1. 변론기일

7-1-1. 개념

① '변론기일'이란 소송행위를 하기 위해 법원, 당사자, 그 밖의 소송관계인이 모이는 일자를 말합니다.

② 재판장은 다음의 경우 바로 변론기일을 정해야 합니다.

    ㉮ 피고가 답변서를 제출한 경우(다만, 사건을 변론준비절차에 부칠 필요가 없는 경우에 한함)

    ㉯ 변론준비절차가 끝난 경우

7-1-2. 진행

① 당사자는 변론준비기일을 마친 뒤의 변론기일에 변론준비기일의 결과를 진술해야 합니다.

② 법원은 변론기일에 변론준비절차에서 정리된 결과에 따라서 바로 증거조사를 해야 합니다.

7-1-3. 전자문서에 의한 변론 방법

① 전자문서에 의한 변론은 다음과 같은 방식으로 합니다.

    - 소장, 답변서, 준비서면 그 밖에 이에 준하는 서류가 전자문서로 등재되어 있는 경우 : 당사자가 말로 중요한 사실상 또는 법률상 사항에 대하여 진술하거나 법원이 당사자에게 말로 해당사항을 확인하는 방식

② 전자문서에 의한 변론은 컴퓨터 등 정보처리능력을 갖춘 장치에 전자문서를 현출한 화면에서 필요한 사항을 지적하면서 할 수 있습니다.

③ 멀티미디어 방식의 자료에 따른 변론은 컴퓨터 등 정보처리능력을 갖춘 장치에 의하여 재생되는 음성이나 영상 중 필요한 부분을 청취 또는 시청하는 방법으로 합니다.

④ 다음의 경우에도 위의 변론절차 진행방법과 같이 진행합니다.

　㉮ 변론준비기일에서 당사자가 변론의 준비에 필요한 주장과 증거를 정리하는 경우

　㉯ 변론기일에서 변론준비기일의 결과를 진술하는 경우

　㉰ 항소심에서 제1심 변론결과를 진술하는 경우

7-1-4. 증거조사

① 기일통지

증거조사의 기일은 신청인과 상대방에게 통지해야 합니다. 다만, 긴급한 경우에는 그렇지 않습니다.

② 증거 조사를 하는 경우

법원은 당사자가 신청한 증거에 의해 심증을 얻을 수 없거나, 그 밖에 필요하다고 인정한 경우에는 직권으로 증거조사를 할 수 있습니다.

③ 증거 조사를 하지 않는 경우

　㉮ 법원은 당사자가 신청한 증거가 소송상 필요하지 않다고 인정한 경우에는 조사하지 않을 수 있습니다. 다만, 그것이 당사자가 주장하는 사실에 대한 유일한 증거인 경우에는 그렇지 않습니다.

　㉯ 법원은 증거조사를 할 수 있을지, 언제 할 수 있을지 알 수 없는 경우에는 그 증거를 조사하지 않을 수 있습니다.

7-1-5. 종결

법원은 변론준비절차를 마친 경우 첫 변론기일을 거친 뒤 바로 변론을 종

결할 수 있도록 해야 하며, 당사자는 이에 협력해야 합니다.

7-1-6. 변론기일 불출석의 처리

① 한 쪽 당사자가 출석하지 않은 경우

  ㉮ 법원은 다음에 해당하는 경우라도 원고 또는 피고가 제출한 소장·답변서, 그 밖의 준비서면에 적혀 있는 사항을 진술한 것으로 보고 출석한 상대방에게 변론을 명할 수 있습니다.

    ⓐ 원고 또는 피고가 변론기일에 출석하지 않은 경우

    ⓑ 출석하고서도 본안에 관해 변론하지 않은 경우

  ㉯ 당사자가 변론기일에 출석하지 않은 경우 상대방이 주장하는 사실을 명백히 다투지 않는 것으로 보아 자백한 것으로 간주됩니다. 다만, 공시송달의 방법으로 기일통지서를 송달받은 당사자가 출석하지 않은 경우에는 그렇지 않습니다.

② 양 쪽 당사자가 출석하지 않은 경우

  ㉮ 다음의 경우 재판장은 다시 변론기일을 정해 양 쪽 당사자에게 통지해야 합니다.

    ⓐ 양 쪽 당사자가 변론기일에 출석하지 않은 경우

    ⓑ 출석하고서도 변론하지 않은 경우

  ㉯ 새 변론기일 또는 그 뒤에 열린 변론기일에도 양 쪽 당사자가 변론기일에 출석하지 않거나 출석하고서도 변론하지 않은 경우 당사자가 1개월 이내에 기일지정신청을 하지 않으면 소는 취하한 것으로 봅니다.

  ㉰ 기일지정신청에 따라 정한 변론기일에도 양 쪽 당사자가 변론기일에 출석하지 않거나 출석하고서도 변론하지 않은 경우 소는 취하한 것으로 봅니다.

■ 변론기일에 증인으로 출석하라는 법원의 명령을 받았을 경우 어떻게 해야 하나요?

Q. 얼마 전 위, 아래 집에 사는 이웃의 다툼을 말린 적이 있습니다. 이로 인해 소송을 했는지 증인으로 나오라는 서류를 받았습니다. 그 전부터 증인부탁을 받긴 했지만 귀찮기도 하고 괜한 일에 말리는 것이 싫어 거절했었습니다. 그런데 법원으로부터 기일에 나오라는 통지를 받고 나니 겁이 나기도 합니다. 어떻게 해야 하나요?

A. 법원은 특별한 규정이 없으면 누구든지 증인으로 신문할 수 있습니다. 그러므로 가능한 출석을 하는 것이 좋습니다. 만약 출석하라는 일자에 중요한 일로 인해 가지 못할 사정이 있거나 법원에 출석하지 못할 피치못할 사정이 있다면 바로 그 사유를 밝혀 법원에 신고해야 합니다. 또한 법정에 출석하기 힘든 경우 서면에 의해 증언을 할 수 있도록 법원에 신청을 할 수 있으니 법정에 출석하기 힘든 이유와 증언 내용을 기재한 서면을 함께 제출해 보시기 바랍니다. 그러나 법원이 서면에 의한 증언으로 부족하다고 판단하면 법원에 출석해야 합니다. 정당한 사유 없이 출석하지 않는 경우 법원으로부터 출석하지 않아서 발생한 소송비용과 500만원 이하의 과태료를 부과받을 수 있으며, 7일 이내의 감치(監置)에 처하게 될 수도 있으니 유의하시기 바랍니다.

7-2. 집중증거조사기일

7-2-1. 개념

'집중증거조사기일'이란 당사자의 주장과 증거를 정리한 뒤 증인신문과 당사자신문을 집중적으로 조사하기 위한 기일을 말합니다.

7-2-2. 증인신문

① 증인확인

재판장은 증인이 출석한 경우 증인으로부터 주민등록증 등 신분증을 제시받거나 그 밖의 적당한 방법으로 증인임이 틀림없음을 확인해야 합니다.

② 선서

재판장은 증인에게 신문에 앞서 선서를 하게 해야 합니다. 다만, 특별한 사유가 있는 때에는 신문한 뒤에 선서를 하게 할 수 있습니다.

③ 신문의 순서

㉮ 증인의 신문은 다음의 순서를 따릅니다. 다만, 재판장은 주신문에 앞서 증인에게 그 사건과의 관계와 쟁점에 관해 알고 있는 사실을 개략적으로 진술하게 할 수 있습니다.

ⓐ 증인신문신청을 한 당사자의 신문(주신문)

ⓑ 상대방의 신문(반대신문)

ⓒ 증인신문신청을 한 당사자의 재신문(재주신문)

㉯ 순서에 따른 신문이 끝난 후에는 재판장의 허가를 받은 때에만 당사자가 다시 신문할 수 있습니다.

㉰ 재판장은 언제든지 신문할 수 있고, 알맞다고 인정하는 때에는 당사자의 의견을 들어 신문의 순서를 바꿀 수도 있습니다.

㉱ 다음의 경우 재판장은 당사자의 신문을 제한할 수 있습니다.

ⓐ 당사자의 신문이 중복되는 경우

ⓑ 쟁점과 관계가 없는 경우

ⓒ 그 밖에 필요한 사정이 있는 경우

④ 비디오 등 중계장치에 의한 증인신문

㉮ 법원은 다음의 어느 하나에 해당하는 사람을 증인으로 신문하는 경우 상당하다고 인정하는 때에는 당사자의 의견을 들어 비디오 등 중계장치에 의한 중계시설을 통해 신문할 수 있습니다.

ⓐ 증인이 멀리 떨어진 곳 또는 교통이 불편한 곳에 살고 있거나 그 밖의 사정으로 말미암아 법정에 직접 출석하기 어려운 경우

ⓑ 증인이 나이, 심신상태, 당사자나 법정대리인과의 관계, 신문사항의 내용, 그 밖의 사정으로 말미암아 법정에서 당사자등과 대면하여 진술하면 심리적인 부담으로 정신의 평온을 현저하게 잃을 우려가 있는 경우

㉯ 비디오 등에 따른 증인신문은 증인이 법정에 출석하여 이루어진 증인신문으로 봅니다.

㉰ 위에 따른 증인신문의 절차와 방법, 그 밖에 필요한 사항은 「민사소송규칙」으로 정합니다.

⑤ 불출석의 경우

㉮ 주신문을 할 당사자가 출석하지 않은 경우

증인신문을 신청한 당사자가 신문기일에 출석하지 않은 경우 재판장이 그 당사자에 갈음해 신문을 할 수 있습니다.

㉯ 증인의 불출석

증인이 출석요구를 받고 기일에 출석할 수 없을 경우에는 바로 그 사유를 밝혀 신고해야 합니다.

㉰ 서면에 의한 증언

법원은 증인과 증명할 사항의 내용 등을 고려해 상당하다고 인정하는 경우 출석·증언에 갈음하여 증언할 사항을 적은 서면을 제출하게 할 수 있습니다.

㉱ 위반 시 제재

ⓐ 증인이 정당한 사유 없이 출석하지 않은 경우 법원은 결정으로 증인에게 이로 말미암은 소송비용을 부담하도록 명하고 500만원 이하의 과태료를 부과합니다.

ⓑ 법원은 증인이 과태료의 재판을 받고도 정당한 사유 없이 다시 출석하지 않은 경우 결정으로 증인을 7일 이내의 감치(監置)에 처합니다.

ⓒ 법원은 정당한 사유 없이 출석하지 않은 증인을 구인하도록 명할 수 있습니다.

7-2-3. 당사자신문

① 법원은 직권으로 또는 당사자의 신청에 따라 당사자 본인을 신문할 수 있고, 이 경우 당사자에게 선서를 하게 해야 합니다.

② 법원은 다음의 경우 신문사항에 관한 상대방의 주장을 진실한 것으로 인정할 수 있습니다.

㉠ 당사자가 정당한 사유 없이 출석하지 않은 경우

㉡ 선서 또는 진술을 거부한 경우

③ 위반 시 제재

선서한 당사자가 거짓 진술을 한 경우 법원은 결정으로 500만 원 이하의 과태료를 부과합니다.

제4절 소송은 어떻게 종결되나요?

1. 소송의 종결사유

① 소송은 종국판결, 청구의 포기·인낙, 화해권고결정, 소장각하명령, 소의 취하로 종결됩니다.

② 판결에는 종국판결(전부, 일부, 추가판결)과 중간판결이 있고, 변론이 종결된 날부터 2주 이내에 판결을 선고해야 하며, 선고로 판결의 효력이 발생합니다.

1-1. 종국판결

① '종국판결'이란 소송 또는 상소의 제기에 의해 소송이 진행된 사건의 전부 또는 일부를 현재 계속하고 있는 심급에서 완결시키는 판결을 말합니다.

② 판결은 소송이 제기된 날부터 5개월 이내에 선고해야 합니다.

■ 항소심의 환송판결이 종국판결인지요?

Q. 甲과 乙 사이의 소송에서 항소심판결은 甲의 항소에 의하여 제1심 판결을 취소하고 사건을 제1심법원에 환송한다고 하였는데, 위와 같은 환송판결이 이 사건에 대하여 종국판결로 보아 위 항소심 판결에 대하여 불복하여 곧바로 상고할 수 있나요?

A. 판례는 "항소심의 환송판결은 종국판결이므로 고등법원의 환송판결에 대하여는 대법원에 상고할 수 있다"라고 하였습니다(대법원 1981.9.8. 선고 80다3271 전원합의체 판결). 따라서 甲은 항소심의 환송판결은 이 사건에 대하여 종국판결이라고 할 것이므로 이 판결에 대하여는 민사소송법 제 392조에 의하여 대법원에 곧바로 상고할 수 있습니다.

1-2. 청구의 포기, 인낙

1-2-1. 개념

① '청구의 포기'란 원고가 변론 또는 변론준비기일에 소송물인 권리관계의 존부에 대한 자기 주장을 부정하고 그것이 이유없다는 것을 자인하는 법원에 대한 소송상의 진술을 말합니다.

② '청구의 인낙'이란 피고가 권리관계의 유무에 관한 원고의 주장을 이유있다고 인정하는 법원에 대한 진술을 말합니다.

1-2-2. 효력

청구의 포기·인낙을 변론조서·변론준비기일조서에 적은 경우 그 조서는 확정판결과 같은 효력을 가집니다.

■ 배임적 의사로 청구 포기·인낙한 경우 어떠한 방식으로 다투어야 하는지요?

Q. 소송절차 내에서 법인 또는 법인이 아닌 사단의 대표자가 청구의 포기·인낙 또는 화해를 하는 데 필요한 권한을 수여받지 아니한 것에서 더 나아가 자기 또는 제3자의 이익을 도모할 목적으로 권한을 남용하여 법인 등의 이익에 배치되는 청구의 포기·인낙 또는 화해를 하였고, 상대방 당사자가 대표자의 진의를 알았거나 알 수 있었을 경우, 법인은 어떠한 방식으로 다투어야 하는지요?

A. 소송절차 내에서 법인 또는 법인이 아닌 사단(이하 '법인 등'이라고 합니다)이 당사자로서 청구의 포기·인낙 또는 화해를 하여 이를 변론조서나 변론준비기일조서에 적은 경우에, 법인 등의 대표자가 청구의 포기·인낙 또는 화해를 하는 데에 필요한 권한의 수여에 흠이 있는 때에는 법인 등은 변론조서나 변론준비기일조서에 대하여 준재심의 소를 제기할 수 있고, 준재심의 소는 법인 등이 청구를 포기·인낙 또는 화해를 한 뒤 준재심의 사유를 안 날부터 30일 이내에 제기하여야 합니다(민사소송법 제461조, 제220조, 제451조 제1항 제3호, 제456조, 제64조, 제52조). 이때 '법인 등이 준재심의 사유를 안 날'은 특별한 사정이 없는 한 법인 등의 대표자가 준재심의 사유를 안 날로서 그때부터 준재심 제기 기간이 진행되는 것이 원칙입니다. 그러나 법인 등의 대표자가 준재심의 사유인 청구의 포기·인낙 또는 화해를 하는 데에 필요한 권한을 수여받지 아니한 것에서 더 나아가 자기 또는 제3자의 이익을 도모할 목적으로 권한을 남용하여 법인 등의 이익에 배치되는 청구의 포기·인낙 또는 화해를 하였고 또한 상대방 당사자가 대표자의 진의를 알았거나 알 수 있었을 경우에는, 일반적으로 법인 등에 대하여 대표권의 효력이 부인될 수 있는 사유에 해당할 뿐 아니라 준재심의 사유가 된 대표권 행사에 관하여 법인 등과 대표자의 이익이 상반되어 법인 등의 대표자가 준재심 제기 권한을 행사하리라고 기대하기 어려우므로, 단지 대표자가 준재심의 사유를 아는 것만으로는 부족하고 적어도 법인 등의 이익을 정당하게 보전할 권한을 가진 다른 임원 등이 준재심의 사유를 안 때에 비로소 준재심 제기 기간이 진행됩니다(대법원 2016.10.13. 선고 2014다12348 판결).

1-3. 화해권고결정

① '화해권고결정'이란 법원·수명법관 또는 수탁판사가 소송이 진행 중인 사건에 대해 직권으로 당사자의 이익, 그 밖의 모든 사정을 참작하여 청구의 취지에 어긋나지 않는 범위 안에서 사건의 공평한 해결을 위해 화해를 권고하는 결정을 말합니다.

② 효력

화해권고결정은 다음 중 어느 하나에 해당하면 확정판결과 같은 효력을 가집니다.

㉮ 결정서의 정본을 송달받은 날부터 2주 이내에 이의신청이 없는 경우

㉯ 이의신청에 대한 각하결정이 확정된 경우

㉰ 당사자가 이의신청을 취하하거나 이의신청권을 포기한 경우

■ 화해권고결정이란 무엇이며, 내용에 이의를 할 수 있는 절차는 무엇인 가요?

Q. 甲은 乙을 상대로 손해배상청구소송을 진행중입니다. 법원에서 화해 권고결정이라는 제목의 서면이 송달되었는데, 화해권고결정이란 무엇 이며, 내용에 이의를 할 수 있는 절차는 무엇인가요?

A. 화해권고란 재판부가 직권으로 양 당사자에게 합의를 권하는 것이며, 화 해권고결정문 내용이 그 합의의 내용입니다. 이와 관련하여 민사소송법 제225조에 따르면 법원, 수명법관 또는 수탁판사는 소송중인 사건에 대 하여 직권으로 당사자의 이익, 그 밖의 모든 사정을 참작하여 청구의 취 지에 어긋나지 아니하는 범위안에서 사건의 공평한 해결을 위한 화해권고 결정을 할 수 있다고 규정하고 있습니다. 만약 위 화해권고에 동의하지 않는 경우에는 송달 받은 날부터 2주 이내에 법원에 이의신청을 하여야 하고, 이의신청이 없으면 동의한 것으로 보게 됩니다.

■ 화해권고결정에 의하여 소송이 종료된 경우 소송비용은 누가 부담해야 하는 건가요?

Q. 甲이 乙에게 1억 원의 손해배상청구를 하였으나 양 측에서 소송 진행 중에 재판부의 화해권고결정에 의하여 소송이 종결되었습니다. 이러한 경우 소송비용은 피고 乙이 부담해야 하는 건가요?

A. 민사소송법 제106조는 "당사자가 법원에서 화해한 경우(제231조의 경우를 포함한다) 화해비용과 소송비용의 부담에 대하여 특별히 정한 바가 없으면 그 비용은 당사자들이 각자 부담한다."고 규정하고 있습니다. 민사소송법 제231조는 화해권고결정의 효력을 규정하고 있으며 이는 재판상 화해와 같은 효력을 가집니다. 또한 민사소송법 제113조 제1항에서 "제106조의 경우에 당사자가 소송비용부담의 원칙만을 정하고 그 액수를 정하지 아니한 때에는 법원은 당사자의 신청에 따라 결정으로 그 액수를 정하여야 한다."고 규정하고 있는 바, 위 사안에서 당사자 간에 특별히 약정한 내용이 없으면 소송비용은 甲과 乙이 각자 부담하는 것을 원칙으로 하며, 만약 양 측이 소송비용부담의 원칙만을 정하고 그 액수를 정하지 아니한 때에는 법원은 당사자의 신청에 따라 결정으로 그 액수를 정할 수 있습니다.

■ 화해권고결정이 확정된 이후 불복방법은 없나요?

Q. 민사소송진행 중 재판부로부터 「화해권고결정?이라는 문서를 송달받았습니다. 소장 청구취지 금액보다 다소 감축되어서 지급하라는 주문이 나왔습니다. 송달받은 당시에는 그러려니 하고 있었는데, 한 달 정도가 지나서 마음이 바뀌어 이의를 하고 또한 향후 항소도 제기하고 싶습니다. 가능한지요?

A. 법원·수명법관 또는 수탁판사는 소송에 계속 중인 사건에 대하여 직권으로 당사자의 이익, 그 밖의 모든 사정을 참작하여 청구의 취지에 어긋나지 아니하는 범위 안에서 사건의 공평한 해결을 위한 화해권고결정을 할수 있습니다(민사소송법 제225조 제1항). 화해권고결정은 소송이 진행 중이면 언제든지 할 수 있기 때문에 변론준비절차이건 변론절차이건 상관없이 할 수 있습니다. 화해권고결정이 이루어지면 법원사무관 등은 화해권고결정의 내용을 적은 조서 또는 결정서 정본을 당사자에게 송달하여야 합니다(같은 조 제2항 본문). 위 송달을 함에 있어서는 우편송달, 공시송달의 방법으로는 할 수가 없습니다(같은 조 제2항 단서).당사자는 화해권고결정에 대하여 결정서 등의 정본을 송달받은 날부터 2주 이내에 이의신청을 할 수 있습니다. 다만, 그 정본이 송달되기 전에라도 이의를 신청할 수 있음은 물론입니다(같은 법 제226조 제1항). 위 2주간의 기간은 불변기간인바, 기간준수에 매우 유의하여야 합니다(같은 법 제226조 제2항). 이의신청은 이의신청서를 화해권고결정을 한 법원에 제출함으로써 하며(같은 법 제227조 제1항), 이의신청서에는 ① 당사자와 법정대리인, ② 화해권고결정의 표시와 그에 대한 이의신청의 취지를 적어야 합니다(같은 법 제227조 제2항). 이의신청을 한 당사자는 그 심급의 판결이 선고될 때까지 상대방의 동의를 얻어 이의신청을 취하할 수 있습니다(같은 법 제228조 제1항). 이의신청을 할 수 있는 권리 즉 이의신청권은 그 신청 전까지 포기할 수 있으며, 포기의 의사표시는 서면으로 하여야 합니다(같은 법 제229조 제1항, 제2항). 이의신청이 적법한 때에는 소송은 화해권고결정 이

전의 상태로 돌아가며, 이 경우 그 이전에 행한 소송행위는 그대로 효력을 유지되게 됩니다(같은 법 제232조 제1항). 당사자가 화해권고결정의 송달을 받고 이의기간 내에 이의신청이 없는 때, 이의신청에 대한 각하결정이 확정된 때, 그리고 이의신청의 취하나 신청권의 포기를 한 때에는 화해권고결정은 재판상 화해와 같은 효력을 가집니다(같은 법 제231조). 즉 재판을 하다가 당사자의 합의에 의하여 성립된 소송상 화해(즉 임의조정)처럼 확정판결과 같은 효력이 발생하게 되는 것이므로(같은 법 제220조), 확정된 화해권고결정은 확정판결에서와 같이 기판력·집행력·형성력이 생긴다 할 것이며, 집행권원이 될 수 있음은 물론입니다.

화해권고결정은 분쟁 당사자 사이에 신속·원만한 사건해결을 위해서 소장의 청구취지 즉 원고가 소송으로써 구하는 청구의 범위에 국한됨이 없이 발하여지기도 합니다.화해권고결정은 법원의 주재 하에 양당사자로부터 적절한 양보를 이끌어 내어 분쟁을 신속·원만하게 해결하는 데에 근본적인 취지가 있으며, 실무적으로도 매우 활발하게 이용되고 있는 제도입니다. 화해권고결정은 일도양단적인 판결과는 달리 당사자 사이에 양해가 깃들여져 있기에, 집행단계에서 채무를 지는 자의 협조를 받기가 쉬운 측면이 있습니다. 즉 채무자 역시 채권자가 양보하는 선에서 분쟁이 해결되었다는 점을 인식하고 있으므로, 강제적인 판결에 의한 경우보다 의무를 이행함에 호의적으로 나올 수 있다는 취지입니다. 만약 법원으로부터 화해권고결정문이 송달된다면, 당초에 구하고자 했던 금액과의 차이를 확인해 보고, 승복할 수 없다면 즉시 법원에 이의신청을 하여야 합니다. 이의신청을 할 수 있는 기간인 2주는 반드시 지켜져야 하는 불변기간이기 때문에 그 기간을 놓치고 나서는 번복을 할 수 있는 기회가 없어지게 됩니다. 다만 화해권고결정에 있어서 법률상 관여할 수 없는 법관의 관여(민사소송법 제451조 제1항 제2호), 대리권의 흠(같은 항 제3호), 형사상 처벌받을 다른 사람의 행위로 인한 경우(같은 항 제5호) 등 재심사유에 해당하는 사유가 있는 경우에는 준재심의 소에 의해 구제될 수는 있으나(민사소송법 제461조), 재심사유는 엄격하게 해석하므로 준재심에 의해서도 구제될 가능성은 희박하다 할 것입니다. 귀하의 경우 화해권고결정을 송달받고 나서 2주가 지난 이후에서야 생각이 바뀐 것이기 때문에 현행 제도 상 이의신청을 할 수 없음은 물론, 화해권고결정이 확정되어 기판력이 발생하므로 항소 역시 할 수 없는바, 사실상 불복할 수 있는 절차는 없다고 보입니다.

■ 화해권고결정에 대한 이의신청은 어떤 방식으로 하나요?

Q. 저는 A를 상대로 소송을 제기하여 현재 항소심 진행 중인데, 항소심 법원에서 1회 변론기일 이후 변론을 종결하고 청구액을 반정도로 감액한 2017.9.1.자 화해권고결정을 내렸습니다. 저는 청구액이 너무 감액된 것을 받아들이기 힘들어서 "2017.9.1.자 화해권고 결정은 받아들일 수 없습니다."는 취지로 기재한 준비서면을 제출하였는데, 나중에 인터넷을 검색해보니 화해권고결정에 대해서는 이의신청서를 내야 한다고 합니다. 그래서 부랴부랴 등기 우편으로 "준비서면 자체가 이의신청서입니다"라는 취지를 기재한 이의신청서를 보냈는데, 확인해 보니 이의신청기간이 하루 도과한 뒤에 위 우편이 법원에 도달될 것 같습니다. 저는 이의신청을 기간 내에 하지 못한 것인가요?

A. 민사소송법 제227조는 이의신청서에 기재해야 하는 사항을 당사자와 법정대리인, 화해권고결정의 표시와 그에 대한 이의신청의 취지로 규정하고 있습니다. 그런데 위와 같은 기재를 준비서면으로 제출한 경우 화해권고결정에 대한 이의신청 방식을 준수한 것인지 문제될 수 있습니다. 판례는 "화해권고결정을 송달받은 항소인이 화해권고결정에 대한 이의신청기간 내에 '제1심판결 중 패소 부분은 받아들일 수 없다'는 취지의 준비서면과 종래 제출한 적 있던 항소장을 제출하고, '위 준비서면 자체가 화해권고 이의신청'이라는 내용의 화해권고결정에 대한 이의신청서를 우편으로 발송하여 그것이 이의신청기간 종료일 다음날 법원에 도착한 사안에서, 위 준비서면과 항소장은 전체적인 취지에서 화해권고결정에 대한 이의신청에 해당한다고 보아야 하므로, 소송종료선언을 하지 않고 소송에 복귀하여 심리에 나아간 원심판단은 정당하다"고 하였습니다(대법원 2011.4.14. 선고 2010다5694 판결). 통상적인 준비서면에는 당사자와 법정대리인 등을 당연히 표시되므로 화해권고결정의 표시와 그에 대한 이의신청의 취지만 기재되어 있다면 그 표제부가 준비서면인 것은 문제가 되지 않는다 하겠

습니다. 따라서 그러한 취지가 기재된 서면이 이의제기 기간 내에 법정에 제출된 것이 분명한 이상, 화해권고 결정에 대해서는 적법한 이의가 있었던 것으로 항소심 변론이 재개될 것입니다.

1-4. 소장각하명령

① 소장에 흠이 있어 보정명령을 내렸음에도 기간 이내에 흠을 보정하지 않은 경우 재판장은 명령으로 소장을 각하해야 합니다.

② 소장각하명령에 대해서는 즉시항고 할 수 있습니다.

1-5. 소송의 취하

① 소송이 제기된 후 원고가 법원에 소송의 전부 또는 일부를 철회하는 소송행위를 말합니다.

② 소송을 취하하면 소송은 당초 제기하지 않은 것과 동일한 상태로 돌아가게 됩니다.

■ 쌍방 2회 불출석으로 법원이 신기일 지정한 때에도 소취하로 되는지요?

Q. 甲은 乙을 상대로 노임청구의 소송을 제기하였으나, 근무지가 관할 법원으로부터 멀리 떨어져 있었던 관계로 1차 변론기일에 법정에 출석하지 못하였고 乙도 역시 출석하지 않았으며, 2차 변론기일에는 甲·乙 모두 출석하여 변론하였으나 3차 변론기일에 甲·乙 모두 출석하지 아니 하였습니다. 그런데 재판부에서는 새로운 변론기일을 지정하여 4차 변론기일소환장을 송달해왔는바, 이러한 경우 甲이 별도로 기일지정신청을 하지 않아도 양쪽 당사자가 출석하지 아니한 것으로 인한 불이익을 받지 않는지요?

A. 「민사소송법」제268조 제1항은 "양 쪽 당사자가 변론기일에 출석하지 아니하거나 출석하였다 하더라도 변론하지 아니한 때에는 재판장은 다시 변론기일을 정하여 양 쪽 당사자에게 통지하여야 한다."라고 규정하고 있고, 같은 법 제286조 제2항은 "제1항의 새 변론기일 또는 그 뒤에 열린 변론기일에 양 쪽 당사자가 출석하지 아니하거나 출석하였다 하더라도 변론하지 아니한 때에는 1월 이내에 기일지정신청을 하지 아니하면 소를 취하한 것으로 본다."라고 규정하고 있습니다. 그런데 양 쪽 당사자가 2회에 걸쳐 변론기일에 출석하지 아니하였음에도 법원이 직권으로 새로운 변론기일을 지정한 경우에 관하여 판례는 "민사소송법 제241조(현행 민사소송법 제268조) 제2항의 규정에 의하면 당사자 쌍방이 2회에 걸쳐 변론기일에 출석하지 아니하거나 출석하더라도 변론을 하지 아니한 때에 법원이 변론종결도 하지 않고 신기일의 지정도 없이 당해 기일을 종료시킨 경우에는 소취하의 요건을 갖추게 된다 할 것이나, 법원이 두 번째 불출석의 기일에 직권으로 신기일을 지정한 때에는 당사자의 기일지정신청에 의한 기일지정이 있는 경우와 마찬가지로 보아야 하고, 그 이유는 당사자는 법원의 기일지정에 이의가 없는 한 따로 기일지정신청을 하지 않고 법원이 지정한 신기일에서 소송행위를 하려고 하는 의사를 가진 것이라고 보아야 할 것이므로, 법원이 두 번째 불출석의 기일에 직권으로

신기일을 지정하여 1월내에 기일지정의 신청을 하여야 할 당사자에게 그 기일의 통지가 되었는데도 그 당사자가 기일지정의 신청을 하지 아니하였다고 하여 소취하의 효력이 생긴다고 간주하는 것은 당사자에게 의외로 부당한 결과를 가져 올 뿐만 아니라 가혹한 효과가 돌아간다고 보기 때문이다."라고 하였습니다(대법원 1994.2.22. 선고 93다56442 판결).

또한 판례는 "당사자 쌍방이 2회에 걸쳐 변론기일에 출석하지 아니한 때에는 당사자의 기일지정신청에 의하여 기일을 지정하여야 할 것이나, 법원이 직권으로 신기일을 지정한 때에는 당사자의 기일지정신청에 의한 기일지정이 있는 경우와 마찬가지로 보아야 할 것이고, 그와 같이 직권으로 정한 기일 또는 그 후의 기일에 당사자 쌍방이 출석하지 아니하거나 출석하더라도 변론하지 아니한 때에는 소의 취하가 있는 것으로 보아야 한다."라고 하였습니다(대법원 2002.7.26. 선고 2001다60491 판결). 따라서 위 사안에서 甲은 직권으로 정해진 신기일에 출석하여 변론을 하면 쌍방불출석으로 인한 불이익을 받지는 않을 것으로 보입니다.

■ 실수로 피고를 잘못 지정하였는데 소취하하지 않고 경정할 방법이 있는지요?

Q. 유한 회사를 상대로 소를 제기하여 현재 소송진행중입니다. 그런데 알고
   보니, 제가 소를 제기한 회사가 원래 제기하려고 했던 회사와 같은 이름
   의 다른 회사였습니다. 이럴 경우 소를 취하하고 다시 소를 제기해야 하
   는지요. 소를 취하하지 않고 피고를 바꿀 수 있는 방법이 있을까요?

A. 네, 방법이 있습니다. 피고 경정이라는 제도를 이용하시면 됩니다. 원고가
   피고를 잘못 지정한 것이 분명한 경우에 제1심 법원은 변론을 종결할 때
   까지 원고의 신청에 따라 결정으로 피고를 경정하도록 허가할 수 있습니
   다. 다만, 피고가 본안에 관하여 준비서면을 제출하거나, 변론준비기일에서
   진술하거나 변론을 한 뒤에는 그의 동의를 받아야 합니다(민사소송법 제
   260조 참조). 피고경정신청서의 신청취지 기재 방법은 이하와 같습니다.
   이 사건의 피고 "유한회사 OO(205414-OOOOOOO), 전남 영암군 삼호읍 나
   불로 OOO, 대표이사 OOO"로 된 것을 "유한회사 OO(211114-OOOOOOO),
   군산시 자유무역로 OO, 대표이사 OOO"로 경정한다.

■ 항소기간 경과 전에 항소취하가 있는 경우, 항소기간 내에 다시 항소 제기가 가능한지요?

Q. 甲은 乙을 상대로 대여금 청구 소송을 제기하여 1심에서 승소하였습니다. 패소한 乙은 판결문을 송달받지 아니한 상태에서 항소하였다가 바로 취하한 후 판결문을 송달받고 항소기간 만료 전에 다시 항소를 제기하였습니다. 이 경우 乙의 항소가 적법한지요?

A. 항소의 취하에 관하여 민사소송법 제393조는 "① 항소는 항소심의 종국판결이 있기 전에 취하할 수 있다. ② 항소의 취하에는 제266조제3항 내지 제5항 및 제267조제1항의 규정을 준용한다" 규정하고 있으며, 민사소송법 제266조 제3항 내지 제5항은 "③ 소의 취하는 서면으로 하여야 한다. 다만, 변론 또는 변론준비기일에서 말로 할 수 있다. ④ 소장을 송달한 뒤에는 취하의 서면을 상대방에게 송달하여야 한다 ⑤ 제3항 단서의 경우에 상대방이 변론 또는 변론준비기일에 출석하지 아니한 때에는 그 기일의 조서등본을 송달하여야 한다."고 규정하고 있으며, 민사소송법 제267조 제1항은 "취하된 부분에 대하여는 소가 처음부터 계속되지 아니한 것으로 본다"고 규정하고 있습니다. 그런데 항소기간 경과 전에 항소취하가 있는 경우, 항소기간 내에 다시 항소 제기가 가능한지 여부에 관하여 대법원은 "항소의 취하가 있으면 소송은 처음부터 항소심에 계속되지 아니한 것으로 보게 되나(민사소송법 제393조 제2항, 제267조 제1항), 항소취하는 소의 취하나 항소권의 포기와 달리 제1심 종국판결이 유효하게 존재하므로, 항소기간 경과 후에 항소취하가 있는 경우에는 항소기간 만료 시에 소급하여 제1심판결이 확정되나, 항소기간 경과 전에 항소취하가 있는 경우에는 그 판결은 확정되지 아니하고 항소기간 내라면 그 항소인은 다시 항소의 제기가 가능하다"라고 하였습니다(대법원 2016.1.14. 선고 2015므3455 판결). 따라서 이 사안의 경우 乙의 항소는 적법한 것으로 보입니다.

[서식 예] 소취하서(피고의 동의를 받지 않은 일방적 소취하)

소 취 하 서

사건번호   20○○가단○○○ 손해배상(기)
원   고   ○○○
피   고   ◇◇◇

위 사건에 관하여 원고는 사정에 의하여 소 전부를 취하합니다.

20○○. ○. ○.
위 원고 ○○○(서명 또는 날인)

○○지방법원 제○○민사단독   귀중

[서식 예] 소취하서(피고의 동의를 받은 경우)

<h2 style="text-align:center">소 취 하 서</h2>

사   건   20○○가단○○○ 손해배상(자)

원   고   ○○○

피   고   ◇◇화재해상보험(주) 외 1

    위 사건에 관하여 당사자간에 원만히 합의되었으므로 원고는 소전부를 취하합니다.

20○○. ○. ○.

위 원고 ○○○(서명 또는 날인)

위 취하에 동의함

위 피고   1. ◇◇화재해상보험(주)

대표이사   ◈◈◈   (서명 또는 날인)

         2. ◆◆◆   (서명 또는 날인)

○○지방법원 제○민사단독   귀중

[서식 예] 소취하에 대한 이의신청서

소 취하에 대한 이의신청서

사 건   20○○가합○○○ 손해배상(기)
원 고   ○○○
피 고   ◇◇◇

　　위 사건에 관하여 원고는 이 사건 소를 전부 취하하였는바(피고는 20○○.
○.○.에 원고의 소 취하서를 송달 받았습니다.), 피고는 원고의 위와 같은 소
취하에 동의할 수 없으므로 이의를 신청합니다.

20○○. ○. ○.
위 피고 ◇◇◇(서명 또는 날인)

○○지방법원 제○○민사부 귀중

[서식 예] 소취하 증명원

```
                    소 취 하 증 명 원

사      건    20○○가단○○○ 배당이의
원      고    ○○○
피      고    ◇◇◇


   위 사건에 관하여 위 원고가 20○○.○.○. 이 사건 소를 전부 취하하였음
을 증명하여 주시기 바랍니다.


                  20○○. ○. ○.
                위 원고 ○○○(서명 또는 날인)


○○지방법원 제○○민사단독   귀중
```

2. 판결의 선고 및 효력

2-1. 판결의 선고

판결은 재판장이 판결원본에 따라 주문을 읽어 선고하며, 필요한 경우에는 이유를 간략히 설명할 수 있습니다.

2-2. 선고기일

① 판결은 변론이 종결된 날부터 2주 이내에 선고해야 합니다.

② 복잡한 사건이나 그 밖의 특별한 사정이 있는 경우에도 변론이 종결된 날부터 4주를 넘겨서는 안 됩니다.

③ 판결은 당사자가 출석하지 않아도 선고할 수 있습니다.

2-3. 판결의 효력

판결은 선고로 효력이 생깁니다.

2-4. 판결문의 송달

법원서기관·법원사무관·법원주사 또는 법원주사보는 판결서를 받은 날부터 2주 이내에 당사자에게 판결서 정본을 송달해야 합니다.

2-5. 판결의 경정

① 판결에 잘못된 계산이나 기재, 그 밖에 이와 비슷한 잘못이 있음이 분명한 경우 법원은 직권으로 또는 당사자의 신청에 따라 경정결정(更正決定)을 할 수 있습니다.

② 경정결정은 판결의 원본과 정본에 덧붙여 적습니다. 다만, 정본에 덧붙여 적을 수 없을 경우에는 결정의 정본을 작성해 당사자에게 송달합니다.

③ 법원사무관 등은 전자문서로 작성한 조서(화해·조정 조서, 청구의 포기·인낙 조서 제외)에 잘못이 있는 경우 전자소송시스템을 이용해 다

음의 예에 따라 바로잡을 수 있습니다.

㉮ 전산등재 과정에서의 잘못 등으로 효력이 없음이 분명한 경우 : 폐기

㉯ 잘못된 계산이나 기재 등이 있음이 분명한 경우 : 정정

④ 법원은 폐기 또는 정정에 대해 당사자의 이의가 있는 경우 폐기 또는 정정 전의 조서 또는 재판서를 확인할 수 있도록 해야 합니다.

■ 등기부등본 상의 상대방의 주소와 판결문 상의 상대방의 주소가 다르게 기재된 경우 판결경정신청을 해야 하나요?

Q. 근저당권말소를 청구하는 소송을 제기해 승소를 했습니다. 그런데 판결문을 받고 보니 등기부등본 상의 상대방의 주소와 판결문 상의 상대방의 주소가 다르게 기재되어 있습니다. 이럴 경우 판결경정신청을 해야 하나요?

A. 아닙니다. 판례는 이와 같은 경우는 판결경정사유에 해당하지 않는다고 판시하고 있습니다(대법원 1994.8.16. 자 94그17 결정). 이는 등기소에 판결서를 가지고 근저당권말소를 청구하면 판결서 및 등기부등본에 기재되어 있는 당사자의 주민등록번호를 보고 동일인임이 증명되어 주소가 다르더라도 등기를 해주기 때문으로 보입니다. 그렇지 않다 하더라도 등기 당사자가 동일인임을 증명할 수 있는 자료를 제출하면 등기가 가능합니다. 그러므로 판결경정신청을 할 필요는 없습니다.

■ 당사자의 청구에 잘못이 있는 경우도 판결경정이 가능한 오류인지요?

Q. 甲은 乙을 상대로 공유지분권이전등기절차이행청구의 소송을 제기하였습니다. 그런데 乙은 甲의 청구에 대하여 다투지 않고 인낙하여 소장기재대로 인낙조서가 작성되었습니다. 그러나 甲이 제출한 소장의 기재가 등기부상에 기재된 乙명의의 공유지분보다 많은 공유지분의 이전을 청구하였으므로 인낙조서도 甲의 청구대로 작성되었는바, 이 경우 甲이 인낙조서의 경정을 신청하여 경정할 수 있는지요?

A. 판결의 경정에 관하여 「민사소송법」제211조는 "①판결에 잘못된 계산이나 기재, 그 밖에 이와 비슷한 잘못이 있음이 분명한 때에 법원은 직권으로 또는 당사자의 신청에 따라 경정결정(更正決定)을 할 수 있다. ②경정결정은 판결의 원본과 정본에 덧붙여 적어야 한다. 다만, 정본에 덧붙여 적을 수 없을 때에는 결정의 정본을 작성하여 당사자에게 송달하여야 한다. ③경정결정에 대하여는 즉시항고를 할 수 있다. 다만, 판결에 대하여 적법한 항소가 있는 때에는 그러하지 아니하다."라고 규정하고 있습니다. 그리고 이 규정은 확정판결과 동일한 효력이 있는 화해, 조정, 청구포기·인낙 등의 조서에도 준용되는 것으로 해석됩니다. 그런데 위와 같은 판결경정제도의 취지에 관하여 판례는 "판결의 위산(違算), 오기(誤記), 기타 이에 유사한 오류(誤謬)가 있는 것이 명백한 때 행하는 판결의 경정은, 일단 선고된 판결에 대하여 그 내용을 실질적으로 변경하지 않는 범위 내에서 그 표현상의 기재 잘못이나 계산의 착오 또는 이와 유사한 오류를 법원 스스로가 결정으로써 정정 또는 보충하여 강제집행이나 호적의 정정 또는 등기의 기재 등 이른바 광의의 집행에 지장이 없도록 하자는 데에 그 취지가 있다."라고 하였습니다. 그리고 판결경정이 가능한 오류에는 당사자의 청구에 잘못이 있어 생긴 경우도 포함되는지에 관하여 위 판례는 "판결경정이 가능한 오류에는 그것이 법원의 과실로 인하여 생긴 경우뿐만 아니라 당사자의 청구에 잘못이 있어 생긴 경우도 포함된다고 할 것이며, 경정결정을 함에 있어서는 그 소송 전과정에 나타난 자료는 물론 경정대상인 판결선고 후에 제출된 자료도 다

른 당사자에게 아무런 불이익이 없는 경우나 이를 다툴 수 있는 기회가 있었던 경우에는 소송경제상 이를 참작하여 그 오류가 명백한지 여부를 판단할 수 있다."라고 하면서, 취득시효완성을 원인으로 한 소유권이전등기를 명하는 판결의 주문 및 그에 첨부된 감정도면상의 면적이 실제로는 13㎡임에도 감정상의 착오로 16㎡로 잘못 표시되었음이 강제집행실시과정에서 밝혀진 경우, 판결경정을 허용하여야 한다고 한 사례(대법원 2000.5.24.자 99그82 결정)가 있으며, 감정인의 계산착오로 감정서 도면상의 경계에 따른 甲부분 면적이 1,445㎡, 乙부분 면적인 5,993㎡임에도 甲부분을 1,287㎡로, 乙부분을 6,151㎡로 표시한 화해조서에 대한 준재심사건에서 감정인이 그 잘못을 시인하는 증언을 한 경우, 위 화해조서의 경정을 허용하여야 한다고 한 사례가 있습니다(대법원 2000.5.24.자 98마1839 결정). 토지에 대한 공유물분할청구소송에 의한 확정판결에 기하여 관할관청에 토지의 분할신청을 하였으나 확정판결에 첨부된 도면이 대한지적공사에서 측량한 측량성과도가 아니라는 이유로 수리가 거부되자, 대한지적공사 지사에 확정판결에 첨부된 도면과 동일한 내용으로 지적현황측량을 의뢰하며 그 측량성과도로 새로운 도면을 작성한 후 확정판결에 첨부된 도면을 교체하여 달라는 취지의 판결경정신청을 한 사안에서, 확정판결에 첨부할 도면을 교체함으로써 판결의 집행을 가능하게 하는 취지의 판결경정 신청은 민사소송법 제211조의 판결에 위산, 오기 기타 이에 유사한 오류가 있음에 명백한 경우에 해당하므로 판결의 경정을 허가함이 상당하다고한 사례도 있습니다.(대법원 2006.2.14.자 2004마918 결정)

또한, 착오로 등기부상 남아 있는 지분보다 과다한 지분에 관하여 이전등기를 청구한 데 대하여 피고가 청구를 인낙하여 소장기재대로 인낙조서가 작성된 경우 경정의 대상이 되는 오류에 해당한다고 한 사례(대법원 1994.5.23.자 94그10 결정)가 있습니다. 따라서 위 사안에서도 甲은 등기부상의 기재에 의하여 소장기재 공유지분의 잘못이 명백하다고 할 수 있을 것이므로, 인낙조서의 경정신청을 통하여 경정할 수 있을 것으로 보입니다.

■ 판결경정의 경우 소송비용은 누가 부담하게 되는 것인지요?

Q. 저는 얼마 전 사업주 甲을 상대로 임금 청구의 소를 제기하였고, 이후 승소 확정 판결을 받았습니다. 그런데 판결문을 받아본 결과, 피고의 이름이 소장에 기재한 것과 다르게 기재되어서 판결경정신청을 준비 중인데, 이 경우 소송비용은 제가 부담하게 되는 것인지요?

A. 판결경정 신청사건의 소송비용 처리에 관한 예규(재일 2013-1) 제2조는 '판결경정 신청서에는 민사소송 등 인지법의 규정에 의한 인지를 첨부하지 아니한다', 제4조는 '법원사무관등은 법원의 귀책사유로 인하여 판결경정에 이르게 된 사건과 직권에 의한 경정 사건의 경우에는 송달료를 국고로 처리한다.' 제5조는 '신청인은 송달료를 본인이 부담하는 것이 부당하다고 판단되는 경우에는 법원사무관등에게 본인이 부담한 송달료 상당액의 반환을 신청할 수 있다.'고 각 규정하고 있습니다. 따라서 판결경정신청의 경우 인지는 첨부하지 않아도 되며, 법원의 귀책사유로 판결문 기재에 오류가 있는 경우라면 송달료 역시 국고로 처리하거나 또는 본인이 송달료 상당액의 반환을 신청할 수 있다 할 것입니다.

2-6. 판결의 확정

① 종국판결은 판결서가 송달된 날부터 2주 이내에 항소를 하지 않으면 확정됩니다.

② 그 외에 다음과 같은 경우 확정됩니다.
  ㉮ 패소한 당사자가 항소에 이어 상고까지 한 경우 대법원에서 판결을 선고한 때
  ㉯ 항소나 상고 후 취하한 때
  ㉰ 항소권이나 상고권을 포기한 때

2-7. 확정 판결서의 열람·복사

① 해당 소송관계인이 동의하지 않는 경우 당사자나 이해관계를 소명한 제3자를 제외한 자에게 소송기록을 열람할 수 없도록 한 민사소송법 제162조에도 불구하고, 누구든지 판결이 확정된 사건의 판결서(소액사건심판법이 적용되는 사건의 판결서와 상고심절차에 관한 특례법 제4조 및 이 법 제429조 본문에 따른 판결서는 제외)를 인터넷, 그 밖의 전산정보처리시스템을 통한 전자적 방법 등으로 열람 및 복사할 수 있습니다.

② 다만, 변론의 공개를 금지한 사건의 판결서로서 대법원규칙으로 정하는 경우에는 열람 및 복사를 전부 또는 일부 제한할 수 있습니다.

③ 법원사무관등이나 그 밖의 법원공무원은 열람 및 복사에 앞서 판결서에 기재된 성명 등 개인정보가 공개되지 아니하도록 보호조치를 해야 합니다.

■ 확정판결에 기한 강제집행이 불법행위가 되기 위한 요건은 무엇입니까?

Q. 저는 甲이 청구한 공사대금 2,000만원의 청구소송에서 증인의 위증으로 패소하여 그 증인을 위증죄로 고소하였습니다. 그런데 甲이 위 위증사건이 종료되기 전에 이미 승소한 확정판결을 근거로 제 부동산에 강제경매를 신청하였고 제3자에게 매각되었습니다. 형사사건에서 증인의 위증이 판명되면 재심청구를 하지 않고 위 부동산의 강제집행에 대한 손해배상을 청구할 수 있는지요?

A. 관련 판례는 "판결이 확정되면 기판력에 의하여 대상이 된 청구권의 존재가 확정되고 그 내용에 따라 집행력이 발생하는 것이므로 그에 따른 집행이 불법행위를 구성하기 위해서는 소송당사자가 상대방의 권리를 해할 의사로 상대방의 소송관여를 방해하거나 허위의 주장으로 법원을 기망하는 등 부정한 방법으로 실체의 권리관계와 다른 내용의 확정판결을 취득하여 집행을 하는 것과 같은 특별한 사정이 있어야 하고, 그와 같은 사정 없이 확정판결의 내용이 단순히 실체적 권리관계에 배치되어 부당하고 또한 확정판결에 기한 집행채권자가 이를 알고 있었다는 것만으로는 그 집행행위가 불법행위를 구성한다고 할 수 없고, 편취된 판결에 기한 강제집행이 불법행위로 되는 경우가 있다고 하더라도 당사자의 법적 안정성을 위해 확정판결에 기판력을 인정한 취지나 확정판결의 효력을 배제하기 위해서는 그 확정판결에 재심사유가 존재하는 경우에 재심의 소에 의하여 그 취소를 구하는 것이 원칙적인 방법인 점에 비추어 볼 때 불법행위의 성립을 쉽게 인정하여서는 아니 되고, 확정판결에 기한 강제집행이 불법행위로 되는 것은 당사자의 절차적 기본권이 근본적으로 침해된 상태에서 판결이 선고되었거나, 확정판결에 재심사유가 존재하는 등 확정판결의 효력을 존중하는 것이 정의에 반함이 명백하여 이를 묵과할 수 없는 경우로 한정하여야 한다."라고 하였습니다(대법원 1995.12.26. 선고 95다21808 판결, 2001.11.13. 선고 99다32899 판결). 그러므로 재판절차에서 증인의 위증으로 인하여 패소하였다고 하더라도 이와 같이 절차적 기본권

이 보장된 경우에는 곧바로 손해의 배상을 청구할 수 없고 재심을 통하여 승소한 후에만 손해의 배상을 청구할 수 있는 반면에, 절차적 기본권이 보장되지 아니한 경우, 예를 들어 당사자 일방이 타방의 주소를 알고 있음에도 공시송달의 방법으로 판결을 편취한 경우에는 재심 없이 곧바로 손해의 배상을 청구할 수 있습니다. 따라서 귀하의 경우에도 단순히 증인의 위증이 형사사건에서 밝혀진 것만으로 손해배상을 청구하기는 어려울 듯하고, 재심청구를 하여 승소한 후 손해배상청구를 하여야 할 것입니다.

[서식 예] 판결문등본 교부신청서

판 결 문 등 본 교 부 신 청

사   건   20○○가단○○   대여금

원   고   ○○○

피   고   ◇◇◇

　위 사건에 관하여 판결문등본 1부를 교부하여 주실 것을 신청합니다.

20○○. ○. ○.

위   원고 ○○○(서명 또는 날인)

○○지방법원   귀중

민사소송을 하기 위해
미리 검토해야 할 점

제3장 민사소송을 하기 위해 미리 검토해야 할 점

제1절 소송제기의 가능 여부 판단 및 증거자료의 준비

1. 소 제기의 가능 여부 판단

소송을 제기하기 위해서는 ① 구체적인 권리 또는 법률관계에 관한 쟁송일 것, ② 사법심사의 대상일 것, ③ 부제소(不提訴) 합의가 없을 것, ④ 다른 구제절차가 없을 것, ⑤ 중복소송의 금지, ⑥ 재소(再訴)금지의 요건을 갖추어야 합니다.

1-1 구체적인 권리 또는 법률관계에 관한 쟁송일 것

① 민사소송은 청구취지가 특정되어야 하고, 구체적인 권리 또는 법률관계에 관한 쟁송이어야 합니다.

② 예를 들어 단순히 종중의 대동보나 세보에 기재된 사항의 변경이나 삭제를 구하는 청구와 같이 구체적인 권리관계 또는 법률관계에 대한 쟁송이 아닐 경우에는 소송이 성립되지 않습니다.

1-2. 사법심사의 대상일 것

① 법원에서 심사할 수 없는 종교 교리의 해석문제나 통치행위 같은 부분은 소송의 대상이 되지 않습니다.

② 예를 들어 교회의 내부 문제로 인해 발생한 목사, 장로의 자격에 관한 시비는 구체적인 권리 또는 법률관계와 무관하므로 원칙적으로 사법심사의 대상이 아닙니다.

1-3. 부제소(不提訴) 합의가 없을 것

① 부제소 합의(소송제기를 금지하는 합의)는 다음과 같은 요건을 충족하는 경우에 한해 인정됩니다.

㉮ 합의 당사자가 처분할 수 있는 권리 범위 내의 것일 것

㉯ 그 합의 시에 예상할 수 있는 상황에 관한 것일 것

② 예를 들어, 퇴직을 전제로 퇴직금 또는 퇴직위로금 등을 수령하면서 향후 퇴직 또는 퇴직금과 관해 회사에 어떠한 소송청구나 이의도 하지 않겠다는 내용의 합의를 하는 것은 부제소 합의가 허용되는 경우입니다.

■ 부제소합의에 관하여 진술하지 않는다면 법원은 어떤 재판을 하나요?

Q. 甲과 乙은 동업계약을 체결하면서, 동업계약과 관련한 분쟁이 생기더라도 소제기를 하지 않도록 합의(이하 '부제소합의'라고 합니다)하였습니다. 그러나 甲과 乙 사이에 위 계약에 관한 분쟁이 생기자 甲은 乙을 상대로 소를 제기하였는데, 위 소송에서 乙이 부제소합의에 관하여 진술하지 않는다면 법원은 어떤 재판을 하나요?

A. 특정한 권리나 법률관계에 관하여 분쟁이 있어도 제소하지 아니하기로 합의(이하 '부제소 합의'라고 합니다)한 경우 이에 위배되어 제기된 소는 권리보호의 이익이 없고, 또한 당사자와 소송관계인은 신의에 따라 성실하게 소송을 수행하여야 한다는 신의성실의 원칙(민사소송법 제1조 제2항)에도 어긋나는 것이므로, 소가 부제소 합의에 위배되어 제기된 경우 법원은 직권으로 소의 적법 여부를 판단할 수 있습니다. 단, 당사자들이 부제소 합의의 효력이나 그 범위에 관하여 쟁점으로 삼아 소의 적법 여부를 다투지 아니하는데도 법원이 직권으로 부제소 합의에 위배되었다는 이유로 소가 부적법하다고 판단하기 위해서는 그와 같은 법률적 관점에 대하여 당사자에게 의견을 진술할 기회를 주어야 하고, 부제소 합의를 하게 된 동기 및 경위, 그 합의에 의하여 달성하려는 목적, 당사자의 진정한 의사 등에 관하여도 충분히 심리할 필요가 있습니다. 이에 위반한 판결에는 심리미진의 위법이 있습니다(대법원 2013.11.28. 선고 2011다80449 판결).

■ 법적 분쟁을 하지 않기로 한 합의를 들어 항변할 수 있을까요?

Q. 甲과 乙은 부동산 매매계약의 대금에 관하여 다투다가 8,000만 원으로 하기로 하고, 동시에 '이 문제에 관하여 일절 법적 분쟁을 하지 않기'로 합의하였습니다. 그 후 甲은 乙에 대하여 8,000만 원을 받는 즉시 소유권이전등기를 경료하여 주었습니다. 그러다 甲은 乙을 상대로 위 소유권이전등기가 무효라고 주장하며 말소등기를 구하는 소를 제기한 경우 乙은 법적 분쟁을 하지 않기로 한 합의를 들어 항변할 수 있을까요?

A. 법적 분쟁을 하지 않기로 한 합의는 부제소특약으로 볼 수 있고, 이는 사법상의 부담으로 유효합니다. 그렇다면 甲과 乙간의 유효한 부제소특약을 乙이 주장하여 항변하면 법원은 부제소특약을 계약상 제소금지사유이고 따라서 이에 위반한 甲의 청구는 권리보호자격이 없어 소 각하 판결을 받게 될 것으로 보입니다.

■ 부제소특약에 관한 합의서를 작성한 후 돌연 마음을 바꿔 손해배상청구
소송을 제기하였을 경우 대처할 수 있는 방법이 있나요?

Q. 甲과 乙은 쌍방폭행사건으로 수사를 받으며 각자가 손해를 부담하며
서로 상대방에게 책임을 묻지 않겠다는 취지의 부제소특약에 관한 합
의서를 작성하였습니다. 이후 甲은 돌연 마음을 바꿔 乙을 상대로 손
해배상청구소송을 제기하였는데 이 경우 乙이 대처할 수 있는 방법이
있나요?

A. 부제소특약은 소송상의 합의로서 서로가 어떠한 사항에 관하여 소송을 제기
하지 않겠다고 합의를 한 것입니다. 판례는 이러한 소송상의 합의를 항변권
발생설의 입장에서 파악하고 있는 것으로 보이며, 이에 따르면 乙은 위 부
제소특약이 있었음을 소송절차에서 항변할 수 있고, 위 합의가 인정되는 경
우 법원은 甲이 제기한 소송의 권리보호이익이 없다고 판단하여 각하판결을
내리게 됩니다(대법원 1993.5.14. 선고 92다21760판결 등).

■ 선정당사자와 변호사 사이에 선정자들의 위임없는 부제소합의는 어떤 효력이 있나요?

Q. 저희는 아파트관리금과 관련하여 소송을 진행하는 입주자들입니다. 적법한 절차를 거쳐서 선정당사자인 乙을 선임하였고, 선정당사자가 소송대리인을 선임하여 소송을 진행 중입니다. 그런데 최근에 이상한 사실을 하나 발견했습니다. 乙이 변호사와 위임계약을 맺었다는 자료를 보여줬는데, 변호사 보수와 관련해서 차후 소송을 하지 않겠다는 부제소합의를 한 것이었습니다. 변호사가 성실히 임해서 원하는 결과를 만들면 모르겠지만, 그렇지 않은 경우에도 변호사 보수를 과다하게 청구할 경우에도 다투지 못한다면 정말 부당할 것으로 보입니다. 만약 정말 보수에 대해 다투어야 할 상황이 발생한다면, 위 부제소합의를 이유로 다툴 수 없는지 궁금합니다.

A. 선정당사자로 선임될 경우의 그 수권의 범위에 관하여 우리 대법원은 "선정당사자는 선정자들로부터 소송수행을 위한 포괄적인 수권을 받은 것으로서 일체의 소송행위는 물론 소송수행에 필요한 사법상의 행위도 할 수 있는 것이고 개개의 소송행위를 함에 있어서 선정자의 개별적인 동의가 필요한 것은 아니라 할 것"이라고 판시(대법원 2003.5.30. 선고 2001다10748 판결)하여 그 소송당사자에 가까운 권리를 인정하고 있습니다. 따라서 선정자들을 위한 공격이나 방어를 위하여 필요한 범위에서 특정한 법률관계에 실체법적 효과를 발생시키는 행위나 변제의 수령 등을 할 수 있다고 할 것입니다.다만 변호사인 소송대리인과 선정당사자사이에 체결하는 보수약정이 소송위임에 필수적으로 수반되어야 하는 내용인지에 대해서는 의문이 있습니다. 보수에 관련된 약정이 소송수행을 위한 포괄적 수권이라거나 소송수행에 필요한 사법상의 행위라 보기 어렵다면 위와같은 부제소합의는 선정자들에게 효력이 없을 것입니다. 이와 유사하게, 보수에 관하여 다툼이 있어 소송까지 간 상황에서 선정당사자와 변호사가 소취하 합의를 한 사안이 있습니다. 이 경우 우리 대법원은 "변호사인 소송대리인과 사이

에 체결하는 보수약정은 소송위임에 필수적으로 수반되어야 하는 것은 아니므로 선정당사자가 그 자격에 기한 독자적인 권한으로 행할 수 있는 소송수행에 필요한 사법상의 행위라고 할 수 없다. 따라서 선정당사자가 선정자로부터 별도의 수권 없이 변호사 보수에 관한 약정을 하였다면 선정자들이 이를 추인하는 등의 특별한 사정이 없는 한 선정자에 대하여 효력이 없다고 할 것이며, 뿐더러 그와 같은 보수약정을 하면서 향후 변호사 보수와 관련하여 다투지 않기로 부제소합의를 하거나 약정된 보수액이 과도함을 이유로 선정자들이 제기한 별도의 소송에서 소취하합의를 하더라도 이와 관련하여 선정자들로부터 별도로 위임받은 바가 없다면 선정자에 대하여 역시 그 효력을 주장할 수 없다."고 판시(대법원 2010.5.13. 선고 2009다105246 판결)하기도 하였습니다. 이러한 대법원의 입장에 비추어 본다면, 선정자들께서 선정당사자에게 보수의 다툼과 관련하여 별도로 그 권한을 위임하지 않았다면, 사안과 같은 부제소합의는 선정자들에 대하여는 그 효력을 주장할 수 없을 것입니다.

1-4. 다른 구제절차가 없을 것

① 소송이 아닌 더 간편한 절차를 이용해 권리를 구제받을 수 있다면 소송은 성립하지 않습니다.

② 예를 들어, 피해자가 법원의 감정명령에 따라 신체감정을 받으면서 지출한 검사비용은 소송비용으로 소송비용확정 절차를 거쳐 상환받을 수 있으므로, 이를 이유로 소송을 제기할 수는 없습니다.

1-5. 중복소송의 금지

① 법원에 계속되어 있는 사건에 대해 당사자는 다시 소송을 제기하지 못합니다.

② 예를 들어, 재판부에 대한 불만으로 또는 더 나은 결과를 위해 다른 법원에 소송을 제기하지 못합니다.

1-6. 재소(再訴)금지

① 본안에 대한 종국판결이 있은 뒤에 소송을 취하한 사람은 같은 소송을 제기하지 못합니다.

② 재소금지원칙은 소송물, 권리보호의 이익이 동일한 경우에만 인정됩니다.

③ 예를 들어 A(토지 소유주)가 B(무단 점유자)에게 소유권 침해를 중지할 것을 요구하는 소송을 제기했다가 합의가 이루어져 취하한 후 토지를 C에게 매각했으나 여전히 B가 무단 점유를 하고 있어 C가 다시 B를 상대로 소송제기를 한 것은 별개의 권리보호 이익이 있어 재소금지원칙이 적용되지 않습니다.

■ 판결내용의 불특정으로 집행할 수 없는 경우 재소의 이익이 있는지요?

Q. 甲은 乙을 상대로 제기한 건물철거 및 토지인도청구소송에서 승소하였으나, 그 판결은 건물의 현황과 달리 작성된 감정서에 기재된 위치 및 면적에 따른 것으로서 甲의 청구대로 인용된 것이기는 하지만, 그 판결에 기한 강제집행은 불가능합니다. 그러므로 甲은 새로운 소송을 제기하여 다시 감정을 통해 건물의 면적과 위치를 올바로 특정한 판결을 받으려고 합니다. 이러한 경우 이 소송에 종전소송의 기판력이 미치지는 않는지요?

A. 「민사소송법」제216조 제1항은 "확정판결(確定判決)은 주문에 포함된 것에 한하여 기판력(旣判力)을 가진다."라고 규정하고 있습니다. 여기의 기판력이란 동일한 사항이 동일한 당사자 사이에 다시 문제된 경우, 당사자는 확정판결과 저촉되는 주장을 할 수 없고 법원도 이에 저촉되는 판단을 할 수 없는 소송법상의 효력을 말합니다. 따라서 이미 확정판결이 있음에도 당사자가 다시 소를 제기하면 원칙적으로 법원은 이를 배척해야 합니다. 이에 판결내용이 특정되지 아니하여 집행을 할 수 없는 경우 다시 소송을 제기할 수 있는 이익이 있는지 문제됩니다. 판례는 "소송물이 동일한 경우라도 판결내용이 특정되지 아니하여 집행을 할 수 없는 경우에는 다시 소송을 제기할 권리보호의 이익이 있으므로, 새로운 측량에 기하여 전 소송에서와 달리 건물의 위치와 면적을 새로이 특정하여 제기한 이 사건 소송에 종전 소송의 기판력이 미치지 아니한다고 판단한 것은 정당"하다고 하였으며, 다만 "현황과 일치하지 않은 감정결과에 터 잡아 판결이 선고된 경우에는 민사소송법 제422조(현행 민사소송법 제451조) 제1항 제7호의 재심사유(증인, 감정인, 통역인 또는 선서한 당사자나 법정대리인의 허위진술이 판결의 증거로 된 때)에 해당한다고 할 수 없어 이러한 경우 재심을 통해 구제받을 수는 없다."고 하였습니다(대법원 1998.5.15. 선고 97다57658 판결). 또한, 화해조서의 기재내용이 특정되지 않아 강제집행이 불가능한 경우에 관하여도 판례는

"재판상의 화해를 조서에 기재한 때에는 그 조서는 확정판결과 동일한 효력이 있고 당사자 사이에 기판력이 생겨 재심의 소에 의한 취소 또는 변경이 없는 한 당사자는 그 취지에 반하는 주장을 할 수 없음이 원칙이나, 화해조서에 기재된 내용이 특정되지 아니하여 강제집행을 할 수 없는 경우에는 동일한 청구를 제기할 소의 이익이 있다."라고 하였습니다(대법원 1995.5.12. 선고 94다25216 판결).따라서 위 사안에서 甲은 새로운 측량에 기하여 위 소송에서와 달리 건물의 면적과 위치를 새로이 특정하여 다시 소송을 제기할 수 있을 것으로 보입니다.

2. 증거자료의 준비

2-1. 증거의 개념

법원은 법률의 적용에 앞서 당사자가 주장한 사실을 조사하고 그 사실의 진위를 판단해야 하는데, 이 사실의 진위를 판단하기 위한 자료를 증거라 합니다.

2-2. 증거의 확보

① 법원은 증거조사의 결과를 참작해 원고와 피고가 주장하는 사실이 진실인지의 여부를 판단하므로, 증거를 확보하는 것은 중요합니다.

② 증거자료가 될 수 있는 것은 다음과 같은 것이 있습니다.

 ㉮ 증인 : 법원 또는 법관에게 자기가 과거에 실험(견문)한 사실을 진술하는 제3자

 ㉯ 감정 : 법관의 지식·경험을 보충하기 위해 학식·경험있는 제3자의 의견을 청취함을 목적으로 하는 증거조사

 ㉰ 서증 : 서면에 기재된 내용이 증거로 되는 것

 ㉱ 검증 : 법관이 다툼있는 사실의 판단 기초로 하기 위해 그 사실에 관계되는 물체를 자기의 감각으로 스스로 실험하는 증거조사

 ㉲ 당사자신문 : 당사자 본인이나 그를 대신해 소송을 수행하는 법정대리인을 증거방법의 하나로 하여 그가 경험한 사실에 대해 신문하는 증거조사

 ㉳ 도면·사진·녹음테이프·비디오테이프·컴퓨터용 자기디스크, 그 밖에 정보를 담기 위해 만들어진 물건으로서 문서가 아닌 증거

2-3. 증거화 하기

① 내용증명 보내기

‘내용증명’이란 등기취급을 전제로 우체국창구 또는 정보통신망을 통해 발송인이 수취인에게 어떤 내용의 문서를 언제 발송하였다는 사실을

우체국이 증명하는 특수취급제도를 말합니다.

② 내용증명제도는 기재된 내용의 진실을 추정해주지는 않지만 내용의 발송사실, 발송일자 및 전달사실까지 증명될 수 있습니다. 따라서 계약의 해지를 통보했다거나 변제의 독촉을 했다거나 하는 등의 주장을 증명할 수 있는 방법으로 사용됩니다.

■ 내용증명서를 작성하려면 어떤 사항에 유의해야 합니까?

Q. 우체국에서 보낼 내용증명서를 작성 할때 꼭 수기로 작성을 해야 되
   는지요? 또 내용증명서 와 봉투에 작성된 발신인 주소가 달라도 괜찮
   은지요? 내용증명 발송시에 각대봉투를 사용해서 보내야 하는지 일반
   봉투도 괜찮은지 궁금합니다.

A. 먼저, 내용증명서비스는 개인 상호간에 있어서 채권채무 이행 등 권리의무
   의 득실변경에 관하여 발송되는 우편물로 문서내용을 후일의 증거로 남길
   필요가 있을 경우와 채무의 이행 등을 최고하기 위하여 주로 이행되는 서
   비스입니다.관련하여, 내용증명 발송 시 내용문에 특별한 서식이 정해져 있는 것
   은 아니기 때문에 내용문을 수기로 기재하지 않으셔도 됩니다. 다만, 내용문 상단
   혹은 하단에 발송인 및 수취인의 주소와 성명을 반드시 기재해 주셔야 하며, 동 내
   용이 봉투에 기재한 내용과 일치해야만 접수 가능하오니 이용 시 참고 바랍니다.
   아울러, 내용증명 발송 시 우편봉투는 일반봉투, 서류봉투 모두 이용 가능합니다.

2-4. 증거에 대한 서류 작성례

[서식 예]증거보전신청서

증 거 보 전 신 청

신 청 인 ○○○
　　○○시 ○○구 ○○길 ○○(우편번호 ○○○-○○○)
전화·휴대폰번호:
팩스번호, 전자우편(e-mail)주소:
상 대 방　1) 대한민국
　　　　　　위 법률상 대표자 법무부장관 ◇◇◇
　　　　　2) ◈◈시
　　　　　　위 대표자 시장 ◈◈◈

　신청인을 원고로 상대방들을 피고로 하여 귀원에 양식어업면허연장불허에 따른 손실보상금청구의 소를 제기하고자 준비중에 있으나 본안 심리가 진행되기 전에 어업시설물을 철거하게 되면 증거를 보전할 수가 없어서 위 사건의 증거를 보전하기 위하여 다음과 같이 검증·감정을 신청합니다.

다　　음

1. 증명할 사실
　신청인이 ○○시 ○○구 ○○동 ○○ 내 500㎡의 어장에 양식하고 있는 현장을 검증하고 양식물의 종류와 어업수익금과 어업시설물 잔존가를 감정하여 명확히 입증함에 있음.

2. 증거의 표시
　피면허자　○○○(○○시 ○○구 ○○길 ○○)
　허가구역　○○시 ○○구 ○○동 ○○
　면　　적　500㎡

3. 증거보전의 사유
　양식어업면허연장불허에 따른 손실보상금청구의 소에 있어서 어업수익금의 산출과 시설물 잔존가를 산출하여 입증하는 것이 필수적일 것인바, 어장을 철거하기 전에 이 사건 현장을 검증하고 어업수익금과 시설물의 잔존가를 감정하지 아니하면 위 증거를 입증하기가 곤란함.

소 명 자 료

1. 소갑 제1호증   어업면허장등본
1. 소갑 제2호증   내수면양식어업면허기간만료통보서등본
1. 소갑 제3호증   내수면양식어업면허기간만료재통보서등본
1. 소갑 제4호증   민원서류보완요구서등본
1. 소갑 제5호증   민원서류반려서등본
1. 소갑 제6호증   민원서류보완요구(2차)등본
1. 소갑 제7호증   어업면허만료에 따른 청문실시서등본

첨 부 서 류

1. 위 소명자료   각 1통
1. 송달료납부서   1통

20○○. ○. ○.
위 신청인 ○○○(서명 또는 날인)

○○지방법원 귀중

[서식 예]증인신청서(법원 비치서식)

증 인 신 청 서

1. 사건 : 20○○가단○○○ 대여금

2. 증인의 표시

성 명	◉◉◉		직 업		농 업
주민등록번호	○○○○○○-○○○○○○				
주 소	○○시 ○○구 ○○로 ○○-○○				
전 화 번 호	자택	① ②	사무실	③ ④	휴대폰
원·피고와의 관 계	원고 및 피고와 이웃에 거주				

3. 증인이 이 사건에 관여하거나 그 내용을 알게 된 경위

　증인은 원고 및 피고와 이웃에 거주하고 있으며, 평소에 원고 및 피고의 집에 자주 드나들면서 가까이 지나는 사이였음. 그러던 중 20○○. ○.경 원고의 집에서 피고가 금 ○○○원을 차용할 때 함께 있었으며, 또한 20○○.○○.경 피고의 집에서 피고가 원고에게 위 차용금을 갚을 때도 함께 있었음.

4. 신문할 사항의 개요

　① 증인은 원고와 피고를 아는지

　② 증인은 20○○.○.경 피고가 원고의 집에서 원고로부터 금 ○○○원을 차용한 사실을 아는지

　③ 증인은 20○○.○○.경 피고가 피고의 집에서 원고에게 위 차용금을 갚은 사실을 아는지

5. 기타 참고사항

20○○.　○.　○.

위 피고 ◇◇◇(서명 또는 날인)

○○지방법원 제○○민사단독　귀중

[서식 예]검증신청서

검 증 신 청 서

사　건 20○○가단○○○○(본소), 20○○가단○○○○(반소)

원　고 (반소피고) ○○○

피　고 (반소원고) (주)◇◇◇

　위 사건에 관하여 원고(반소피고)는 주장사실을 입증하기 위하여 아래와 같이 검증신청을 합니다.

- 아　　래 -

1. 검증장소
　　○○시 ○○구 ○○길 ○○(피고회사 본사 사무실)

2. 검증의 목적물
　　- 피고가 원고에게 20○○.○.○. 우편으로 송부한 이 사건 웹사이트 및 관리프로그램의 검수용 컴팩트디스크(CD)
　　- 원고 보관중이며 검증기일에 현장에서 제출할 예정임

3. 검증에 의하여 명확하게 하려는 사항
　　원고가 이 사건 용역계약의 해제통보 후 피고가 우편으로 송부한 위 검증목적물도 이 사건 용역계약에 따른 완성품이 아니라는 사실

4. 첨부 : 검증장소약도

20○○. ○. ○.
위 원고(반소피고) ○○○(서명 또는 날인)

○○지방법원 제○○민사단독　귀중

문 서 제 출 명 령 신 청

사 건   20○○가합○○○ 손해배상(기) 등
원 고   ○○○
피 고   ◇◇◇

　　위 사건에 관하여 원고의 주장사실을 입증하기 위하여 아래의 문서에 대하여 제출명령을 하여 줄 것을 신청합니다.

1. 문서의 표시 및 소지자
　　피고가 소지하고 있는 원고와 피고간에 20○○.○.○. 체결한 물품매매계약서 1통

2. 문서의 취지
　　20○○.○.○. 원고가 피고로부터 방망이 등 물품을 금 500만원을 주고 매수하였을 때 피고는 방망이 등을 매매대금과 동시이행으로 제공하기로 하는 내용의 계약문서입니다.

3. 입증취지
　　이 사건 매매계약에 의하여 원고는 매수인으로서 매매대금을 지급하였으므로 매도인인 피고의 의무불이행으로 인하여 원고에게 손해가 발생하였음을 입증하고자 합니다.

20○○. ○. ○.
위 원고 ○○○(서명 또는 날인)

○○지방법원 ○○지원 제○민사부　귀중

제2절 법률구조제도

1. 개념

법률구조란 경제적으로 어렵거나 법을 몰라서 법의 보호를 충분히 받지 못하는 사람에게 변호사나 공익법무관에 의한 소송대리, 그 밖에 법률 사무에 관한 모든 지원을 하는 것을 말합니다.

2. 대상 사건

법률구조의 대상이 되는 사건은 민사사건, 가사사건, 행정사건, 헌법소원사건 또는 형사사건에 관한 소송·심판대리 또는 형사변호 등입니다.

3. 법률구조기관

① 법률구조를 효율적으로 추진하기 위해 대한법률구조공단이 설립되었습니다.

② 한국가정법률상담소는 법률구조업무를 하고자 자산, 법률구조업무 종사자 등에 관한 요건을 갖추어 법무부장관에게 등록을 한 법인입니다.

4. 신청절차

① 법률구조를 받기 원하는 사람은 가까운 대한법률구조공단 사무실 지부에 내방해 법률상담을 받을 수 있고, 상담 후 구조대상자, 승소가능성, 구조타당성 등을 검토하여 법률구조 사건으로 접수할 수 있습니다.

② 사건조차를 통해 소송을 진행하기로 구조 결정한 사건은 대한법률구조공단을 통해 소송 진행이 가능하며, 재판에서 승소한 경우 강제집행절차까지 진행할 수 있습니다.

■ 소송을 진행할 비용이나 변호사를 선임할 돈도 없는 상황입니다. 방법이 없을까요?

Q. 지금까지 가정주부로 남편만을 바라보며 살았는데, 남편이 바람을 피운 사실을 알게 되어 이혼을 요구했습니다. 남편은 위자료를 한 푼도 줄 수 없다고 하는데 아이들과 살려면 위자료와 재산분할이 반드시 필요합니다. 소송을 진행할 비용이나 변호사를 선임할 돈도 없는 상황입니다. 방법이 없을까요?

A. 법률구조란 경제적으로 어렵거나 법을 몰라서 법의 보호를 충분히 받지 못하는 사람에게 변호사나 공익법무관에 의한 소송대리, 그 밖에 법률 사무에 관한 모든 지원을 하는 것을 말합니다. 경제적으로 어려운 사람들에게 법률 사무에 관한 지원을 하고 있는 대한법률구조공단의 가까운 사무소를 찾아 상담을 해 보시기 바랍니다. 법률구조대상자에 해당하는 경우 변호사나 공익법무관이 소송을 진행해 줍니다. 가사사건인 경우에는 한국가정법률상담소에 방문해 도움을 요청하셔도 됩니다. 역시 법률구조대상자에 해당하는 경우 소송지원의 도움을 받을 수 있습니다.

■ 법을 모르는 사람 등을 위하여 무료로 구조 받을 수 있는 방법이 있다는데 어떻게 해야 하나요?

Q. 법을 모르는 사람 등을 위하여 무료로 구조 받을 수 있는 방법이 있다는데 어떻게 해야 하나요?

A. ◇ 법률구조제도

정부는 경제적으로 어렵거나 법을 모르기 때문에 법의 보호를 제대로 받지 못하는 사람들이 적법한 절차에 의하여 정당한 권리를 보호받을 수 있도록 하기 위한 취지로 대한법률구조공단을 설립하여 운영하고 있습니다.

◇ 무료법률구조대상

- 민, 가사사건(국가소송사건은 제외). 이 경우 승소가액이 2억원 이하인 경우에 한함.
- 형사사건
- 구속사건
- 재심사건
- 행정심판사건
- 행정소송사건
- 헌법소원사건등

◇ 무료법률구조 신청절차

① 전기한 국가유공자 신청, 행정심판, 정계처분, 취소소송 등의 각종 소송사안에 대해 개별적으로 변호사를 선임하여 소송을 진행할 경우 변호인 선임료가 수반되지만,

② 대한법률구조공단에서 운영 중인 공익법무관(공익변호사)제도를 이용할 경우 무료로 소송을 수행할 수 있고 또한 법률자문도 구할 수 있습니다.

③ 대한법률구조공단은 전국의 법원, 검찰청 소재지마다 지부와 출장소가 있으며 법률구조를 받을수 있는 방법으로는 콜센타(132)로 전화로 상담하거나 직접 방문하여 법률구조를 받을수 있습니다.

■ 서민들이 무료로 법률상담을 받을 수 있는 방법이 있는지? 있다면 어디서 어떻게 받을 수 있는지 궁금합니다.

Q. 법률상담을 받아보고 싶은데 일반 법무사나 변호사 사무실을 찾아가서 받으려면 상담 비용을 지불해야 하는 경우가 많은 것 같아서 찾아가기가 망설여집니다. 서민들이 무료로 법률상담을 받을 수 있는 방법이 있는지? 있다면 어디서 어떻게 받을 수 있는지 궁금합니다.

A. 대한법률구조공단은 기초생활보장수급자, 농.어민, 장애인 등 우리사회 소외 계층의 인권옹호와 법률복지 증진을 위하여 다음과 같은 무료법률구조사업을 수행하고 있습니다.

◇ 공단에서 하는 일

대한법률구조공단은 국민들을 위한 무료법률상담, 저소득층을 위한 소송대리·형사변호 지원 등의 법률구조사업을 수행하고 있습니다.

① 무료법률상담

모든 사람들에게 민사·형사·행정 등 법률문제 전반에 대하여 공단사무실을 방문한 면접 법률상담, 전국 어디서나 국번없이 132번에 의한 전화법률상담, 공단 홈페이지를 통한 사이버 법률상담 등을 하고 있습니다.

② 합의중재

소송을 하지 않고 당사자 간에 원만하게 합의를 하는 것이 가장 좋은 분쟁해결방법입니다. 공단에서는 당사자 간의 이해관계를 조정하여 원만한 합의를 권유함으로써 불필요한 소송을 예방하는 일을 하고 있습니다.

③ 소송서류의 무료작성

소송하고자 하는 가액이 1천만원 이하이고, 차용증서를 소지하고 있는 경우와 같이 명백하고 단순한 사안은 소장이나 가압류신청서 등의 소송서류를 무료로 작성하여 줄 뿐만 아니라 그 후에도 소송 진행에 대해 계속적인 조언을 하여 줌으로써 변호사 없이 혼자서도 소송을 할 수 있도록 도와드리고 있습니다.

④ 민사·가사 사건 등의 소송대리

공단에서 법률상담을 한 사안 중 변호사를 선임하여 소송을 할 필요가 있다고 판단되는 사안은 공단소속 변호사와 공익법무관이 소송을 수행하여 드립니다.

⑤ 형사사건의 무료변호

공단에서 변호를 하여 주는 형사사건은 「구속사건」, 「공판절차에 회부된 사건」, 「소년부에 송치된 사건」, 「재심사건」이며 모두 무료로 변호를 받을 수 있습니다. 다만 보석보증금이나 보험증권발급수수료 등은 본인이 부담하여야 합니다. 그러나 본인이 부담하였던 보석보증금은 재판이 끝난 후 본인이 직접 회수할 수 있습니다.

⑥ 기타 공단에서 하는 일

그밖에도 법률 강연과 출장상담 등을 통한 준법계몽활동과, 법률구조제도에 관한 조사·연구도 하고 있습니다.

제3절 소송구조제도

1. 개념

'소송구조(訴訟救助)'란 소송비용을 지출할 자금능력이 부족한 사람에 대해 법원이 신청 또는 직권으로 재판에 필요한 일정한 비용의 납입을 유예 또는 면제시킴으로써 그 비용을 내지 않고 재판을 받을 수 있도록 하는 제도를 말합니다.

2. 요건

① 소송사건일 것

「비송사건절차법」에서 「민사소송법」의 개별 규정을 준용하고 있으나 소송구조에 관한 규정은 준용하지 않고 있으므로, 「비송사건절차법」이 적용 또는 준용되는 비송사건은 소송구조의 대상이 아닙니다.

② 신청인

소송구조는 다음에 해당하는 자가 신청할 수 있습니다.

㉮ 소송을 제기하려는 사람

㉯ 소송계속 중의 당사자

㉰ 외국인

㉱ 법인

③ 소송구조를 신청하는 신청인은 다음의 요건을 갖추어야 합니다.

㉮ 소송비용을 지출할 자금능력이 부족할 것

㉯ 자금능력에 대한 서면 제출은 신청인이 소송비용을 지출할 자금능력이 부족한 사람이라는 점을 소명하기 위한 하나의 예시이므로 신청인은 다른 방법으로 자금능력의 부족에 대해 소명을 할 수 있습니다. 법원은 자유심증에 따라 그 소명 여부를 판단합니다.

④ 자금능력이 부족한 소송구조 신청인

다음 중 어느 하나에 해당하는 사람은 자금능력이 부족한 것으로 보고 다른 요건의 심사만으로 소송구조 여부를 결정할 수 있습니다.

㉮ 「국민기초생활 보장법」에 따른 수급자

㉯ 「한부모가족지원법」에 따른 지원대상자

㉰ 「기초연금법」에 따른 기초연금 수급자

㉱ 「장애인연금법」에 따른 수급자

㉲ 「북한이탈주민의 보호 및 정착지원에 관한 법률」에 따른 보호대상자

⑤ 소명의 정도

패소할 것이 명백하지 않다는 것은 소송구조신청의 소극적 요건이므로 신청인이 승소 가능성을 적극적으로 진술하고 소명해야 하는 것은 아니고, 법원이 당시까지의 재판절차에서 나온 자료를 기초로 패소할 것이 명백하다고 판단할 수 있는 경우가 아니면 됩니다.

3. 범위

① 객관적 범위

소송과 강제집행에 대한 소송구조의 범위는 다음과 같습니다. 다만, 법원은 상당한 이유가 있는 경우 다음 중 일부에 대한 소송구조를 할 수 있습니다.

㉮ 재판비용의 납입유예

㉯ 변호사 및 집행관의 보수와 체당금(替當金)의 지급유예

㉰ 소송비용의 담보면제

㉱ 그 밖의 비용의 유예나 면제

② 주관적 범위

소송구조는 이를 받은 사람에게만 효력이 미치므로, 법원은 소송승계인에게 미루어 둔 비용의 납입을 명할 수 있습니다.

4. 신청

소송구조신청은 서면으로 해야 하고, 신청서에는 신청인 및 그와 같이 사는 가족의 자금능력을 적은 서면을 붙여야 합니다.

■ 소송 내용도 복잡하여 본인이 직접 진행하기가 곤란한 경우 도움을 받을 수 있는 절차가 있나요?

Q. 甲은 乙을 상대로 소송을 제기하고자 하는데, 甲이 기초생활수급자이고 소송을 제기하면서 납부하여야 하는 인지, 송달료 등을 낼 형편이 안되고, 소송 내용도 복잡하여 본인이 직접 진행하기가 곤란한 경우 도움을 받을 수 있는 절차가 있나요?

A. 민사소송법 제128조 이하에서 사법복지의 차원에서 소송구조제도를 마련하고 있습니다. 소송구조를 받으려면 소송과 관련한 비용을 지출할 자금능력이 부족한 자가 패소할 것이 분명한 경우가 아닌 때이어야 합니다. 법원에서는 국민기초생활법, 한부모가족지원법에 따른 보호대상자는 일반적으로 자금능력이 부족한 자로 보게 됩니다. 소송구조를 신청하기 위해서는 당사자가 서면으로 소송구조신청서를 작성하는 등 구조사유를 소명한 후 법원에 제출하게 되고, 이를 토대로 법원이 구조여부를 결정하게 됩니다.

■ 소장에 인지를 첨부하지 않고 소송구조를 신청할 수 있는지요?

Q. 甲은 乙을 상대로 손해배상 청구의 소를 제기하고자 하는데, 소장에 인지를 첨부하지 않고 인지대에 대하여 소송구조 신청을 할 수 있을까요?

A. 원고가 소장을 제출하면서 소정의 인지를 첨부하지 아니하고 소송상 구조신청을 한 경우, 구 민사소송법(2002.1.26. 법률 제6626호로 전문 개정되기 전의 것) 제123조에서 소송상 구조신청에 대한 기각결정에 대하여도 즉시항고를 할 수 있도록 규정하고 있는 취지에 비추어 볼 때, 소송상 구조신청에 대한 기각결정이 확정되기 전에 소장의 인지가 첨부되어 있지 아니함을 이유로 소장을 각하하여서는 안 됩니다(대법원 2002.9.27. 자 2002마3411 결정). 따라서 甲은 소장에 인지를 첨부하지 않고 인지대에 대하여 소송구조 신청을 할 수 있고, 1심법원 재판장은 소송구조 신청에 대한 기각결정이 확정되기 전에는 인지보정 불이행을 이유로 소장을 각하할 수 없을 것으로 보입니다.

■ 상대방은 변호사까지 선임해서 다투고 있어서 일단 조정신청은 했는데, 어떻게 법률적인 도움을 받을 수 있는 방법이 없을까요?

Q. 저는 중학교 2학년 딸을 둔 학부모입니다. 제 딸이 작년까지는 학교에서 잘 지냈는데 2학년을 올라가면서 담임선생님이 학생들 모두가 있는 자리에서 제 딸이 기초생활수급자라는 것을 폭로한 다음부터 반 아이들에게 따돌림을 당하기 시작했습니다. 학기 초부터 딸이 갑자기 침울해 하고, 학교에 나가기 싫다고 하여 걱정이 된 저는 무슨 일이냐고 물었지만 딸은 머뭇거리며 아무 말을 하지 않았습니다. 저도 단순히 사춘긴가 하고 대수롭지 않게 지나갔는데, 2학년 1학기가 끝날 무렵 제 딸은 방에서 손목에 칼을 긋고 자살시도를 하였습니다. 저는 뒤늦게야 사태의 심각성을 깨닫고 딸에게 학교에서 무슨 일이 있었냐고 캐물었는데, 딸의 답은 정말 충격적이었습니다. 반의 절반에 가까운 학생들이 자신을 손찌검한 적이 있었고, 그 중 A, B, C라는 아이들은 제 딸을 청소함에 집어넣고 돌아가면서 발로 찼다고 합니다. 학급에는 남학생들도 있었는데, D, E, 반장 F는 제 딸의 가슴을 만지는 등 강제추행도 빈번히 일삼았다고 합니다. 저는 이러한 사실을 뒤늦게 알고 담임교사 G, 교감 H에게 이러한 사실을 알리고, 이 사건을 학교폭력위원회에 회부해 줄 것을 요청하였으나 학교에서는 사건을 덮는 데 급급하여 제대로 된 진상조사를 하지 않았으며 오히려 학교폭력위원은 저에게 "어린애들인데 그럴 수도 있지 않느냐. 몇 대 때리고 가슴도 만질 수 있지 뭐가 대수냐. 딸이 너무 예민하게 구는 것 같다."는 등 폭언을 일삼고, 가해 학생들에게 피해 학생에게 사과하라는 처분만을 내렸습니다. 저는 너무 어이가 없어서 A, B, C, D, E, F를 경찰에 고소하였는데, 부잣집 아들인 C와 반장 F는 도대체 뒤로 무슨 뇌물을 갖다바쳤는지 증거가 없다며 입건조차 되지 않았고, A, B, D, E는 소년사건으로 송치되어 보호처분을 받았습니다. 제가 너무 화가 나 C와 F의 부모에게 따졌

으나 오히려 C와 F의 부모는 "돈에 미친년, 돈을 그리 벌고 싶었냐. 돈으론 안되는게 없다. 이렇게 돈의 위력이다."며 되레 저를 조롱하였습니다. 저는 제 딸이 받은 정신적 고통을 위자하기 위하여 법률구조공단 홈페이지에서 서식을 찾아 A, B, C, D, E, F의 부모, 학교를 담당하는 지자체를 상대로 1,000만원의 지급을 구하는 조정신청을 하였는데, C와 F의 부모는 변호사까지 선임하면서 손해배상책임이 없다고 주장하였고, 조정이 불성립되어 소송절차로 이행하게 되었습니다. 불행중 다행으로 양심의 가책을 느낀 B와 E가 저에게 C와 F의 가담사실을 고백해 왔고 이번에는 증거를 확보해야겠다는 생각으로 저는 B와 E의 진술을 녹음해 두었으며, C와 F가 페이스북 메신저로 "미친년 때문에 존나 개고생이네 ㅋㅋㅋ"라는 등 대화를 나눈 캡쳐파일도 전송받았습니다. 저는 지금까지 법원에는 입구에도 가 본적이 없었는데 상대방은 변호사까지 선임해서 가해행위를 하지 않았다고 다투고 있고, 일단 조정신청은 했지만 조정이 결렬된 이상 이후에 어떻게 해야할 지 모르겠고, 인지와 송달료도 정말 어렵게 납부했습니다. 저도 어떻게 법률적인 도움을 받을 수 있는 방법이 없을까요?

A. 법원은 소송비용을 지출할 자금능력이 부족한 사람의 신청에 따라 또는 직권으로 소송구조를 할 수 있습니다(민사소송법 제128조 제1항). 여기에서 소송비용을 지출할 자금능력이 부족한 사람이란 기초생활수급자나 이에 준하는 빈곤자 뿐만 아니라, 신청인의 자금능ㄹ력과 예상되는 소송비용액과의 상관관계에 따라 판단을 하게 됩니다. 소송구조에 있어 신청인의 자금능력을 판단함에 있어서는 신청인이 얻고 있는 수입은 물론이거니와 보유하고 있는 자산도 자금능력을 판단하는 하나의 기준이 됩니다. 그러나 소매점포와 같은 생계수단인 자산이나, 가족이 함께 거주하고 있는 집의 임대차보증금과 같은 경우에는 그 처분을 강요하는 것은 생계유지에 큰 불이익이 있으므로 일반적으로 자산상황에서 고려는 하지 않는

것으로 보입니다. 또한 당해 소송을 제기하게 된 원인사실이 신청인의 생활에 미치고 있는 사정도 고려가 되는데, 만약 이 사건 소송에서 의뢰인이 차상위계층으로 자녀의 폐쇄병동 입원치료비로 상당한 금액을 지출하고 있다면 이러한 사정도 소송구조에 있어 하나의 판단 기준이 될 수 있습니다. 나아가 생계를 같이하는 가족의 자금능력도 참고를 하게 됩니다. 이러한 사항은 법원에 소송구조신청을 직접 하는 경우에는 법원 창구에 비치된 소송구조 재산관계진술서를 작성해 소명자료와 함께 제출하게 됩니다. 다만 국민기초생활보호법에 따른 수급자, 한부모가족지원법에 따른 지원대상자, 기초연금법에 따른 기초연금 수급자, 장애인연금법에 따른 수급자, 북한이탈주민의 보호 및 정착지원에 관한 법률에 따른 보호대상자의 경우 자금능력이 부족한 것으로 간주하고, 승소가능성만을 심사하여 소송구조 여부를 결정할 수 있는 특례가 마련되어 있습니다(소송구조제도의 운영에 관한 예규 제3조의2). 이 경우에는 위와 같은 대상자임을 소명하는 수급자증명서, 한부모가족증명서 등을 첨부해서 제출해야 할 것입니다.

한편 민사소송법은 위의 자금능력 요건과 별개로 패소할 것이 분명한 경우에는 소송구조를 하지 않도록 규정하고 있는데(제128조 제1항 단서), 이는 소송구조제도를 이용하여 남소가 이루어지는 것을 방지하기 위한 것입니다. 다만 여기에서 '패소할 것이 명백하지 않다'는 것은 소극적 요건이므로 신청인이 승소의 가능성을 적극적으로 진술하고 소명하여야 하는 것은 아니고, 법원이 당시까지의 재판절차에서 나온 자료를 기초로 패소할 것이 분명하다고 판단할 수 있는 경우가 아니라면 그 요건은 구비되었다고 봅니다(대법원 2001.6.9.자 2001마1044 결정). 하지만 주장 자체로 이유가 없거나 공서양속에 반하는 경우, 주장사실이 분명히 허위라고 인정되는 경우, 남소임이 분명한 경우에는 승소가능성 요건을 갖추지 못한 것으로 볼 수 있습니다. 가령 자녀가 아이들로부터 폭행을 당해 팔이 다쳤는데, 그로 인하여 아이큐가 20이나 떨어져 막심한 손해를 입었다면서 위자료로 5,000만원을 청구한다거나, 유사 사례에서 1,000만원 정도의 손해배상책임이 인정되었는데 10억원의 손해배상을 청구하는 경우에는 이 요건을 구비하지 못한 것으로 보아 소송구조신청을 기각할 수 있습니다. 소송구조결정은 재판비용의 납입유예, 변호사 및 집행관의 보수와 체당금의 지급유예, 소송비용의 담보면제의 형태로 이루어지는데, 재판비용의 납입유예란 재판에 소요되는 비용, 즉 인지, 송달료, 증거조사를 위해 예납하여야 할 각종의 비용을 의미하되, 소송기록 복사비용은 그 범위에서 제외됩니다.

소 송 구 조 신 청 서

구 조 대 상 사 건 : 20○○가합○○○ 손해배상(자)

신청인 (원고, 피고)   ○○○
주소 :
전화, 휴대폰, 팩스번호 :

상대방(원고, 피고)   ○○○
주소 :

신청인은 위 사건에 관하여 아래와 같은 사유로 소송구조를 신청합니다.

1. 구조를 신청하는 범위
   □ 인지대   [□ 소장 □ 상소장 □ 기타(   )]
   □ 변호사비용
   □ 기타 (   )
   □ 위 각 사항 등을 포함한 소송비용 전부

2. 구조가 필요한 사유
   가. 사건 내용 : 별첨 기재와 같다(소장 사본의 첨부로 갈음 가능).
   나. 신청인의 자력 :
   □ 「국민기초생활보장법」에 따른 수급자(수급자 증명서)
   □ 「한부모가족지원법」에 따른 지원대상자(한부모가족증명서)
   □ 「기초연금법」에 따른 수급자(기초연금수급자 증명서 또는 기초노령연금
      지급내역이 나오는 거래은행통장 사본)
   □ 「장애인연금법」에 따른 수급자(장애인연금수급자 증명서 또는 장애인연
      금 지급내역이 나오는 거래은행통장 사본)
   □ 「북한이탈주민의 보호 및 정착지원에 관한 법률」에 따른 보호대상자(북
      한이탈주민등록확인서)
   □ 위 대상자 외의 자 : 재산관계진술서 및 그 밖의 소명자료 첨부

신청인은 소송진행 중이나 완결 후에 신청인의 직업이나 재산에 중대한 변동이 생긴 때, 소송의 결과 상대방으로부터 이행을 받게 된 때에는 법원에 즉시 그 내용을 신고하겠습니다.

20 . . .

신청인 ○○○ _____(서명 또는 날인)

○○지방법원 제○부(단독) 귀중

5. 취소

① 법원은 소송구조를 받은 사람에게 다음의 사유가 발생하면 직권으로 또는 이해관계인의 신청에 따라 언제든지 소송구조를 취소하고, 납입을 미루어 둔 소송비용을 지급하도록 명할 수 있습니다.

㉮ 소송비용을 납입할 자금능력이 있다는 것이 판명된 경우

㉯ 자금능력이 있게 된 경우

② 소송구조의 취소는 구조결정을 한 대상사건의 절차가 판결의 확정, 그 밖의 사유로 종료된 뒤 5년이 지나면 할 수 없습니다.

③ 소송구조를 받은 사람이 자금능력이 있게 된 경우에는 구조결정을 한 법원에 그 사실을 신고해야 합니다. 다만, 구조결정을 한 대상사건의 절차가 종료된 뒤 5년이 지난 경우에는 그렇지 않습니다.

제4절 소송비용의 산정방법

1. 소송비용의 개념

1-1. 소송비용이란 ?

'소송비용'이란 소송을 하면서 사용하게 되는 비용을 말합니다. 소송에는 적지 않은 비용이 소요되므로, 소송 제기 전 소송비용과 소송시간을 판단해 실익이 있을 경우 진행하는 것이 좋습니다.

1-2. 소송비용의 종류

소송비용에는 다음과 같은 것들이 있습니다.

① 인지액(소가를 기준으로 산출)

② 송달료

③ 증인여비(증인을 세운 경우)

④ 검증·감정비용(검증·감정을 했을 경우)

⑤ 변호사 선임비용

⑥ 부수절차에서 소요되는 각종 비용들

2. 물건 등의 소가 산정방법

2-1. 소가의 개념

① '소가(소송목적의 값)'란 소송물, 즉 원고가 소로써 달성하려는 목적이 갖는 경제적 이익을 화폐단위로 평가한 금액을 말합니다.

② 소가는 소송을 제기한 때를 기준으로 산정합니다.

■ 소가는 어떻게 계산해야 하나요?

Q. 얼마 전 구입한 부동산에 문제가 생겨 소송을 하려고 합니다. 소송비용이 걱정이 되어 여기저기 문의를 해 보니 소가를 먼저 계산해야 인지액, 송달료 등의 소송비용이 나온다고 하는데 소가는 어떻게 계산해야 하나요?

A. 소가(소송목적의 값)란 소송물, 즉 원고가 소송으로 달성하려는 목적이 갖는 경제적 이익을 화폐단위로 평가한 금액을 말합니다. 소가는 물건, 권리, 제기하려는 소송의 종류에 따라 산정방법이 달라집니다. 먼저 어떤 취지로 소송을 제기하려는 것인지 결정한 후 해당하는 산정방법을 확인하시면 됩니다. 즉, 토지반환을 목적으로 하는 소송이면 물건인'토지'의 소가 산정방법에 따르고, 소유권이 자신에게 있음을 확인하려는 소송이라면 권리인'소유권'의 소가 산정방법을 확인하면 됩니다.

■ 일부패소의 경우 소송비용의 부담은 어떠한 방법으로 결정되는지요?

Q. 甲은 乙을 상대로 불법행위로 인한 손해배상청구소송을 제기하여 소송계류중인데, 청구금액의 일부만 승소할 것으로 예상되는바, 그러한 경우 소송비용의 부담은 어떠한 방법으로 결정되는지요?

A. 「민사소송법」제101조는 일부패소의 경우 소송비용부담에 관하여 "일부패소의 경우에 당사자들이 부담할 소송비용은 법원이 정한다. 다만, 사정에 따라 한 쪽 당사자에게 소송비용의 전부를 부담하게 할 수 있다."라고 규정하고 있습니다.그리고 판례는 "민사소송법 제92조(현행 민사소송법 제101조)는 '일부패소의 경우에 각 당사자가 부담할 소송비용은 법원이 정한다. 다만, 사정에 따라 당사자의 일방에게 소송비용의 전부를 부담하게 할 수 있다.'고 규정하고 있는바, 그 규정의 취지에 비추어 보면 일부패소의 경우에 각 당사자가 부담할 소송비용은 법원이 그 재량에 의하여 정할 수 있다."라고 하였습니다(대법원 1996.10.25.선고, 95다56996 판결).또한 "일부패소의 경우 각 당사자가 부담할 소송비용은 법원이 그 재량에 의하여 정할 수 있는 것이고, 반드시 청구액과 인용액의 비율에 따라 정하여야 하는 것은 아니다."라고 하였습니다(대법원 2000.1.18. 선고 98다18506 판결).

따라서 위 사안에 있어서도 甲과 乙의 소송비용부담이 반드시 청구액과 인용액의 비율에 따라 정해진다고만 할 수는 없으며, 소송의 진행과정 전반을 참작하여 법원이 그 재량에 의하여 정하게 될 것입니다.

■ 소송이 재판에 의하지 않고 완결된 경우 소송비용은 어떠한 방법으로
청구할 수 있는지요?

Q. 甲은 乙을 상대로 부동산소유권이전등기절차이행청구의 소를 제기하
여 제1심에서 승소하였으나, 乙이 항소하여 甲은 항소심에서도 제1심
과 마찬가지로 변호사를 소송대리인으로 선임하여 승소하였는데, 소송
진행 중 乙이 항소를 취하하였습니다. 이 경우 항소심의 소송비용은
어떠한 방법으로 乙에게 청구할 수 있는지요?

A. 소송비용액의 확정결정에 관하여 「민사소송법」제110조 제1항은 "소송비용
의 부담을 정하는 재판에서 그 액수가 정하여지지 아니한 경우에 제1심 법
원은 그 재판이 확정되거나, 소송비용부담의 재판이 집행력을 갖게 된 후
에 당사자의 신청을 받아 결정으로 그 소송비용액을 확정한다."라고 규정
하고 있습니다. 그리고 소송이 재판에 의하지 아니하고 끝난 경우에 관하
여 같은 법 제114조 제1항은 "제113조(화해한 경우의 비용액확정)의 경
우 외에 소송이 재판에 의하지 아니하고 끝나거나 참가 또는 이에 대한 이
의신청이 취하된 경우에는 법원은 당사자의 신청에 따라 결정으로 소송비
용의 액수를 정하고, 이를 부담하도록 명하여야 한다."라고 규정하고 있습
니다. 그런데 소송이 재판에 의하지 아니하고 완결된 경우 소송비용을 상환
받기 위한 방법과 관련하여 판례는 "소송이 재판에 의하지 아니하고 완결
된 경우에 당사자가 소송비용을 상환 받기 위하여서는 민사소송법 제104
조(현행 민사소송법 제114조) 제1항에 의하여 '당해 소송이 완결될 당시의
소송계속법원에 소송비용부담재판의 신청을 하여야' 하고 이를 제1심 수소
법원에 소송비용액확정결정신청의 방법으로 할 수는 없고, 소송대리인으로
선임된 변호사가 소송사건의 변론종결시까지 변론이나 증거조사 등 소송절
차에 전혀 관여한 바가 없다면 그에 대하여 보수가 지급되었다 하더라도
소송비용에 포함될 수 없다."라고 하였습니다(대법원 1992.11.30.자 90마
1003 결정). 또한 소의 일부가 취하되거나 또는 청구가 감축된 경우의 소
송비용에 관하여 판례는 "소의 일부가 취하되거나 또는 청구가 감축된 경

우에 있어서 소송비용에 관하여는 민사소송법 제104조(현행 민사소송법 제114조)의 적용이 있는 것으로 해석함이 상당하므로, 이 경우 당사자가 일부 취하되거나 청구가 감축된 부분에 해당하는 소송비용을 상환 받기 위해서는 위 규정에 의하여 '일부 취하되거나 감축되어 그 부분만이 종결될 당시의 소송계속법원에 종국판결과는 별개의 절차로서의 소송비용부담재판의 신청을 하고' 그에 따라 결정된 소송비용의 부담자 및 부담액에 의할 것이며, 당초 소송의 종국판결에서는 직접적으로 판단의 대상이 된 나머지 청구에 관하여만 소송의 승패, 소송수행의 상황 등을 참작하여 소송비용의 부담자 및 부담비율을 정하는 것이다."라고 하였습니다(대법원 1999.8.25.자 97마 3132 결정).

따라서 위 사안의 경우 항소심에서 甲의 소송대리인인 변호사가 변론이나 증거조사 등 소송절차에 관여한 경우라면 변호사보수에 관하여 항소심법원에 '소송비용부담재판'의 신청을 하여 그 재판에서 정해지는 금액을 乙에게서 받아야 할 것입니다.

■ 소송비용상환청구권에도 소멸시효가 적용되는 것인지요?

Q. 민사소송에서 승소한 후 소송비용액확정결정까지 받았으나, 이후 10년이 넘게 상대방으로부터 소송비용을 상환받지 못했습니다. 이에 관련하여 소송비용상환청구권에도 소멸시효가 적용되는 것인지요?

A. 소송비용상환청구권은 사법상 청구권이므로 일반채권과 같이 10년간 행사하지 아니하면 소멸시효가 완성됩니다. 또한 국가 및 지방자치단체의 소송비용상환청구권은 금전의 급부를 목적으로 하는 권리이므로 5년간 이를 행사하지 아니하면 소멸시효가 완성되며, 국가 및 지방자치단체에 대한 소송비용상환청구권도 마찬가지라 할 것입니다(국가재정법 제96조 제1항, 제2항, 지방재정법 제82조 제1항, 제2항). 그런데 소송비용상환청구권이 시효로 소멸한 경우 소송비용액확정신청은 권리보호의 이익이 없으나 소멸시효의 이익을 받는 자가 소멸시효 이익을 받겠다는 뜻을 항변하지 않는 이상 그 의사에 반하여 재판할 수 없고(대법원 1979.2.13. 선고 78다2157 판결), 소멸시효의 기산점은 소송비용액 청구는 소송비용의 상환을 명하는 재판이 확정되면 행사할 수 있는 것이므로 그 소송비용부담의 재판이 확정된 날로부터 기산하여 소멸시효를 계산해야 할 것입니다(서울고등법원2002.10.7.자 2002라450 결정). 또한 이미 확정된 소송비용액확정결정이 있었던 경우 그 결정에 의한 소송비용상환청구권의 소멸시효연장을 위하여 다시 소송비용액확정신청을 하는 것도 가능하다 할 것입니다.

■ 소송으로 발생하는 소송비용도 임차보증금에서 공제할 수 있을까요?

Q. 저는 임차인 甲을 상대로 차임 연체로 인한 임대차 계약 해지를 원인으로 부동산 인도 및 연체차임의 지급을 구하는 소송을 제기하고자 합니다. 이 경우 위 소송으로 발생하는 소송비용도 보증금에서 공제할 수 있을까요?

A. 판례는 부동산임대차에서 임차인이 임대인에게 지급하는 임대차보증금은 임대차관계가 종료되어 목적물을 반환하는 때까지 임대차관계에서 발생하는 임차인의 모든 채무를 담보하는 것으로서, 임대인이 임차인을 상대로 차임 연체로 인한 임대차계약의 해지를 원인으로 임대차목적물인 부동산의 인도 및 연체차임의 지급을 구하는 소송비용은 임차인이 부담할 원상복구비용 및 차임지급의무 불이행으로 인한 것이어서 임대차관계에서 발생하는 임차인의 채무에 해당하므로 이를 반환할 임대차보증금에서 당연히 공제할 수 있다고 판시하고 있습니다(대법원 2012.9.27. 선고 2012다49490 판결). 따라서 귀하의 경우, 소송비용액 확정 신청을 통하여 확정된 소송비용 상당에 대해서는, 임차인이 부담할 원상복구비용 및 차임지급의무불이행으로 인한 것이라 할 수 있으므로 이를 보증금에서 공제할 수 있다 할 것입니다.

■ 각자 부담하게 되는 소송비용에 대하여 상계가 가능한가요?

Q. 甲이 乙에 대하여 1억 원의 대여금청구를 하였고 甲의 일부승소 판결
이 확정 되었으며 소송비용액에 대한 확정이 결정되었습니다. 각자 부
담하게 되는 소송비용에 대하여 상계가 가능한가요?

A. 민사소송법 제112조에 의하면 "법원이 소송비용을 결정하는 경우에 당사자
들이 부담할 비용은 대등한 금액에서 상계(相計)된 것으로 본다. 다만, 제
111조제2항의 경우에는 그러하지 아니하다." 고 규정되어 있는바, 당사자가
부담하게 될 소송비용은 대등한 금액으로 상계 된 것으로 볼 수 있습니다. 다
만 같은 법 제111조에 의하여 법원은 소송비용액을 결정하기 전에 상대방
에게 비용계산서의 등본을 교부하고, 이에 대한 진술을 할 것과 일정한 기
간 이내에 비용계산서와 비용액을 소명하는 데 필요한 서면을 제출할 것을
최고(催告)하여야 하는데, 만약상대방이 해당 서면을 기간 이내에 제출하지
아니한 때에는 법원은 신청인의 비용에 대하여서만 결정할 수 있으며, 이
러한 경우는 상계가 불가합니다.

■ 소송비용은 각자 부담하기로 소송상 화해가 이루어진 경우 소송비용액의 확정을 구할 수 있는지요?

Q. 저는 甲을 상대로 가옥명도 소송을 제기하였고, 소송 도중 소송상 화해가 성립하였습니다. 화해조항 중에는 "소송비용은 각자가 부담한다."라는 내용이 있었습니다. 저는 명도 받은 가옥을 乙에게 매도하였습니다. 위 소송에 소요된 비용을 확정 받아 양도소득세의 필요경비로 공제받고자 합니다. 소송비용액의 확정을 구할 수 있을까요?

A. 민사소송법에 의한 소송비용액확정결정은 법원이 소송비용액의 부담을 정한 재판에 그 수액을 정하지 아니한 때에 당사자의 신청에 의하여 상대방이 부담할 수액을 확정하는 것이지 스스로 부담할 수액을 확정하거나 자기가 소송비용으로 지출한 수액을 확인해 주는 절차는 아닙니다. 따라서 소송상 화해가 이루어졌는데 그 화해조항에 소송비용은 각자가 부담하기로 되어 있다면 상대방이 상환해 주어야 할 소송비용이 없고, 소송비용액확정의 문제가 생길 여지도 없습니다. 그러므로 양도소득세의 필요경비로 공제받기 위해 스스로 부담하여야 할 소송비용액의 확정을 구할 수는 없다고 할 것입니다(대법원 1991.4.22. 자 91마152 결정 참조).

■ 무권대리인이 소를 제기하였다가 소각하 판결을 받게 된 경우 누가 소송비용을 부담하게 되는 것인지요?

Q. 얼마 전, 무권대리인 甲이 저를 당사자로 상대방에게 소를 제기하였다가 소각하 판결을 받게 된 것을 알게 되었습니다. 이런 경우라도 제가 소송비용을 부담하게 되는 것인지요?

A. 민사소송법은 법정대리인 또는 소송대리인으로서 소송행위를 한 사람이 그 대리권 또는 소송행위에 필요한 권한을 받았음을 증명하지 못하거나, 추인을 받지 못해서 소가 각하된 경우 소송비용은 그 소송행위를 한 대리인이 부담한다고 규정하고 있습니다(민사소송법 제109조, 제107조 제2항 각 참조). 다만, 판례는 '민사소송법 제108조, 제107조 제2항 에 따라 소송대리인이 대리권 또는 소송행위에 필요한 권한을 받았음을 증명하지 못한 경우라도, 소송대리인이 소송위임에 관하여 중대한 과실이 없는 경우에는 소송비용은 소의 제기를 소송대리인에게 위임한 자가 부담하도록 함이 타당하다.'고 판시하여 예외적으로 무권대리인에게 중과실이 없는 경우에는 본인에게 소송비용을 부담하도록 하고 있습니다(대법원 2016.6.17. 자2016마371 결정). 따라서 귀하의 경우 원칙적으로 소송비용을 부담하지 않는다 할 것이나, 예외적으로 무권대리인 甲이 소송위임에 관하여 중과실이 없는 것으로 밝혀지는 경우에는 소송비용을 부담할 수 있다 할 것입니다.

■ 화해권고결정에 의하여 소송이 종료된 경우 소송비용은 피고가 부담해야 하는 건가요?

Q. 甲이 乙에게 1억 원의 손해배상청구를 하였으나 양 측에서 소송 진행 중에 재판부의 화해권고결정에 의하여 소송이 종결되었습니다. 이러한 경우 소송비용은 피고 乙이 부담해야 하는 건가요?

A. 민사소송법 제106조는 "당사자가 법원에서 화해한 경우(제231조의 경우를 포함한다) 화해비용과 소송비용의 부담에 대하여 특별히 정한 바가 없으면 그 비용은 당사자들이 각자 부담한다."고 규정하고 있습니다. 민사소송법 제231조는 화해권고결정의 효력을 규정하고 있으며 이는 재판상 화해와 같은 효력을 가집니다. 또한 민사소송법 제113조 제1항에서 "제106조의 경우에 당사자가 소송비용부담의 원칙만을 정하고 그 액수를 정하지 아니한 때에는 법원은 당사자의 신청에 따라 결정으로 그 액수를 정하여야 한다."고 규정하고 있는 바, 위 사안에서 당사자 간에 특별히 약정한 내용이 없으면 소송비용은 甲과 乙이 각자 부담하는 것을 원칙으로 하며, 만약 양 측이 소송비용부담의 원칙만을 정하고 그 액수를 정하지 아니한 때에는 법원은 당사자의 신청에 따라 결정으로 그 액수를 정할 수 있습니다.

2-2. 소가의 산정방법

① 물건 등 가액의 산정방법은 다음과 같습니다.

물건의 종류	소 가
토 지	개별공시지가에 100분의 50을 곱한 금액
건 물	시가표준액에 100분의 50을 곱한 금액(개별주택, 공동주택, 일반주택 구분 확인)
선박·차량·기계장비·입목·항공기·광업권·어업권·골프회원권·콘도미니엄회원권·종합체육시설이용회원권 등	시가표준액
유가증권	액면금액 (증권거래소에 상장된 증권의 가액: 소제기 전날의 최종거래가격)
유가증권 이외 증서의 가액	200,000원

※ 개별주택의 시가표준액은 <민원24 홈페이지-민원안내-분야별민원-개별주택가격확인>에서 확인하실 수 있습니다.

※ 공동주택의 시가표준액은 <민원24 홈페이지-민원안내-분야별민원-공동주택가격확인>에서 확인하실 수 있습니다.

※ 건물의 시가표준액은 <국세청 위택스 홈페이지-지방세정보-시가표준액조회>에서 확인할 수 있습니다.

※ 부동산의 개별공시지가 조회는 <부동산공시가격 알리미 또는 해당 부동산이 소재한 시·군·구>에서 확인할 수 있습니다.

※ 서울시의 항공기, 시설물, 선박, 입목, 광업권, 어업권, 회원권의 시가표준액 조회는 <서울특별시 홈페이지-세금-세금자료실-시가 표준액표(건물, 기타)>에서 확인하실 수 있습니다. 그 외 지역은 각 시청과 군청 등에서 확인하시기 바랍니다.

※ 골프회원권의 기준시가 조회는 <국세청홈택스 홈페이지-조회/발급-기타조회-골프회원권>에서 확인하실 수 있습니다.

② 물건에 대한 권리의 가액 산정방법은 다음과 같습니다.

권리의 종류	소 가
소유권	물건가액
점유권	물건가액의 3분의 1
지상권 또는 임차권	물건가액의 2분의 1
지역권	승역지(편익을 제공하는 토지) 가액의 3분의 1
담보물권	피담보채권의 원본액(물건가액이 한도) ※근저당권의 경우:채권최고액
전세권	전세금액(물건가액의 한도 내)

③ 위에 규정되지 않은 물건 또는 권리의 가액은 소송을 제기할 당시의 시가(시가를 알기 어려운 경우 그 물건 또는 권리의 취득가격 또는 유사한 물건 또는 권리의 시가)로 합니다.

■ 판결경정의 경우 소송비용은 누가 부담하게 되는 것인지요?

Q. 저는 얼마 전 사업주 甲을 상대로 임금 청구의 소를 제기하였고, 이후 승소 확정 판결을 받았습니다. 그런데 판결문을 받아본 결과, 피고의 이름이 소장에 기재한 것과 다르게 기재되어서 판결경정신청을 준비 중인데, 이 경우 소송비용은 제가 부담하게 되는 것인지요?

A. 판결경정 신청사건의 소송비용 처리에 관한 예규(재일 2013-1) 제2조는 '판결경정 신청서에는 민사소송 등 인지법의 규정에 의한 인지를 첨부하지 아니한다', 제4조는 '법원사무관등은 법원의 귀책사유로 인하여 판결경정에 이르게 된 사건과 직권에 의한 경정 사건의 경우에는 송달료를 국고로 처리한다.' 제5조는 '신청인은 송달료를 본인이 부담하는 것이 부당하다고 판단되는 경우에는 법원사무관등에게 본인이 부담한 송달료 상당액의 반환을 신청할 수 있다.'고 각 규정하고 있습니다. 따라서 판결경정신청의 경우 인지는 첨부하지 않아도 되며, 법원의 귀책사유로 판결문 기재에 오류가 있는 경우라면 송달료 역시 국고로 처리하거나 또는 본인이 송달료 상당액의 반환을 신청할 수 있다 할 것입니다.

■ '소 취하일 이후의 소송비용'은 어떻게 산정하여야 하는지요?

Q. 甲은 乙을 상대로 소송을 제기하였는데, 소송 도중 甲은 소를 취하하였습니다. 법원은 위 소송이 소 취하로 종료되었음을 선언하고 소 취하일 이후의 소송비용은 甲이 부담한다는 판결을 선고하였고, 위 판결은 확정되었습니다. 乙이 甲을 상대로 소송비용액확정신청을 한 경우, '소 취하일 이후의 소송비용'은 어떻게 산정하여야 하는지요?

A. '소 취하일 이후의 소송비용'이라 함은 소 취하일 이후에 민사소송법이 규정하는 소송절차를 수행하기 위하여 새로이 지출한 비용을 의미하는 것이고, 전체 소송을 위하여 위 날짜 이전에 지출한 비용을 그 비용지출일로부터 소송종료일까지의 기간 중 위 날짜 이후부터 소송종료일까지의 기간의 비율에 해당하는 금액으로 환산한 비용을 의미하는 것은 아니라고 할 것입니다(대법원 2005.5.20. 자 2004마1038 결정). 따라서, 변호사보수에 대하여 '소송위임장 제출일 이후 위 소송의 종료일까지의 기간' 중 '소 취하일부터 판결이 당사자들에게 송달된 날까지의 기간의 비율로 환산한 부분'에 해당하는 금액을 소 취하일 이후에 발생한 소송비용으로 보아 이를 전제로 소송비용액을 확정하는 것은 위법하다고 할 것입니다(위 대법원 2005.5.20. 자 2004마1038 결정 참조).

[서식 예] 소송비용액확정결정신청서

소 송 비 용 액 확 정 결 정 신 청 서

신청인(원고) ○○○ (주민등록번호)
　　　　　　　○○시 ○○구 ○○길 ○○(우편번호 ○○○○○)
　　　　　　　전화 · 휴대폰번호:
　　　　　　　팩스번호, 전자우편(e-mail)주소:

피신청인(피고) ◇◇주식회사
　　　　　　　○○시 ○○구 ○○길 ○○(우편번호 ○○○○○)
　　　　　　　대표이사 ◈◈◈
　　　　　　　전화 · 휴대폰번호:
　　　　　　　팩스번호, 전자우편(e-mail)주소:

　위 당사자간 귀원 20○○.○.○.자 20○○가소○○○　손해배상(자)청구사건에 관하여 같은 사건이 신청인의 승소로 확정되었으므로 민사소송법 제110조에 따라 피신청인이 부담하여야 할 소송비용액을 별첨 소송비용계산서를 첨부하여 신청하오니 확정하여 주시기 바랍니다.

첨 부 서 류

　　　　1. 소송비용계산서　　　　　　4통
　　　　1. 판결문사본　　　　　　　　1통
　　　　1. 확정증명원　　　　　　　　1통
　　　　1. 송달료납부서　　　　　　　1통

　　　　　　　20○○. ○. ○.
　　　　위 신청인(원고) ○○○(서명 또는 날인)

○○지방법원　귀중

[서식 예] 소송비용부담 및 확정신청서

소 송 비 용 부 담 및 확 정 신 청 서

신 청 인 ○○○ (주민등록번호)
　　　　　○○시 ○○구 ○○길 ○○
피신청인 ◇◇◇ (주민등록번호)
　　　　　○○시 ○○구 ○○로 ○○

신 청 취 지

1. 신청인과 피신청인 사이의 ㅁㅁ법원 20○○가단○○○○ ◎◎◎ 사건의 소
   송비용은 피신청인이 부담한다.
2. 위 사건에 관하여 피신청인이 신청인에게 상환하여야 할 소송비용액은 ○○
   ○원임을 확정한다.
라는 결정을 구합니다.

신 청 이 유

1. 피신청인은 신청인을 상대로 ㅁㅁ법원 20○○가단○○○○호로 ◎◎◎ 청구
   의 소를 제기하였으나, 위 사건은 피신청인이 20○○.○.○. 소를 취하하고,
   같은 날 신청인이 이에 동의함으로써 끝났습니다.
2. 그렇다면 위 사건은 재판에 의하지 아니하고 끝난 경우에 해당하고, 피신청
   인이 신청인에게 상환하여야 할 소송비용액은 별지 계산서와 같으므로, 민
   사소송법 제114조에 따라 피신청인으로 하여금 위 소송비용을 부담할 것을
   명하여 주시기 바랍니다.

소 명 방 법

　　1. 소갑 제1호증　　　　　　사건위임계약서
　　1. 소갑 제2호증　　　　　　영수증(변호사비용)

첨 부 서 류

1. 위 소명방법   각 1통
1. 비용계산서   2통
1. 납부서   1통

20○○. ○. ○.
위 신청인 ○○(서명 또는 날인)

○○지방법원 귀중

[서식 예] 소송비용액확정결정신청에 대한 진술서

진 술 서

사   건   20○○카기○○○   소송비용액확정결정신청
신 청 인(원고)   ○○○
피신청인(피고)   ◇◇주식회사

　위 사건에 관하여 피신청인(피고)은 민사소송법 제111조 제1항에 따라 별지
와 같이 소송비용계산서에 대한 의견을 진술하고 피신청인(피고)의 소송비용계
산서 및 소명자료를 제출합니다.

첨 부 서 류

　　1. 소송비용계산서 등본에 대한 진술내용   1통
　　1. 소송비용계산서(피고)   1통
　　1. 소명자료   ○통

20○○. ○. ○.
위 피신청인 (피고)◇◇주식회사
대표이사 ◇◇◇ (서명 또는 날인)

○○지방법원 귀중

제3자에 대한 소송비용액 상환신청서

신 청 인　　○○○ (주민등록번호)
　　　　　　○○시 ○○구 ○○길 ○○(우편번호 ○○○○○)
　　　　　　전화 · 휴대폰번호:
　　　　　　팩스번호, 전자우편(e-mail)주소:

피신청인　　◇◇◇ (주민등록번호)
　　　　　　○○시 ○○구 ○○길 ○○(우편번호 ○○○○○)
　　　　　　전화 · 휴대폰번호:
　　　　　　팩스번호, 전자우편(e-mail)주소:

신 청 취 지

　피신청인은 신청인에게 별지 소송비용계산서 기재의 소송비용 금 ○○○원을 상환하라.
라는 결정을 구합니다.

신 청 이 유

1. 신청인은 ○○지방법원 20○○가합○○○ 토지소유권이전등기청구사건의 원고로서 20○○.○.○. 피신청인에게 소송을 위임하였는데, 피신청인은 변론기일(20○○.○.○○.○시)에 위임의 취지에 위반하는 변론을 하였고 더욱이 변론기일(20○○.○.○.○시)에 출석조차 하지 아니하여 위 사건에 적절한 공격 · 방어방법을 제출할 기회가 상실되었고, 그로 인하여 피고의 주장이 모두 인정되고 신청인이 패소하는 결과를 초래하였습니다.

2. 피신청인의 위와 같은 행위는 고의 또는 중대한 과실로서 이로 인하여 신청인으로 하여금 무익한 소송비용을 지급하게 한 것이고 그 무익한 소송비용액은 별지 소송비용계산서 기재의 금○○○원이라고 할 것이므로 위 상당액을 상환할 의무가 있습니다. 따라서 신청인은 민사소송법 제107조 제1항에 따라 이 사건 신청에 이르렀습니다.

첨 부 서 류

1. 변론조서등본   1통
1. 송달료납부서   1통

20○○. ○. ○.
위 신청인 ○○○(서명 또는 날인)

○○지방법원 귀중

3. 인지액 및 송달료의 산정방법

3-1. 인지액 산정방법

소장(반소장 및 대법원 제출 소장 제외)에는 소가에 따라 다음 금액의 인지를 붙여야 합니다.

① 1심 소가에 따른 인지액

소 가	인 지 대
소가 1천만원 미만	소가× 50/10,000
소가 1천만원 이상 1억원 미만	소가×45/10,000+5,000
소가 1억원 이상 10억원 미만	소가×40/10,000+55,000
소가 10억원 이상	소가×35/10,000+ 55,000
※ 인지액이 1천원 미만이면 그 인지액은 1천원으로 하고, 1천원 이상이면 100원 미만은 계산하지 않습니다(「민사소송 등 인지법」 제2조제2항).	

② 항소 시 인지액 : 1심 소가에 따른 인지액 × 1.5

③ 상고 시 인지액 : 1심 소가에 따른 인지액 × 2

④ 항고 및 재항고 시 인지액 : 해당 신청서에 붙이는 인지액 × 2

3-2. 인지액 납부방법

① 현금납부

소장·상소장 기타의 신청서(이하 "소장등"이라 한다)에 첨부하거나 보정해야 할 인지액(이미 납부한 인지액이 있는 경우에는 그 합산액)이 1만원 이상인 경우에는 그 인지의 첨부 또는 보정에 갈음해 인지액 상당의 금액 전액을 현금으로 납부해야 합니다. 인지액 상당 금액을 현금으로 납부할 경우에는 송달료 수납은행에 내야 합니다.

② 신용카드납부

㉮ 신청인은 인지액 상당의 금액을 현금으로 납부할 수 있는 경우 이를 수납은행 또는 인지납부대행기관의 인터넷 홈페이지에서 인지납부대행기관을 통해 신용카드·직불카드 등(이하 "신용카드등"이라 한다)으로도 납부할 수 있습니다.

ⓕ "인지납부대행기관"이란 정보통신망을 이용해 신용카드등에 의한 결제를 수행하는 기관으로서 인지납부대행기관으로 지정받은 자를 말합니다.

　　ⓖ 인지납부대행기관은 신청인으로부터 인지납부 대행용역의 대가로 납부대행수수료를 받을 수 있고, 납부대행수수료는 전액 소송비용으로 봅니다.

③ 인지액 상당의 금액을 신용카드등으로 납부하는 경우에는 인지납부대행기관의 승인일을 인지납부일로 봅니다.

④ 원고·상소인 기타의 신청인(이하 "신청인등"이라 한다)은 수납은행이나 인지납부대행기관으로부터 교부받거나 출력한 영수필확인서를 소장에 첨부하여 법원에 제출해야 합니다.

■ 수납은행에 부족 인지액을 납부한 때 인지보정의 효력 발생되는지요?

Q. 甲은 부동산소유권이전등기청구 사건의 상고장을 제출하면서 인지를 첩부하지 않았습니다. 그러자 법원으로부터 부족인지액 668,200원을 명령 송달일로부터 5일 내에 보정하라는 보정명령이 발하여졌고, 甲은 위 보정명령을 받은 날로부터 5일째 되는 날 위 부족인지액을 송달료 수납은행에 납부하였으나, 그 영수필확인서 및 보정서는 위 보정명령을 받은 날로부터 6일째 되는 날에 제출하였습니다. 이 경우 인지보정의 효력이 인정되어 상고장이 각하 되지 않을 수 있는지요?

A. 인지의 현금납부의 범위에 관하여 「민사소송 등 인지규칙」제27조는 "①소장 등에 첩부하거나 보정하여야 할 인지액(이미 납부한 인지액이 있는 경우에는 그 합산액)이 10만원을 초과하는 때에는 그 인지의 첩부 또는 보정에 갈음하여 인지액 상당의 금액 전액을 현금으로 납부하여야 한다. ②제1항의 규정에 해당하지 아니하는 경우에도 신청인 등은 인지의 첩부에 갈음하여 인지액 상당의 금액을 현금으로 납부할 수 있다. ③시·군법원에 제출하는 소장 등과 법 제9조 내지 제12조에 규정된 신청서 등의 경우에는 제1항, 제2항을 적용하지 아니한다. 다만, 소를 제기하는 경우에 소장에 붙여야 할 인지액이 10만원을 초과하는 화해, 지급명령 또는 조정신청 사건에 대하여 민사소송법 제388조, 제472조 또는 민사조정법 제36조의 규정에 의하여 소의 제기가 있는 것으로 보아, 인지를 보정하는 경우에는 현금으로 납부하여야 한다."라고 규정하고 있습니다.

그러므로 위 사안에 있어서는 부족인지액이 668,200원으로 '10만원을 초과하는 때'에 해당되므로 현금으로 납부하여야 하는데, 甲이 위 보정명령을 받은 날로부터 5일째 되는 날 위 부족인지액을 송달료수납은행에 납부하였으나, 그 영수필확인서 및 보정서는 위 보정명령을 받은 날로부터 6일째 되는 날에 제출하였으므로 보정기간을 어긴 것이 아닌지 문제됩니다. 그런데 인지보정명령에 따라 인지 상당액의 현금을 납부하는 경우, 인지보정의 효력발생시기에 관하여 판례는 "인지첩부 및 그에 갈음하는 현금납부의 절차

에 관한 민사소송등인지법 제1조, 제13조, 민사소송등인지규칙 제27조 제1
항, 제28조, 제29조 제1항, 제2항, 송무예규인 인지의 보정명령 및 그 현
금납부에 따른 유의사항 등 관계규정들을 종합하면, 인지보정명령에 따른
인지 상당액의 현금납부는 송달료처리의특례에관한규칙(현행 송달료규칙)
제3조에 정한 송달료 수납은행에 현금을 납부한 때에 인지보정의 효과가
발생되고, 이 납부에 따라 발부 받은 영수필확인서들을 보정서 등 소송서류
에 첨부하여 접수담당 법원사무관 등에게 제출하고 또 그 접수담당 법원사
무관이 이를 소장 등 소송서류에 첨부하여 소인하는 등 행위는 소송기록상
그 납부사실을 확인케 하기 위한 절차에 불과하다."라고 하였습니다(대법원
2000.5.22.자 2000마2434 결정, 2003.12.2.자 2003마1161 결정).따라서 위
사안의 경우 甲이 송달료수납은행에 부족인지액 상당의 현금을 납부한 시점
이 보정기간이 경과되지 않은 시점이었으므로 위 상고장이 각하 되지는 않
을 것으로 보입니다. 만일, 상고장이 각하 된다면 항고를 제기하는 방법으
로 불복하여야 할 것입니다.

3-3. 송달료 계산방식

송달료는 사건별로 다음의 구분에 따라 계산됩니다.

사 건	송 달 료
민사 소액사건	당사자수 × 4,800원 × 10회분
민사 제1심 단독사건	당사자수 × 4,800원 × 15회분
민사 제1심 합의사건	당사자수 × 4,800원 × 15회분
민사 항소사건	당사자수 × 4,800원 × 12회분
민사 상고사건	당사자수 × 4,800원 × 8회분
민사 (재)항고사건	[(재)항고인+상대방 수]×송달료 3~5회분
민사조정사건	당사자수 × 4,800원 × 5회분
부동산 등 경매사건	(신청서상의 이해관계인 수+3)×4,800원 × 10회분

3-4. 송달료 납부방법

① 송달료는 우표가 아닌 현금으로 납부해야 합니다. 다만, 법원장은 사건 수, 법원과 송달료 수납은행과의 거리 등을 감안해 당사자 1인당 송달료납부기준이 2회 이하인 사건의 전부 또는 일부에 대해 법원 내규로써 송달료를 우표로 납부할 수 있도록 정할 수 있습니다.

② 송달료는 대법원장이 지정하는 각 법원별 해당 송달료 수납은행에 이를 납부해야 합니다.

③ 송달료는 반드시 송달료납부서에 따라 납부하고, 송달료 영수증을 교부받아야 합니다. 다만, 현금입·출금기(ATM)를 이용해 송달료를 납부하는 경우에는 이용명세표로 송달료납부서에 갈음할 수 있습니다.

④ 각 법원에서 지정한 송달료 수납은행에 송달료납부서가 비치되어 있으니 그 은행에서 서류를 받아 기재하면 됩니다.

⑤ 송달료 추납(추가납부)의 경우
송달료를 납부한 사실이 있는 납부인이 송달료를 추가로 납부할 경우 송달료추가납부통지서(법원에서 별도의 통지서를 발송함)의 내용에 따라 납부해야 합니다. 추가납부인 경우에는 송달료납부서에 반드시 법원의 사건번호를 기재해야 합니다.

3-5. 송달료납부서의 제출

① 소장 등을 제출하는 경우에는 해당 수납은행으로부터 교부받은(모사전송·전산망으로 수령한 경우 포함) 송달료납부서를 첨부해 관할법원에 제출해야 합니다.

② 다만, 항소장, 상고장, 항고(준항고 포함)장, 재항고(특별항고 포함)장을 제출하는 경우에는 송달료납부서를 첨부해 원심법원에 제출해야 합니다.

4. 패소자의 부담인 소송비용의 산정방법

4-1. 패소 시 변제해야 하는 소송비용

① 소송비용 부담의 원칙

소송비용은 패소한 당사자가 부담하는 것이 원칙입니다.

② 원칙의 예외

법원은 다음의 소송비용을 승소자에게 부담하도록 할 수 있습니다.

㉮ 승소자가 그 권리를 늘리거나 지키는 데 필요하지 않은 행위로 발생한 소송비용

㉯ 상대방의 권리를 늘리거나 지키는 데 필요한 행위로 인한 소송비용의 전부나 일부

㉰ 승소자가 적당한 시기에 공격이나 방어의 방법을 제출하지 않아 소송이 지연되어 발생한 소송비용

㉱ 승소자가 기일이나 기간의 준수를 게을리해 소송이 지연되어 발생한 소송비용

㉲ 그 밖에 승소자가 책임져야 할 사유로 소송이 지연된 경우 지연으로 말미암은 소송비용의 전부나 일부

4-2. 패소자가 부담하는 소송비용의 종류

패소자가 부담해야 하는 소송비용은 다음과 같은 것이 있습니다.

① 인지액

② 서기료

③ 당사자, 증인, 감정인, 통역인과 번역인에 대한 일당, 여비 등

④ 법관과 법원서기의 증거조사에 요하는 일당·여비와 숙박료

⑤ 감정, 통역, 번역과 측량에 관한 특별요금

⑥ 통신과 운반에 쓰인 비용

⑦ 관보, 신문지에 공고한 비용

⑧ 송달료

⑨ 변호사 비용 또는 소송서류의 작성비용 등

■ 패소를 하면 상대방의 변호사비용까지 전부 부담한다고 하는데 사실인
  가요?

Q. 상속재산에 다툼이 생겨 소송을 고민 중입니다. 여기저기 문의를 해
   보니 패소를 하면 상대방의 변호사비용까지 전부 부담한다고 하는데
   사실인가요?

A. 패소를 하면 승소자의 소송비용도 부담을 하게 됩니다. 소송비용에는 인지액,
   송달료, 감정비용, 증인비용, 변호사보수도 포함됩니다. 그러나 상대방의 변호사
   비용 전부를 부담하는 것은 아니고 「변호사보수의 소송비용 산입에 관한 규칙」의 기
   준에 따라 산정된 금액만을 부담하면 됩니다.

   ◇ 패소자가 부담해야 하는 소송비용
     - 인지액
     - 서기료
     - 당사자, 증인, 감정인, 통역인과 번역인에 대한 일당, 여비, 숙박료
     - 법관과 법원서기의 증거조사에 요하는 일당·여비와 숙박료
     - 감정, 통역, 번역과 측량에 관한 특별요금
     - 통신과 운반에 쓰인 비용
     - 관보, 신문지에 공고한 비용
     - 송달료
     - 변호사 비용 또는 소송서류의 작성비용 등

■ 민사소송에서 승소하였다면 법원으로부터 얼마의 소송비용을 돌려받을 수 있는지요?

Q. 소송목적물 가액이 3,000만원인 소송에서 변호사 보수로 착수금 300만원, 성공보수금 200만원을 지급하고 승소하였다면 법원으로부터 얼마의 소송비용을 돌려받을 수 있는지 궁금해서 문의합니다.

A. 변호사 보수의 소송비용 산입에 관한 규칙 제3조에 의하면, ① 소송비용에 산입된 변호사의 보수는 당사자가 보수계약에 의하여 지급한 또는 지급할 보수액의 범위 내에서 각 심급단위로 소송목적의 값에 따라 산정되고, ② 가압류, 가처분 명령의 신청사건에 있어서는 변론 또는 심문을 거친 경우에 한하여 본안소송 소송목적의 값에 의거 산정한 금액의 1/2로 합니다. 승소할 경우 변호사에게 지급하는 성공보수금은 소송비용으로 인정되지 않으며 변론이나 심문을 거치지 않은 가압류나 가처분 같은 신청 사건은 아무리 많은 돈을 변호사에게 보수로 주었더라도 소송비용으로 인정되지 않습니다.

5. 소송대리인 선임

5-1. 원칙

법률에 따라 재판상 행위를 할 수 있는 대리인 외에는 변호사가 아니면 소송대리인이 될 수 없습니다.

5-2. 예외

① 단독판사가 심리·재판하는 사건으로서 다음의 어느 하나에 해당하는 사건에서 변호사가 아닌 사람도 법원의 허가를 받아 소송대리인이 될 수 있습니다.

㉮ 다음에 해당하는 사건
- 수표금·약속어음금 청구사건
- 은행·농업협동조합·수산업협동조합·축산업협동조합·산림조합·신용협동조합·신용보증기금·기술신용보증기금·지역신용보증재단·새마을금고·상호저축은행·종합금융회사·시설대여회사·보험회사·신탁회사·증권회사·신용카드회사·할부금융회사 또는 신기술사업금융회사가 원고인 대여금·구상금·보증금 청구사건
- 「자동차손해배상 보장법」에서 정한 자동차·원동기장치자전거·철도차량의 운행 및 근로자의 업무상재해로 인한 손해배상 청구사건과 이에 관한 채무부존재확인사건
- 단독판사가 심판할 것으로 합의부가 결정한 사건

㉯ 위의 사건 외의 사건으로서 다음 어느 하나에 해당하지 않는 사건
- 소송목적의 값이 제소 당시 또는 청구취지 확장(변론의 병합 포함) 당시 1억원을 초과한 민사소송사건
- 위의 1. 의 사건을 본안으로 하는 민사신청사건 및 이에 부수하는 신청사건(가압류, 다툼의 대상에 관한 가처분 신청 사건 및 이에 부수하는 신청사건은 제외)

② 법원의 허가를 받아 소송대리인이 될 수 있는 사람은 다음 중 어느 하나에 해당해야 합니다.

㉮ 당사자의 배우자 또는 4촌 안의 친족으로서 당사자와의 생활관계에 비추어 상당하다고 인정되는 경우

㉯ 당사자와 고용, 그 밖에 이에 준하는 계약관계를 맺고 그 사건에 관한 통상사무를 처리·보조하는 사람으로서 그 사람이 담당하는 사무와 사건의 내용 등에 비추어 상당하다고 인정되는 경우

③ 법원이 소송대리 허가를 한 후 사건이 다음에 해당하게 된 때에는 법원은 허가를 취소하고 당사자 본인에게 통지를 하여야 합니다.

㉮ 소송목적의 값이 제소 당시 또는 청구취지 확장(변론의 병합 포함) 당시 1억원을 초과한 민사소송사건

㉯ 위의 1. 의 사건을 본안으로 하는 민사신청사건 및 이에 부수하는 신청사건(가압류, 다툼의 대상에 관한 가처분 신청 사건 및 이에 부수하는 신청사건은 제외)

㉰ 재산권에 관한 소(訴)로서 그 소송목적의 값을 계산할 수 없는 것과 비(非)재산권을 목적으로 하는 소송

㉱ 다만, 위의 1. 과 2.의 경우 「민사 및 가사소송의 사물관할에 관한 규칙」 제2조 각 호의 사건은 제외됩니다.

■ 변호사를 선임하려고 하는데 어떻게 해야 하나요?

Q. 남편이 출근 도중 갑작스럽게 사망했습니다. 그간 업무로 인해 많은 스트레스를 받았고 업무상 잦은 술접대로 건강이 좋지 않았습니다. 이런 상황 때문에 근로복지공단에 업무상 재해를 주장했으나 받아들여지지 않아 소송을 제기하려고 합니다. 변호사를 선임하려고 하는데 어떻게 해야 하나요?

A. 변호사 선임 시 다음의 절차를 따르시면 됩니다.

① 변호사 검색

각 지역의 지방변호사회 사이트에서 변호사를 검색해 볼 수 있고, 서울지방변호사회 사이트에서는 변호사의 전문분야도 확인이 가능합니다. 대한변호사협회에서는 변호사 전문분야 등록제도를 시행하고 있습니다. 자신이 맡기려는 사건을 전문으로 하는 변호사를 찾아 소송을 진행하는 것도 한 방법일 것입니다.

② 변호사 상담

먼저 사건의뢰에 앞서 법률사무소에 찾아가 사건에 대해 진지한 상담을 나누는 것이 좋습니다. 이 과정에서 사건브로커에 현혹되지 맙시다.

③ 이런 사람을 주의하세요. 브로커일 가능성이 큽니다.

- 송사에 휘말렸을 때 잘 아는 변호사가 있는데 소송을 맡겼다 하면 승소하니 아무 걱정하지 말라며 착수금조로 선금을 요구해 오는 사람
- 교통사고로 병원에 누워 있는 가족을 돌보고 있을 때 거액의 보상금을 받게 해주겠다며 명함을 내밀며 접근해오는 사람
- 잘못을 저지른 가족을 면회한 후 경찰서 민원인 대기실에서 한숨만 내쉬고 있을 때 고위층을 통해 당장 빼주겠다며 돈을 요구하는 사람

변호사가 아닌 사무장과만 상담을 하는 것은 좋지 못합니다. 변호사에게 고객이 안고 있는 문제를 분명하고 정확하게 이해시키기 위해서는 먼저 변호사와 함께 진지한 대화의 시간을 갖는 것이 좋습니다.

③ 계약서 작성

사건을 변호사에게 의뢰하기로 결정하면 계약서를 작성해야 합니다. 고액의 사건을 의뢰하고도 계약서가 있는 것을 몰라 뒤늦게 부당함을 호소하면서 난감해 하는 경우가 많습니다. 의뢰인은 계약서 작성 후 반드시 계약 내용을 주의 깊게 살펴볼 필요가 있습니다.

④ 증빙서류 준비

변호사가 사건을 보다 정확하게 이해하는 데 도움을 줄 수 있도록 사건과 관련된 증빙서류나 문서 등을 빠짐없이 준비하는 것이 중요합니다. 주의해야 할 것은 등기부등본 등 재발급이 가능한 공문서는 원본으로 제시하되 차용증서나 어음 등 추가로 발급받을 수 없는 서류는 반드시 복사본을 제출하고 원본은 의뢰인이 분실하지 않도록 잘 보관해야 합니다.

⑤ 소송진행의 참여

소송의 진행을 변호사에게만 맡기지 말고 소장이나 답변서 등을 제출할 때마다 적극적으로 참여해 진행상황을 점검해야 합니다. 또한 변호사가 소송 전략을 잘못 진행하고 있으면 바로잡을 수 있도록 늘 관심을 기울여야 합니다. 법률사무소에 종종 들러 진행 상황을 점검하고 의논하는 것이 바람직합니다. 변호사가 소장이나 답변서, 준비서면 등을 작성할 때 자칫 간과하고 지나칠 수 있는 부분이 발생할 수 있습니다. 또한 의뢰인만 알고 있는 중요한 사안, 혹은 사실과 달리 불리해질 수 있는 부분, 반드시 보완해야 할 필요가 있는 내용 등에 대해서는 의견을 개진해야 합니다. 또한 재판기일 하루 전에는 반드시 찾아가 재판을 준비하는 것이 좋습니다. 소송자료와 증거자료는 의뢰인이 가장 잘 알고 있으므로 변호사의 질의에 수시로 응해주어야 합니다.

⑥ 점검사항

㉮ 변호사에게 모든 사실을 분명하고 정확하게 알리고 소송 수행 과정에 필요한 자료와 정보를 수집, 제공해야 합니다.

㉯ 도움이 될 만한 의견이나 희망은 변호사에게 정확히 전해야 합니다.

㉰ 중대한 사안이 발생했거나 중요한 결정을 내려야 할 경우에는 변호사와 함께 상황을 적극적으로 분석한 후 대처해 나가야 합니다.

㉱ 변호사가 재판정에 출석하지 않아도 된다고 하는 재판기일 외에는 의뢰인도 법정에 출석해 소송 도중 변호사가 의뢰인과 상담을 해야 할 경우 즉시 응할 수 있어야 합니다.

⑦ 영수증 발급요청

민사소송은 소송을 수행하는데 여러 가지 비용이 듭니다. 이는 원칙적으로 의뢰인이 부담해야 하는 비용이므로 법률사무소에서는 당연히 의뢰인에게 요구합니다. 의뢰인은 이런 비용을 지불한 후 반드시 영수증을 발급 받아야 합니다. 금전과 관련된 문제일수록 분명하고 철저하게 처리해야 서로에게 불필요한 잡음을 예방할 수 있습니다.

■ 소송대리인 선임 이후에 당사자가 사망한 경우, 소송대리인에 의한 소제기의 적법성 및 상속인들에 의한 소송수계가 가능한지요?

Q. 甲은 乙에 대한 손해배상청구소송과 관련하여 변호사 丙을 소송대리인으로 선임하였으나, 丙이 소송을 제기하기 전에 甲이 사망을 하였고, 丙은 甲의 사망사실을 알지 못한 채, 소송위임에 따라 甲을 원고로 하여 위 소송을 제기하였습니다. 위와 같은 소송제기가 유효?적법한 것인가요? 또한, 위와 같은 소송제기사실을 알게 된 甲의 상속인 丁과 戊는 위 소송에 어떻게 참여할 수 있나요?

A. 당사자가 사망하더라도 소송대리인의 소송대리권은 소멸하지 아니하므로(민사소송법 제95조 제1호), 당사자가 소송대리인에게 소송위임을 한 다음 소제기 전에 사망하였는데 소송대리인이 당사자가 사망한 것을 모르고 당사자를 원고로 표시하여 소를 제기하였다면 그와 같은 소제기는 적법하다고 보아야 할 것입니다. 그리고, 시효중단 등 소제기의 효력은 상속인들에게 귀속될 수 있다고 할 것입니다. (대법원 2016.4.29. 선고 2014다210449 판결) 한편, 위와 같은 경우에도 민사소송법 제233조 제1항이 유추적용된다고 할 수 있으므로, 소송계속 중에 원고가 사망한 경우와 마찬가지로, 사망한 원고의 상속인들은 소송절차를 수계하여 소송절차에 참여할 수 있다고 할 것입니다. (대법원 2016.4.29. 선고 2014다210449 판결)따라서, 변호사(소송대리인) 丙에 의한 소송제기는 적법하다고 할 것이고, 위 소송제기의 효력은 甲의 상속인인 丁과 戊에게 미친다고 할 것이며, 丁과 戊는 위 소송절차에 참여하기 위하여 소송절차를 수계할 수 있다고 할 것입니다.

■ 당사자 사망 이후에 소송대리인이 제기한 소송이 중단되지 않은 채 판결이 선고된 경우, 상속인들이 취하여야 할 조치는?

Q. 甲의 소송대리인으로 선임된 변호사 丙은 甲이 사망하였음에도 이를 알지 못한 채, 소송위임에 따라 甲을 원고로 하여 乙을 상대로 손해배상 소송을 제기하였습니다. 그리고, 丙은 소송과정에서도 甲의 사망사실을 알지 못하여 원고인 甲에 대해 불리한 취지로 일부 승소판결이 내려졌습니다. 이 때, 위와 같은 판결의 효력은 甲의 상속인 丁과 戊에게 영향이 미치는가요? 그리고, 丁과 戊는 위 판결에 대한 항소를 하기 위하여 어떠한 조치를 취하여야 하는가요?

A. 당사자가 사망하더라도 소송대리인의 소송대리권은 소멸하지 아니하므로(민사소송법 제95조 제1호), 당사자가 소송대리인에게 소송위임을 한 다음 소제기 전에 사망하였는데 소송대리인이 당사자가 사망한 것을 모르고 당사자를 원고로 표시하여 소를 제기하였다면 그와 같은 소제기는 적법하다고 보아야 할 것입니다. 또한, 당사자가 사망하였으나 소송대리인이 있는 경우에는 소송절차가 중단되지 아니하고(민사소송법 제238조, 제233조 제1항), 소송대리인은 상속인들 전원을 위하여 소송을 수행하게 되며, 판결은 상속인들 전원에 대하여 효력이 있습니다. 다만, 이 경우 심급대리의 원칙상 판결정본이 소송대리인에게 송달되면 소송절차가 중단되므로 항소는 소송수계절차를 밟은 다음에 제기하는 것이 원칙입니다. 사안에서, 소송대리인 丙에 의한 소송제기는 적법·유효하다고 보여지고, 병은 상속인들인 丁과 戊를 위하여 소송을 수행하게 되며, 丙의 소송수행에 따라 선고된 판결은 丁과 戊에게 효력이 있다고 할 것입니다. 그런데, 판결이 甲에게 불리한 취지로 일부승소판결이 내려졌으므로, 丁과 戊의 입장에서는 항소를 할 필요가 있을 것인데, 위 1심 판결이 丙에게 송달되었을 때 소송절차가 중단되므로, 丁과 戊는 소송수계절차를 밟은 이후에 직접 항소를 제기하거나 새로운 소송대리인을 선임하여 그 소송대리인으로 하여금 항소하게 할 수 있습니다.

참고로, 이 경우 丁과 戊가 새로 선임한 소송대리인이 수계절차를 밟지 않고 항소장 및 항소이유서부터 제출한 경우, 위 항소장 및 항소이유서 제출의 효력이 문제될 수 있습니다. 이와 관련하여, 대법원은 〈소송절차 중단 중에 제기된 상소는 부적법하지만 상소심법원에 수계신청을 하여 하자를 치유시킬 수 있으므로, 상속인들에게서 항소심소송을 위임받은 소송대리인이 소송수계절차를 취하지 아니한 채 사망한 당사자 명의로 항소장 및 항소이유서를 제출하였더라도, 상속인들이 항소심에서 수계신청을 하고 소송대리인의 소송행위를 적법한 것으로 추인하면 하자는 치유되고, 추인은 묵시적으로도 가능하다.〉고 판시(대법원 2016.4.29. 선고 2014다210449 판결)하였는바, 사안에서 丁과 戊는 항소 이후 항소심법원에 수계신청을 한 후 앞서 소송대리인의 항소장 및 항소이유서 제출행위를 추인하면, 하자는 모두 치유된다고 볼 수 있습니다.

■ 당사자에게 여러 소송대리인이 있는 경우 항소기간의 기산점은 언제인 지요?

Q. 저는 甲을 상대로 민사소송을 제기하였는데, 1심에서 乙, 丙, 丁 3명 의 소송대리인을 선임하였고, 전부 패소하여 항소하고자 합니다. 판결 문은 저의 소송대리인 乙, 丙, 丁에게 위 순서대로 각 다른 날에 송 달받았습니다. 저는 언제까지 항소를 제기하여야 하는지요?

A. 항소기간에 대하여 민사소송법 제396조는 "① 항소는 판결서 송달된 날부 터 2주 이내에 하여야 한다. 다만, 판결서 송달전에도 할 수 있다. ② 제1 항의 기간은 불변기간으로 한다"고 규정하고 있습니다. 한편 여러 소송대 리인이 있는 경우에 대하여 민사소송법 제93조는 "① 여러 소송대리인이 있는 때에는 각자가 당사자를 대리한다. ② 당사자가 제1항의 규정에 어긋 나는 약정을 한 경우 그 약정은 효력을 가지지 못한다."고 규정하고 있으 며, 민사소송법 제180조는 "여러 사람이 공동으로 대리권을 행사하는 경우 의 송달은 그 가운데 한 사람에게 하면 된다."고 규정하고 있습니다. 당사 자에게 여러 소송대리인이 있는 경우 항소기간 기산점에 관하여 대법원은 "민사소송의 당사자는 민사소송법 제396조 제1항에 의하여 판결정본이 송 달된 날부터 2주 이내에 항소를 제기하여야 한다. 한편 당사자에게 여러 소송대리인이 있는 때에는 민사소송법 제93조에 의하여 각자가 당사자를 대리하게 되므로, 여러 사람이 공동으로 대리권을 행사하는 경우 그 중 한 사람에게 송달을 하도록 한 민사소송법 제180조가 적용될 여지가 없어, 법원으로서는 판결정본을 송달함에 있어 여러 소송대리인에게 각각 송달을 하여야 하지만, 그와 같은 경우에도 소송대리인 모두 당사자 본인을 위하 여 소송서류를 송달받을 지위에 있으므로 당사자에 대한 판결정본 송달의 효력은 결국 소송대리인 중 1인에게 최초로 판결정본이 송달되었을 때 발 생한다고 할 것이다. 따라서 당사자에게 여러 소송대리인이 있는 경우 항 소기간은 소송대리인 중 1인에게 최초로 판결정본이 송달되었을 때부터 기 산된다."고 하였습니다(대법원 2011.9.29. 자 2011마1335 결정). 위 법리에

비추어 당사자에게 여러 소송대리인이 있는 경우 항소기간은 소송대리인 중 1인에게 최초로 판결정본이 송달되었을 때부터 기산되므로, 귀하의 경우 소송대리인 중 가장 빨리 판결문을 송달받은 乙이 받은 시점부터 항소기간이 진행되고 그로부터 2주 내에 항소를 제기하여야 합니다. 만약, 귀하가 乙에게 판결문이 송달된 때부터 2주가 경과한 후에 항소장을 제출할 경우 이는 부적법한 항소로 항소장각하명령을 받을 것입니다.

[서식 예] 소송대리인 주소변경신고서

소송대리인 주소변경신고서

사　　건　　20○○가소○○○　대여금
원　　고　　○○○
피　　고　　◇◇◇

　위 사건에 관하여, 원고 소송대리인은 다음 장소로 주소를 이전하였으므로 이를 신고하오니, 추후 소송서류 등의 송달을 다음 장소로 하여 주시기 바랍니다.

다　　음

원고 소송대리인: ◎◎◎
○○시 ○○구 ○○길 ○○(우편번호 ○○○○○)
전화 · 휴대폰번호:
팩스번호, 전자우편(e-mail)주소:

20○○.　○.　○.
원고 소송대리인 ◎◎◎(서명 또는 날인)

○○지방법원 제○○민사단독　귀중

[서식 예] 소송대리인 해임신고서

소 송 대 리 인 해 임 신 고 서

사　건　20○○가단○○○　대여금
원　고　○○○
피　고　◇◇◇

　위 사건에 관하여 원고는 소송대리인 ◎◎◎을 위 사건 소송대리인으로
부터 해임하였으므로 이에 신고합니다.

20○○. ○. ○.
위 원고 ○○○(서명 또는 날인)

○○지방법원 제○○민사단독　귀중

6. 보전처분

'보전처분(保全處分)'이란 소송의 확정 또는 집행 전까지 법원이 명하는 잠정적인 처분으로, 가압류·가처분이 있습니다.

6-1. 처분의 필요성

① 보전처분은 이를 하지 않으면 판결을 집행할 수 없거나 현상이 바뀌면 당사자가 권리를 실행하지 못할 수도 있는 상황을 방지하기 위한 절차입니다.

② 예를 들어 채권자가 매매대금 청구소송을 제기하자 채무자가 자신의 재산을 다른 사람의 명의로 변경하는 등의 행위를 하여 채권자가 승소하더라도 채무자 명의의 재산이 없어 매매대금을 받지 못하는 상황을 방지하기 위한 제도입니다.

6-2. 가압류

6-2-1. 가압류란?

'가압류'란 금전채권이나 금전으로 환산할 수 있는 채권(예컨대 매매대금, 대여금, 어음금, 수표금, 양수금, 공사대금, 임료, 손해배상청구권 등)의 집행을 보전할 목적으로 미리 채무자의 재산을 동결시켜 채무자로부터 그 재산에 대한 처분권을 잠정적으로 빼앗는 집행보전제도(執行保全制度)를 말합니다.

6-2-2. 가압류절차

① 신청

신청인은 가압류신청서를 비롯한 관련 서류를 가압류할 물건이 있는 곳을 관할하는 지방법원이나 본안(이미 민사소송을 제기한 경우)의 관할법원 민사신청과에 제출합니다.

② 재판

법원은 가압류로 생길 수 있는 채무자의 손해에 대해 담보제공을 명령할 수 있으며, 채권자가 정해진 기일(보통 7일) 내에 담보를 제공하면 가압류 명령을 하게 됩니다.

③ 집행

가압류에 대한 재판의 집행은 채권자에게 재판을 고지한 날부터 2주 이내에 해야 하며, 이는 채무자에게 송달하기 전에도 할 수 있습니다.

6-3. 가처분

6-3-1. 가처분이란 ?

'가처분'이란 금전채권 이외의 청구권에 대한 집행을 보전하기 위해 또는 다투어지고 있는 권리관계에서 임시의 지위를 정하기 위해 법원이 행하는 일시적인 명령을 말합니다.

6-3-2. 절차

① 신청

신청인은 가압류신청서를 비롯한 관련 서류를 다툼의 대상이 있는 곳을 관할하는 지방법원 또는 본안(이미 민사소송을 제기한 경우)의 관할법원 민사신청과에 제출합니다.

② 재판

법원은 가처분으로 생길 수 있는 채무자의 손해에 대해 채권자에게 담보제공을 명령할 수 있으며, 채권자가 정해진 기일(보통 7일) 내에 담보를 제공하면 가처분 명령을 하게 됩니다.

③ 집행

가처분에 대한 재판의 집행은 채권자에게 재판을 고지한 날부터 2주 이내에 해야 하며, 이는 채무자에게 송달하기 전에도 할 수 있습니다.

■ 보전처분에 대한 소송대리인의 권한은 어디까지 인지요?

Q. 얼마 전 변호사를 선임하여 소송을 수행하였습니다. 대여금 관련 사건이었는데 변호사가 피고의 부동산에 가압류를 하지 않았습니다. 제가 알기론 별다른 이야기가 없어도 민사소송법상 가압류를 할 수 있다고 알고 있는데, 변호사는 가압류가 필요치 않았다고 보아 가압류를 하지 않았다고 합니다. 이는 변호사 의무 위반 아닌가요?

A. 민사소송법 제90조 제1항은 "소송대리인은 위임을 받은 사건에 대하여 반소(反訴)·참가·강제집행·가압류·가처분에 관한 소송행위 등 일체의 소송행위와 변제(辨濟)의 영수를 할 수 있다."고 규정하여 소송대리인인 변호사는 별도의 위임계약 없이도 가압류가 가능하다고 적시하고 있습니다. 다만 우리 대법원은 "민사소송법 제82조(현행 민사소송법 제90조)의 규정은 소송절차의 원활·확실을 도모하기 위하여 소송법상 소송대리권을 정형적·포괄적으로 법정한 것에 불과하고 변호사와 의뢰인 사이의 사법상의 위임계약의 내용까지 법정한 것은 아니므로, 본안소송을 수임한 변호사가 그 소송을 수행함에 있어 강제집행이나 보전처분에 관한 소송행위를 할 수 있는 소송대리권을 가진다고 하여 의뢰인에 대한 관계에서 당연히 그 권한에 상응한 위임계약상의 의무를 부담한다고 할 수는 없고, 변호사가 처리의무를 부담하는 사무의 범위는 변호사와 의뢰인 사이의 위임계약의 내용에 의하여 정하여진다."고 판시(대법원 1997.12.12. 선고 95다20775 판결)하여 법률에 규정이 있다고 하여도 위임계약 내용에 따라서 특별히 정하지 않은 경우에는 의무를 부담하지는 않는다고 보고 있습니다. 이에 더하여 같은 판례에서 대법원은 소송의 수임 당시 변호사가 의뢰인에게 그 토지에 대한 소유권이전등기청구권을 보전할 필요성 및 처분금지가처분절차에 관하여 충분히 설명을 하였어야 할 구체적 사정이 존재하였다고 보기는 어렵다고 보아 변호사의 손해배상책임을 인정하지 않기도 하였습니다. 사안의 경우, 변호사와 귀하의 위임계약이 어떻게 이루어졌는지 알 수 없어 확실히 말씀 드릴 수는 없으나, 보전처분에 관하여 별도의 특약이 없었다면, 특별히 변호사의 의무위반이라는 사정은 없다고 판단됩니다.

제4장

민사분쟁 간이절차

제4장 민사분쟁 간이절차

제1절 민사조정

1. 민사조정의 개념

① 민사조정이란 민사에 관한 분쟁을 당사자 사이의 상호 양해를 통해 조리를 바탕으로 실정에 맞게 해결하는 간이한 절차를 말합니다.

② 민사조정절차는 당사자가 신청하거나 수소법원이 필요하다고 인정하여 결정으로 조정에 회부한 경우 진행됩니다.

2. 신청인

① 당사자에 의한 신청

민사에 관한 분쟁의 당사자는 법원에 조정을 신청할 수 있습니다.

② 법원에 의한 회부

수소법원은 필요하다고 인정하면 항소심 판결 선고 전까지 소송이 진행 중인 사건을 결정으로 조정에 회부할 수 있습니다.

3. 대리인 선임

① 법원의 허가

조정담당판사의 허가를 받으면 변호사가 아닌 사람을 대리인 또는 보조인으로 할 수 있습니다.

② 소액사건의 경우

조정사건이 소액사건일 경우 조정 당사자의 배우자·직계혈족 또는 형제자매는 법원의 허가 없이 소송대리인이 될 수 있습니다.

4. 민사조정 신청 절차

4-1.민사조정 신청 절차도

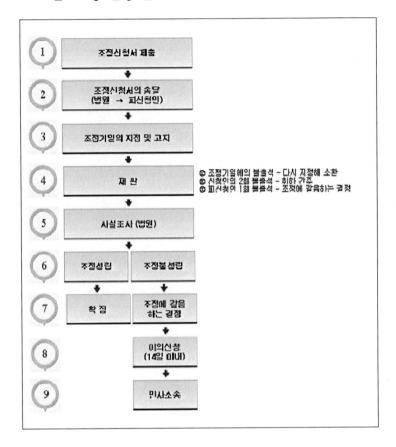

4-2 신청방법

① 조정은 서면이나 구술로 신청할 수 있습니다.

② 구술로 신청할 경우 법원서기관, 법원사무관, 법원주사 또는 법원주사보
(이하 '법원사무관등'이라 한다)의 앞에서 진술해야 합니다.

③ 이 경우 법원사무관등은 조정신청조서를 작성하고 조서에 기명날인해야
합니다.

4-3. 신청서 작성

① 민사조정신청서는 소장과 비슷하며 신청취지, 신청이유, 입증방법, 첨부서류를 자세히 기재합니다.

② 민사조정 신청수수료(인지액)는 소송 진행 시 첨부하는 인지액의 1/10 에 해당하는 금액입니다.

4-4. 조정신청서의 제출

① 조정신청서의 기재내용

조정신청서나 조정신청조서에는 당사자, 대리인, 신청 취지와 분쟁 내용을 명확히 기재해야 합니다.

② 첨부서류

증거서류가 있는 경우에는 신청과 동시에 이를 제출해야 합니다.

조정을 서면으로 신청하는 경우 피신청인 수만큼의 부본을 제출해야 합니다.

③ 관할

조정신청서는 다음을 관할하는 지방법원, 지방법원지원, 시법원 또는 군법원의 민사접수과에 제출하면 됩니다. 또한 조정사건은 그에 상응하는 소송사건의 전속관할법원이나 당사자 사이에 합의로 정한 법원에 제출할 수도 있습니다.

㉮ 피신청인에 대한 「민사소송법」 제3조부터 제6조까지에 따른 보통재판적(普通裁判籍) 소재지

㉯ 피신청인의 사무소 또는 영업소 소재지

㉰ 피신청인의 근무지

㉱ 분쟁 목적물 소재지

㉲ 손해 발생지

■ 공유물분할에 관해 다툼이 생긴 경우 친구 사이라 소송까지는 가고 싶지 않은데 민사조정을 신청할 수 있을까요?

Q. 친구와 동업을 하고 있는데 사업 확장에 대해 의견이 서로 맞지 않고 일정 부분의 이익이 제가 모르는 사이 없어지는 듯 해 동업을 파기하려고 하니 공유물분할에 관해 다툼이 생겼습니다. 친구 사이라 소송까지는 가고 싶지 않은데 달리 방법이 없을까요?

A. 민사소송을 제기하기 전에 민사조정신청을 해 보시기를 권해 드립니다. 민사조정은 당사자 사이에 합의된 사항을 조서에 기재함으로써 성립합니다. 조정조서는 재판상의 화해조서와 같이 확정판결과 동일한 효력이 있습니다. 또한 창설적 효력이 있어 당사자 사이에 조정이 성립하면 종전의 다툼 있는 법률관계를 바탕으로 한 권리·의무관계는 소멸하고 조정의 내용에 따른 새로운 권리·의무관계가 성립하는 제도입니다.

■ 민사조정은 어떤 경우에 신청할 수 있나요?

Q. 친구와 동업을 하고 있는데 일정 부분의 이익이 제가 모르는 사이 없어지는 듯 해 동업을 파기하려고 하니 다툼이 생겼습니다. 친구 사이라 소송까지는 가고 싶지 않은데 달리 방법이 없을까요?

A. 민사소송을 제기하기 전에 민사조정신청을 해 보시기를 권해 드립니다. 민사조정은 당사자 사이에 합의된 사항을 조서에 기재함으로써 성립합니다.

◇ 민사조정의 개념

민사조정이란 민사에 관한 분쟁을 당사자 사이의 상호 양해를 통해 조리(條理)를 바탕으로 실정에 맞게 해결하는 간이한 절차를 말합니다.

◇ 신청인

민사조정은 당사자가 신청하거나 수소법원은 필요하다고 인정하면 항소심 판결 선고 전까지 소송이 진행 중인 사건을 결정으로 조정에 회부할 수 있습니다.

◇ 조정기관

① 조정담당판사, ② 조정위원회 : 조정장(調停長) 1명과 조정위원 2명 이상으로 구성, ③ 수소법원

◇ 조정의 효력

조정은 확정판결과 동일한 효력이 있습니다.

■ 친구 사이에 분쟁이 발생하서 소송까지 가기는 싫고 조정으로도 해결할 수 있다던데, 민사조정은 어떻게 이루어지는 건가요?

Q. 친구 사이에 분쟁이 발생하서 소송까지 가기는 싫고 조정으로도 해결할 수 있다던데, 민사조정은 어떻게 이루어지는 건가요?

A. 민사에 관한 모든 분쟁은 조정의 대상이 됩니다. 조정신청서(피신청인의 수에 상응하는 부본 첨부)를 제출하거나, 법원주사(보)등의 면전에서 구술하는 등의 방법으로 조정신청을 할 수 있습니다(민사조정법 제5조). 조정담당판사의 허가를 받으면 변호사가 아닌 사람을 대리인 또는 보조인으로 할 수 있습니다(「민사조정규칙」 제6조제2항 본문). 조정사건이 소액사건일 경우 조정 당사자의 배우자·직계혈족 또는 형제자매는 법원의 허가 없이 소송대리인이 될 수 있습니다(「민사조정규칙」 제6조제2항 단서). 조정담당판사 또는 조정위원회는 수소법원의 재판장이 권고한 기일에 당사자 쌍방이 출석한 경우에는 그 날 조정기일을 열어야 합니다(「민사 및 가사조정의 사무처리에 관한 예규」 제13조제3항). 조정담당판사 또는 조정위원회는 수소법원의 재판장이 권고한 기일에 당사자 쌍방 또는 일방이 출석하지 않은 경우에는 조정기일을 다시 지정해 소환해야 합니다(「민사 및 가사조정의 사무처리에 관한 예규」 제13조제3항). 신청인이 2회 조정기일에 불출석한 경우 조정신청이 취하된 것으로 봅니다(「민사조정법」 제31조제2항). 피신청인이 조정기일에 1회 출석하지 않은 경우 조정담당판사는 상당한 이유가 없으면 직권으로 조정에 갈음하는 결정을 해야 합니다(「민사조정법」 제32조). 조정수수료는 일반의 민사소송 첩용 인지액의 1/5이며, 조정은 재판상 화해와 동일한 효력이 있습니다. 다만, 조정에 갈음하는 결정에 대하여, 당사자는 그 결정조서의 정본이 송달된 2주일 이내에 이의를 신청할 수 있습니다. 또한 조정을 하지 아니하기로 하는 결정이 있는 때나, 조정이 성립하지 아니하는 것으로 종결될 때, 또는 전항의 이의신청이 있는 경우에는 별도의 제소신청이 없어도 소송으로 이행되어 재판을 받게 됩니다.

■ 민사조정결정에 대해 이의신청을 하려면 어떻게 하나요?

Q. 법원으로부터 조정신청서를 송달받아 조정기일을 고지 받았는데 저는 상대방과의 조정에 응할 생각이 전혀 없습니다. 만약 조정기일에 출석하고 싶지 않다면 이후 절차가 어떻게 진행되는지 알고 싶습니다.

A. 피신청인이 조정기일에 1회 출석하지 않은 경우, 조정담당판사는 상당한 이유가 없으면 직권으로 조정에 갈음하는 결정을 해야 합니다(「민사조정법」 제32조). 따라서 조정기일에 출석하지 않으시면 상당한 이유가 없는 한 조정에 갈음하는 결정이 내려지게 됩니다. 조정에 갈음하는 결정이란 합의가 성립되지 않는 등의 사유가 있는 경우 당사자의 이익이나 그 밖의 모든 사정을 고려해 신청인의 신청 취지에 반하지 않는 한도에서 법원이 직권으로 내리는 결정을 말합니다(「민사조정법」 제30조). 법원은 법원조정담당판사가 작성하고 기명날인한 결정서의 정본을 당사자에게 송달해야 하므로(「민사조정규칙」 제15조의2제2항), 위 결정문을 송달받으실 수 있습니다. 당사자는 조정에 갈음하는 결정에 대해 조서의 정본이 송달된 날부터 2주일 내에 이의를 신청할 수 있습니다(「민사조정법」 제34조제1항 본문). 다만, 조서의 정본이 송달되기 전에도 이의를 신청할 수 있습니다(「민사조정법」 제34조제1항 단서). 따라서, 조정기일에 출석하지 않으면 조정에 갈음하는 결정이 내려지나, 해당 결정문을 송달받은 날로부터 2주 내에 이의신청을 하시면 조정을 신청한 때에 소송이 제기된 것으로 보아(「민사조정법」 제36조제1항), 이후 소송절차로 진행하게 됩니다.

[서식 예] 민사조정 신청서 서식

조 정 신 청 서

신 청 일 20○○. ○○. ○○.

사 건 명 ○○○

신 청 인 ○○○(주민등록번호)

　　　　○○시○○구○○로○○(우편번호○○○-○○○)

　　　　전화 · 휴대폰번호:

　　　　팩스번호, 전자우편(e-mail)주소:

피신청인 ◇◇◇(주민등록번호)

　　　　○○시○○구○○로○○(우편번호○○○-○○○)

　　　　전화 · 휴대폰번호:

　　　　팩스번호, 전자우편(e-mail)주소:

소송목적의 값		원	인 지	원

※조정비용은 소장에 첨부하는 인지액의 1/10입니다.

(인지첩부란)

송달료 계산 방법 : 당사자 수(신청인+피신청인)×5×3,550원(1회 송달료)

※1회 송달료는 추후 변동될 수 있습니다.

휴대전화를 통한 정보수신 신청

　위 사건에 관한 재판기일의 지정 · 변경 · 취소 및 문건접수 사실을 예납의무자가 납부한 송달료 잔액 범위 내에서 아래 휴대전화를 통하여 알려주실 것을 신청합니다.

▣ 휴대전화 번호 :

20 . . .

신청인 원고(날인 또는 서명)

※ 문자메시지는 재판기일의 지정·변경·취소 및 문건접수 사실이 법원재판사무시스템에 입력되는 당일 이용 신청한 휴대전화로 발송됩니다.

※ 문자메시지 서비스 이용금액은 메시지 1건당 17원씩 납부된 송달료에서 지급됩니다(송달료가 부족하면 문자메시지가 발송되지 않습니다).

※ 추후 서비스 대상 정보, 이용금액 등이 변동될 수 있습니다.

○○ 지방법원   귀중

◇유의사항◇

1. 연락처란에는 언제든지 연락 가능한 전화번호나 휴대전화번호, 그 밖에 팩스번호·이메일 주소 등이 있으면 함께 기재하여 주시기 바랍니다. 피신청인의 연락처는 확인이 가능한 경우에 기재하면 됩니다.

2. 첨부할 인지가 많은 경우에는 뒷면을 활용하시기 바랍니다.

신 청 취 지

1.
2.
라는 조정을 구합니다.

신 청 원 인

1.

2.

3.

입 증 방 법

1.

2.

3.

4.

첨 부 서 류

1. 위 입증방법   각 1통
1. 신청서부본   1통
1. 송달료납부서   1통

200 . . .

위 신청인(서명 또는 날인)

○○지방법원 귀중

[서식 예] 조정신청서(임차보증금 감액청구)

조 정 신 청 서

신 청 인 ○○○(주민등록번호)
　　　　○○시 ○○구 ○○로 ○○(우편번호 ○○○○○)
　　　　전화·휴대폰번호:
　　　　팩스번호, 전자우편(e-mail)주소:

피신청인 ◇◇◇(주민등록번호)
　　　　○○시 ○○구 ○○로 ○○(우편번호 ○○○○○)
　　　　전화·휴대폰번호:
　　　　팩스번호, 전자우편(e-mail)주소:

임차보증금감액청구

신 청 취 지

피신청인은 신청인에게 금 15,000,000원을 지급한다.
라는 조정을 구합니다.

분 쟁 내 용

1. 신청인은 20○○.○.○. 피신청인으로부터 그의 소유인 ○○시 ○○구 ○○로 ○○ 소재 건물을 임대차보증금 30,000,000원으로 하면서 임대차보증금 전액을 지급하였습니다. 그 뒤 20○○.○○.○. 신청인은 피신청인과 위 임대차계약을 갱신하기로 합의하고 임대차보증금 50,000,000원, 임대차기간 20○○.○○.○.부터 2년간으로 하는 재계약을 체결하고, 증액된 임대차보증금 20,000,000원을 지급하였습니다.

2. 그런데 최근 경제 불황과 부동산가격의 하락 및 임대료의 하락에 따라 위 아파트와 유사한 인근 아파트의 임대차보증금이 금 35,000,000원까지 떨어진 상황입니다.
　그에 따라 신청인은 피신청인에 대하여 위 아파트에 대한 임대차보증금을 현 시세와 같은 금 35,000,000원으로 감액해줄 것을 청구하였으나 피신청인은 이에 응하지 않고 있습니다.

3. 따라서 신청인은 피신청인으로부터 현재의 임대차보증금과 현 시세와의 차액인 금 15,000,000원을 반환 받고자 조정을 신청합니다.

입 증 방 법

1. 갑 제1호증   임대차계약서
1. 갑 제2호증   주민등록표등본
1. 갑 제3호증   영수증
1. 갑 제4호증   부동산중개업자확인서

첨 부 서 류

1. 위 입증방법   각 1통
1. 신청서부본   1통
1. 송달료납부서   1통

20○○.○○.○○.
위 신청인 ○○○(서명 또는 날인)

○○지방법원 귀중

조 정 신 청 서

신 청 인 ○○○(주민등록번호)
　　　　○○시 ○○구 ○○길 ○○(우편번호 ○○○○○)
　　　　전화·휴대폰번호:
　　　　팩스번호, 전자우편(e-mail)주소:
피신청인 ◇◇◇(주민등록번호)
　　　　○○시 ○○구 ○○길 ○○(우편번호 ○○○○○)
　　　　전화·휴대폰번호:
　　　　팩스번호, 전자우편(e-mail)주소:

대여금반환청구

신 청 취 지

피신청인은 신청인에게 금 ○○○원 및 이에 대한 20○○.○○.○.부터 다 갚는 날까지 연 25%의 비율에 의한 돈을 지급한다.
라는 조정을 구합니다.

신 청 이 유

1. 신청인은 20○○.○○.○. 피신청인에게 아래와 같이 돈을 대여하였습니다.

- 아　　래 -

　　(1) 대 여 금 : 금 ○○○원
　　(2) 이　　자 : 연 25%
　　(3) 변제기일 : 20○○.○○.○○.

2. 그러나 피신청인은 사정이 어렵다면서 갚을 날짜가 지나도록 원리금을 갚지 아니하므로, 신청인은 대여금 ○○○원 및 이에 대한 지연손해금 등을 지급받기 위하여 이 사건 조정신청을 하게 되었습니다.

입 증 방 법

1. 갑 제1호증   차용증
1. 갑 제2호증   각서

첨 부 서 류

1. 위 입증방법   각 1통
1. 조정신청서부본   1통
1. 송달료납부서   1통

2000.00.00.
위 신청인 ○○○(서명 또는 날인)

○○지방법원 귀중

[서식 예] 조정신청서{손해배상(자)청구}

조 정 신 청 서

신 청 일 20○○.○○.○○.
사 건 명 손해배상(자)
신 청 인 ○○○(주민등록번호)
       ○○시○○구○○길○○(우편번호)
       전화 · 휴대폰번호:
       팩스번호, 전자우편(e-mail)주소:

피신청인 ◇◇◇(주민등록번호)
       ○○시○○구○○길○○(우편번호)
       전화 · 휴대폰번호:
       팩스번호, 전자우편(e-mail)주소:

조정신청사항가액	금 3,736,876원	수수료	금 1,800원	송달료	금 32,500원
(인지첩부란)					

신 청 취 지

1. 피신청인은 신청인에게 금 3,736,876원 및 이에 대한 20○○.○.○.부터 이 사건 신청서부본 송달일까지는 연 5%의, 그 다음날부터 다 갚는 날까지는 연 15%의 각 비율에 의한 돈을 지급한다.

2. 조정비용은 피신청인의 부담으로 한다.

라는 조정을 구합니다.

신 청 원 인

1. 신분관계
  신청인은 이 사건 교통사고의 직접 피해자이고, 피신청인은 울산○○다○○○

○호 베스타 승합자동차의 소유자겸 이 사건 교통사고를 야기한 불법행위자입니다.

2. 손해배상책임의 발생

신청인은 ○○시 ○○구 ○○길 소재 올림피아호텔 뒤편 소방도로를 걸어가고 있을 즈음, 피신청인이 울산○○다○○○○호 베스타 승합차를 운행하여 위 호텔 주차장 쪽에서 호텔 뒤편 공터로 진행하게 되었는바, 이러한 경우 운전업무에 종사하는 피신청인으로서는 전후 좌우를 잘 살펴 안전하게 운전함으로써 사고를 미리 방지하여야 할 주의의무가 있음에도 불구하고 이를 게을리 한 채 운전한 과실로 위 차량 운전석 앞 백밀러 부위로 보행 중이던 신청인을 충격, 전도케 하여 신청인으로 하여금 염좌, 견관절, 좌상 등의 중상해를 입게 하였습니다.

그렇다면 피신청인은 자기를 위하여 자동차를 운행하는 자로서, 위 교통사고를 발생시킨 불법행위자로서 신청인이 입게 된 모든 손해를 배상할 책임이 있다 할 것입니다.

3. 손해배상의 범위

가. 일실수입

신청인은 이 사고로 치료를 위하여 통원치료 47일간 아무런 일에도 종사하지 못하여 금 1,736,876원의 일실손해를 입었습니다.

【계 산】

20○○. 9.경. 도시일용노임(건설업보통인부) : 금 50,683원

월평균 가동일수 : 22일

47일의 호프만지수 : 1.5577[=1개월의 호프만지수(0.9958) + {2개월의 호프만지수(1.9875) - 1개월의 호프만지수(0.9958)}×17/30]

금 1,736,876원[=금 50,683원×22일×1.5577, 원미만 버림]

나. 치료비

치료비는 피신청인이 가입한 책임보험회사에서 전액 지급하였으므로 향후 치료비 금 1,000,000원을 청구합니다.

다 . 위자료

신청인의 나이, 이 사건 사고의 경위 및 그 결과, 치료기간 등 신청인의 모든 사정을 감안하여 금 1,000,000원은 지급되어야 할 것입니다.

4. 결론

그렇다면 피신청인은 신청인에게 금 3,736,876원(일실수입금 1,736,876원 +

향후치료비 금 1,000,000원+위자료 금 1,000,000원) 및 이에 대하여 이 사건 사고발생일인 20○○.○.○.부터 이 사건 신청서부본 송달일까지는 민법에서 정한 연 5%의, 그 다음날부터 다 갚는 날까지는 소송촉진등에관한특례법에서 정한 연 15%의 각 비율에 의한 지연손해금을 지급할 의무가 있다 할 것이므로 이 사건 신청에 이른 것입니다.

입 증 방 법

1. 갑 제1호증   주민등록표등본
1. 갑 제2호증   진단서
1. 갑 제3호증   치료확인서
1. 갑 제4호증   향후치료비추정서
1. 갑 제5호증   자동차등록원부
1. 갑 제6호증의1, 2   월간거래가격표지 및 내용

첨 부 서 류

1. 위 입증방법   각 1통
1. 신청서부본   1통
1. 송달료납부서   1통

20○○.○○.○○.
위 신청인 ○○○(서명 또는 날인)

○○지방법원 귀중

[서식 예] 조정신청(임금청구)

조 정 신 청 서

신 청 인 ○○○(주민등록번호)
　　　　　○○시 ○○구 ○○길 ○○(우편번호 ○○○○○)
　　　　　전화 · 휴대폰번호:
　　　　　팩스번호, 전자우편(e-mail)주소:

피신청인 ◇◇◇(주민등록번호)
　　　　　○○시 ○○구 ○○길 ○○(우편번호 ○○○○○)
　　　　　전화 · 휴대폰번호:
　　　　　팩스번호, 전자우편(e-mail)주소:

임금청구

신 청 취 지

1. 피신청인은 신청인에게 금 1,200,000원 및 이에 대한 200○.○.○.부터 이 사건 신청서부본 송달일까지는 연 5%의, 그 다음날부터 다 갚는 날까지는 연 20%의 각 비율에 의한 돈을 지급한다.
2. 조정비용은 피신청인의 부담으로 한다.
라는 조정을 구합니다.

신 청 원 인

1. 신청인은 200○.○.○.부터 200○.○.○○.까지 ○○시 ○○구 ○○길 ○○ 소재 피신청인이 경영하는 '○○○학원'에서 수학강사로 근로를 제공하고 피신청인으로부터 200○.○월분 임금 1,200,000원을 지급 받지 못하였습니다.
2. 그러므로 신청인은 신청취지와 같은 조정결정을 구하고자 이 사건 신청에 이르렀습니다.

입 증 서 류

1. 갑 제1호증   체불금품확인원(○○지방노동사무소)

첨 부 서 류

1. 위 입증방법   1통
1. 신청서부본   1통
1. 송달료납부서   1통

20○○. ○○. ○○.
위 신청인 ○○○(서명 또는 날인)

○○지방법원 ○○지원 귀중

[서식 예] 조정신청서(공사이행청구 등)

조 정 신 청 서

신 청 인 ○○○(주민등록번호)
    ○○시 ○○구 ○○길 ○○(우편번호)
    전화 · 휴대폰번호:
    팩스번호, 전자우편(e-mail)주소:

피신청인 ◇◇◇(주민등록번호)
    ○○시 ○○구 ○○길 ○○(우편번호)
    전화 · 휴대폰번호:
    팩스번호, 전자우편(e-mail)주소:

공사이행청구 등

신 청 취 지

1. 피신청인은 선택적으로, ○○ ○○군 ○○면 ○○리 ○○ 전 838㎡ 중 신청인 소유의 분묘부분 33㎡(별지도면 표시 ㄱ, ㄴ, ㄷ, ㄹ, ㄱ의 각 점을 차례로 연결한 선내 부분)가 무너지지 않도록 축대설치공사를 이행하라, 또는 신청인에게 금 27,070,751원 및 이에 대한 이 사건 조정성립일부터 다 갚는 날까지 연 15%의 비율에 의한 돈을 지급하라.
2. 조정비용은 피신청인의 부담으로 한다.

라는 조정을 구합니다.

신 청 원 인

1. 당사자의 신분관계
   신청인은 20○○.○.○. 신청외 ⊙⊙⊙에게 ○○ ○○군 ○○면 ○○리 ○○ 전 838㎡(다음부터 '이 사건 토지'라 함)을 대금 ○○○원에 매도하면서 이 사건 토지 중 신청인의 선친의 분묘가 있는 부분인 별지도면 표시 ㄱ, ㄴ, ㄷ, ㄹ, ㄱ의 각 점을 차례로 연결한 부분 33㎡(다음부터 '이 사건 분묘부분'이라고 함)는 매매목적물에서 제외하기로 약정하였습니다(갑 제1호증의 1 매매계약서). 이후 신청외 ⊙⊙⊙는 20○○. ○. ○○. 피신청인에게 이 사건 토지를 대금 40,000,000원에 매도하면서 역시 매매목적물에서 이 사건 분묘부분을 제외하기로 약정하였습니다(갑 제1호증의 2 매매계약서, 갑 제2호증 부동산등기부등본).

2. 피신청인의 의무의 발생

그 뒤 피신청인이 이 사건 토지 위에 주택건축을 목적으로 중장비 등을 동원하여 땅파기 작업 및 터고르기 작업을 하면서 이 사건 분묘 주위가 무너질 상황에 처하였습니다(갑 제2호증의 1 내지 6 각 사진).

이에 신청인은 피신청인에게 위와 같은 피해상황에 대해 대책을 요구하였는바, 20○○.○○.○. 피신청인은 20○○.○○.○○.까지 이 사건 분묘 주위에 축대를 쌓아서 어떠한 피해도 발생하지 않도록 할 것이라고 약정하였습니다(갑 제3호증 서약서).

3. 축대공사비용

위와 같은 약정에도 불구하고 피신청인이 축대(옹벽)공사를 이행하지 않자, 신청인은 이 사건 분묘 주위에 축대(옹벽)설치공사비용에 대한 견적을 뽑아 보니, 그 비용이 합계 금 27,070,751원에 이릅니다(갑 제6호증 견적서).

4. 결론

그렇다면 피신청인은 선택적으로, ○○ ○○군 ○○면 ○○리 ○○ 전 838㎡ 중 신청인 소유의 분묘 부분 33㎡(별지도면 표시 ㄱ, ㄴ, ㄷ, ㄹ, ㄱ의 각 점을 차례로 연결한 선내 부분)이 무너지지 않도록 축대설치공사를 이행하든지, 또는 신청인에게 축대설치공사대금 27,070,751원 및 이에 대한 이 사건 조정성립일로부터 다 갚는 날까지 소송촉진등에관한특례법에서 정한 연 15%의 비율에 의한 지연손해금을 지급할 의무가 있으므로 신청인은 위와 같은 조정을 신청하였습니다.

입 증 방 법

1. 갑 제1호증의 1, 2   각 매매계약서
1. 갑 제2호증   부동산등기사항증명서
1. 갑 제3호증의 1 내지 6   현장사진
1. 갑 제4호증   서약서
1. 갑 제5호증   지적도등본
1. 갑 제6호증   견적서

첨 부 서 류

1. 위 입증방법   각 1통
1. 신청서부본   1통
1. 송달료납부서   1통

20ㅇㅇ.ㅇㅇ.ㅇㅇ.
위 신청인 ㅇㅇㅇ (서명 또는 날인)

○○지방법원 ○○지원 귀중

5. 조정의 성립 또는 불성립

5-1. 조정의 성립

① 법원은 당사자 사이에 조정이 성립하면 합의된 사항을 조서에 기재해 그 정본(正本)을 당사자에게 각각 송달해야 합니다.

② 조정의 효력

조정은 확정판결과 동일한 효력이 있습니다.

5-2. 조정의 불성립

① 조정담당판사는 다음에 해당하는 경우 조정에 갈음하는 결정을 하거나 조정이 성립되지 않은 것으로 사건을 종결시켜야 합니다.

㉮ 당사자 사이에 합의가 성립되지 않은 경우

㉯ 성립된 합의의 내용이 적당하지 않다고 인정하는 경우

② 조정에 갈음하는 결정

조정에 갈음하는 결정이란 합의가 성립되지 않는 등의 사유가 있는 경우 당사자의 이익이나 그 밖의 모든 사정을 고려해 신청인의 신청 취지에 반하지 않는 한도에서 법원이 직권으로 내리는 결정을 말합니다.

③ 법원은 법원조정담당판사가 작성하고 기명날인한 결정서의 정본을 당사자에게 송달해야 합니다.

6. 이의신청

6-1. 이의신청기간

① 당사자는 조정에 갈음하는 결정에 대해 조서의 정본이 송달된 날부터 2주일 내에 이의를 신청할 수 있습니다.

② 다만, 조서의 정본이 송달되기 전에도 이의를 신청할 수 있습니다.

6-2. 이의신청의 통지

이의신청이 있을 경우 조정담당판사는 이의신청의 상대방에게 지체 없이 이를 통지해야 합니다.

6-3. 이의신청의 효력

다음의 경우에는 조정을 신청한 때에 소송이 제기된 것으로 봅니다.

① 조정담당판사가 조정사건이 그 성질상 조정을 하기에 적당하지 않다고 인정해 조정을 하지 않는 결정으로 사건을 종결한 경우

② 조정담당판사가 당사자가 부당한 목적으로 조정신청을 한 것으로 인정해 조정을 하지 않는 결정으로 사건을 종결한 경우

③ 조정이 성립되지 않은 것으로 사건이 종결된 경우

④ 조정에 갈음하는 결정조서의 정본이 송달된 날부터 2주일 내에 이의를 신청한 경우

6-4. 이의신청의 취하

이의신청을 한 당사자는 해당 심급(審級)의 판결이 선고될 때까지 상대방의 동의를 받아 이의신청을 취하할 수 있습니다.

6-5. 조정에 갈음하는 결정의 효력

다음의 경우 조정에 갈음하는 결정은 확정판결과 동일한 효력이 있습니다.

① 조서의 정본이 송달된 날부터 2주일 내에 이의신청이 없는 경우

② 이의신청이 취하된 경우

③ 이의신청이 적법하지 않아 각하결정이 확정된 경우

[서식 예] 조정에 갈음하는 결정에 대한 이의신청서(원고)

이 의 신 청 서

사　　건　　20○○머○○○○(20○○가단○○○○) 손해배상(자)

원　　고　　○○○ 외5

피　　고　　◇◇버스주식회사

　위 사건에 관하여 20○○.○.○○.자 조정에 갈음하는 결정정본이 20○○.
○○. ○. 원고들에게 송달되었으나, 원고들은 위 결정에 불복하므로 이의를 신
청합니다.

첨 부 서 류

　　　1. 이의신청서부본　　　　　　　1통

　　　　　　　20○○.○○.○○.
　　　　　위 원고 ○○○(서명 또는 날인)

○○지방법원 제○민사단독　귀중

[서식 예] 조정에 갈음하는 결정에 대한 이의신청서(피고)

이 의 신 청 서

사   건   20○○머○○○○(20○○가단○○○○) 임금
원   고   ○○○
피   고   ◇◇◇

   위 사건에 대하여 피고는 귀원의 20○○.○.○.자 조정에 갈음하는 결정에
불복하므로 이의를 신청합니다.
(결정정본을 송달받은 날 : 20○○.○○.○.)

20○○.○○.○○.
위 피고 ◇◇◇(서명 또는 날인)

○○지방법원 제○민사단독   귀중

[서식 예] 조정에 갈음하는 결정에 대한 이의신청(피신청인)

이 의 신 청 서

사　　　건　　20ㅇㅇ머ㅇㅇㅇㅇ 공사대금
신 청 인　　ㅇㅇㅇ
피신청인　　◇◇◇

　위 사건에 대하여 피신청인은 귀원의 20ㅇㅇ.ㅇ.ㅇ.자 조정에 갈음하는 결정에 불복하므로 이의를 신청합니다.
(결정정본을 송달받은 날 : 20ㅇㅇ.ㅇㅇ.ㅇ.)

20ㅇㅇ.ㅇㅇ.ㅇㅇ.
위 피신청인　◇◇◇(서명 또는 날인)

ㅇㅇ지방법원 ㅇㅇ지원　귀중

7. 신청비용

임차보증금감액 청구소송과 같이 금전의 지급을 청구하는 소송일 경우 소송목적의 값(이하 "소가"라 함)은 청구금액(이자, 손해배상, 위약금 또는 비용의 청구가 소송의 부대 목적이 되는 때에는 가액에 산입하지 않음)이 됩니다.

제2절 제소전화해

1. 제소전화해의 개념

'제소전화해'란 민사분쟁에 대한 소송을 제기하기 전 화해를 원하는 당사자의 신청으로 지방법원 단독판사 앞에서 행해지는 화해를 말합니다.

2. 제소전화해의 효력

① 제소전화해는 당사자가 서로 합의된 내용을 적어 법원에 미리 화해신청을 하는 제도로 화해가 성립되면 법원이 화해조서를 작성하는데 이 화해조서는 확정판결과 같은 효력을 가집니다. 따라서 화해조서를 기초로 강제집행을 할 수 있습니다.

② 제소전화해는 재판상 화해로서 확정판결과 동일한 효력이 있고 창설적 효력을 가지므로 화해가 이루어지면 종전의 법률관계를 바탕으로 한 권리의무 관계는 소멸됩니다.

③ 원고가 금원을 차용하면서 제소전화해를 함에 있어 그 변제기까지의 지연이자를 포함한 금액을 표기한 경우에는 제소전화해의 창설적 효력에 의해 원고의 채무원금은 위 화해에서 약정한 금원이 됩니다.

3. 신청 절차

3-1. 제소전화해 신청 절차

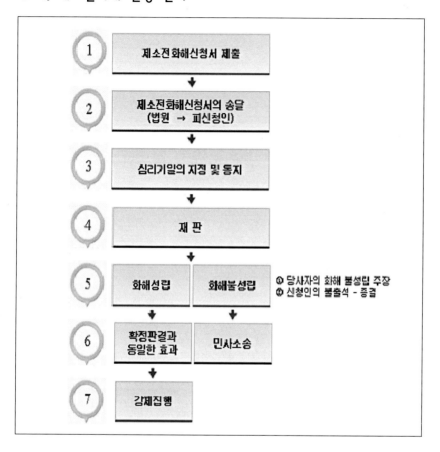

3-2. 제소전화해 신청서의 제출

① 제소전화해 신청서에는 민사상 다툼에 관한 청구 취지·원인과 다투는
   사정을 밝혀야 합니다.

② 관할
   신청인은 다음과 같이 상대방의 보통재판적이 있는 곳의 지방법원에
   화해를 신청하면 됩니다.

㉮ 피신청인의 주소지 또는 거소지

㉯ 대사(大使)·공사(公使), 그 밖에 외국의 재판권 행사대상에서 제외되는 대한민국 국민이 주소지 또는 거소지가 없는 경우 대법원이 있는 곳

㉰ 법인, 그 밖의 사단 또는 재단일 경우 사무소 또는 영업소 소재지 (만약 사무소와 영업소가 없는 경우에는 주된 업무담당자의 주소)

㉱ 국가가 피신청인일 경우에는 해당 건과 관련해 국가를 대표하는 관청 또는 대법원이 있는 곳

③ 대리인 선임

당사자는 화해를 위해 대리인을 선임할 수 있으나, 대리인을 선임하는 권리를 상대방에게 위임할 수는 없습니다.

3-3. 송달

제소전화해 신청서는 지체 없이 피신청인에게 송달해야 합니다.

3-4. 제소전화해의 성립 또는 불성립

① 제소전화해의 성립

화해가 성립되면 법원의 법원서기관·법원사무관·법원주사 또는 법원주사보(이하 '법원사무관등'이라 한다)는 조서에 당사자, 법정대리인, 청구 취지와 원인, 화해조항, 날짜와 법원을 표시하고 판사와 법원사무관등이 기명날인합니다.

② 제소전화해 조서의 효력

제소전화해 조서는 확정판결과 동일한 효력이 있습니다.

③ 제소전화해의 불성립

㉮ 화해가 성립되지 않은 경우 법원사무관등은 그 사유를 조서에 적어야 합니다.

㉯ 신청인 또는 상대방이 기일에 출석하지 않은 경우 법원은 이들의 화해가 성립되지 않은 것으로 볼 수 있습니다.

ⓔ 법원사무관등은 제소전화해 불성립조서 등본을 당사자에게 송달해야 합니다.

3-5. 소송의 제기

① 제소전화해가 불성립 된 경우 당사자는 소송을 제기할 수 있습니다.

② 소송제기 시점

㉮ 적법한 소송제기의 신청이 있으면 화해신청을 한 때에 소송이 제기된 것으로 봅니다.

㉯ 소송이 제기되면 법원사무관등은 바로 소송기록을 관할법원에 보냅니다.

③ 소송제기 기한

소송의 제기는 제소전화해 불성립조서 등본이 송달된 날부터 2주 이내에 해야 합니다). 다만, 조서등본이 송달되기 전에도 신청할 수 있습니다.

■ 상대방이 계약대로 이행하지 않을 때, 소송절차 없이 곧바로 강제집행할 수 있는 제도가 있다고 하는데 어떠한 제도인지요?

Q. 상대방이 계약대로 이행하지 않을 때, 소송절차 없이 곧바로 강제집행 할 수 있는 제도가 있다고 하는데 어떠한 제도인지요?

A. 일반 민사분쟁이 소송으로 발전하는 것을 방지하기 위해, 소제기 전에 법원에 화해신청을 하여 분쟁을 해결하는 제소전화해제도가 있습니다. 제소전화해가 성립하면 확정판결과 동일한 효력이 있으므로 분쟁이 있다 해도 별도의 소송절차 없이 곧바로 강제집행이 가능합니다. 제소전화해 란 민사분쟁에 대한 소송을 제기하기 전 화해를 원하는 당사자의 신청으로 지방법원 단독판사 앞에서 행해지는 화해를 말합니다. 지방법원 단독판사 앞에서 행해진다는 점에서, 상임조정위원(상임으로 조정에 관한 사무를 처리하는 조정위원)이나 조정위원회가 조정을 하도록 할 수 있는 민사조정제도와 차이가 있습니다. 신청인은 제소전화해 신청서에 민사상 다툼에 관한 청구 취지·원인과 다투는 사정을 밝혀(「민사소송법」 제385조제1항) 상대방의 보통재판적이 있는 곳의 지방법원에 화해를 신청하면 됩니다(「민사소송법」 제385조제1항). 제소전화해 신청서는 지체 없이 피신청인에게 송달되고(「민사소송법」 제385조제4항 및 제178조제1항), 재판장은 바로 심리기일을 정해야 합니다(「민사소송법」 제385조제4항 및 제258조제1항). 화해가 성립되면 법원의 법원서기관·법원사무관·법원주사 또는 법원주사보(이하 '법원사무관등'이라 한다)는 조서에 당사자, 법정대리인, 청구 취지와 원인, 화해조항, 날짜와 법원을 표시하고 판사와 법원사무관등이 기명날인합니다(「민사조정법」 제28조 및 제33조제2항). 제소전화해 조서는 확정판결과 동일한 효력이 있습니다(「민사소송법」 제220조). 제소전화해가 불성립 된 경우 당사자는 소송을 제기할 수 있으나(「민사소송법」 제388조제1항), 소송의 제기는 제소전화해 불성립조서 등본이 송달된 날부터 2주 이내에 해야 합니다(「민사소송법」 제388조제3항 본문).

■ 제소전화해조서의 작성 후에 돈을 갚았기 때문에 집을 돌려받을 수 없다는데 사실인가요?

Q. 저는 B에게 돈을 빌리면서 집에 채권담보를 위한 소유권이전등기청구권보전 가등기를 해 주었습니다. 그런데 가등기를 할 당시 B는 저에게 만일의 경우에 대비해제소전화해신청용 위임장도 달라고 했습니다. 저는 제소전화해라는 제도도 잘 몰랐고 돈이 급한 상황이어서 위임장을 만들어 주었습니다. 그런데 정해진 날짜를 어기자 B는 법원에 바로 제소전화해신청을 했고 제조전화해조서에 기해 가등기에 기한 소유권이전 본등기를 해 버렸습니다. 얼마 후 저는 돈을 갚겠으니 다시 집을 돌려달라고 했으나 B가 안된다고 하여 일단 빌린 돈을 공탁했습니다. 제소전화해조서의 작성 후에 돈을 갚았기 때문에 집을 돌려받을 수 없다는데 사실인가요?

A. 아닙니다. 채무금을 모두 변제한 것을 이유로 가등기 및 그에 기한 본등기의 말소청구를 신청하시기 바랍니다. 판례는 채무자가 제소전화해조서의 작성 이후에 그 피담보채무원리금을 채권자에게 모두 변제하였음을 이유로 가등기 및 그에 기한 본등기의 말소를 청구하는 것은 제소전화해조서의 기판력에 저촉된다고 볼 수 없다고 하여 가등기 및 그에 기한 본등기의 말소청구를 인정하고 있습니다.

■ 부동산을 되찾고 싶은데 제소전화해조서 작성 이후에도 가능한가요?

Q. 甲에게 금전을 차용하면서 부동산에 채권담보를 위한 소유권이전등
기청구권보전 가등기를 해 주었습니다. 그 후 정해진 기일에 돈을
갚지 못하자 甲은 법원에 제소전화해신청을 하여 제소전화해조서에
기해 가등기에 기한 소유권이전 본등기를 하였습니다. 이후 저는 돈
을 구하게 되어 돈을 갚고 위 부동산을 되찾고 싶은데 제소전화해조
서 작성 이후에도 가능한가요?

A. 판례는 가등기담보등에관한법률 시행 당시 채권담보를 위한 소유권이전등
기청구권보전의 가등기에 기한 본등기가 제소전화해조서에 기하여 이루어
진 경우, 채무자가 제소전화해조서의 작성 이후에 그 피담보채무원리금을
채권자에게 모두 변제하였음을 이유로 가등기 및 그에 기한 본등기의 말
소를 청구하는 것은 제소전화해조서의 기판력과 저촉된다고 볼 수 없다고
판시하고 있습니다(대법원 1995.2.24. 선고 94다53501 판결). 따라서 차용
한 금전을 전액 변제하거나 전액 공탁한 후 가등기 및 본등기의 말소를
구하는 것이 가능합니다.

■ 편면적 강행법규에 반하는 제소전화해조서의 효력은?

Q. 저는 프랜차이즈 상점을 해보려고 임대할 점포를 구하는 중입니다. 맘에 드는 곳을 한 곳 구했는데 임대인이 계약기간을 2년으로 하자고 합니다. 「상가임대차보호법」상 계약기간을 5년까지 연장할 수 있는 것으로 알고 있어 그냥 2년으로 계약을 할까 했는데, 임대인이 임대기간이 끝나고 나서 자기가 비워 달라고 하면 언제든지 비운다는 조건으로 제소전화해를 신청하자고 해서 고민입니다. 임대인이 비우라고 할 때 당장 비운다는 내용으로 제소전화해를 하게 되면 제가 계약갱신요구권을 행사하더라도 5년 계약기간을 보장받을 수 없는지요?

A. 제소전화해라 함은 일반민사분쟁이 소송으로 발전하는 것을 막기 위하여 소제기 전에 지방법원단독판사 앞에서 화해신청을 하여 해결하는 절차로서 소송계속 후에 소송을 종료시키기 위한 화해인 소송상화해와는 다르나, 제소전화해가 성립하면 확정판결과 동일한 효력을 가지고, 기판력과 집행력을 갖는다는 점에 있어서는 소송상화해와 동일하다 할 것입니다(민사소송법 제220조 참조). 따라서 제소전화해가 성립한 후 하자가 있는 경우라도 일반적인 절차로는 다툴 수 있는 여지가 없으며, 다만 재심사유에 해당하는 특별한 경우에 한하여 준재심의 소에 의해 다툴 수 밖에 없을 정도로 강력한 효력을 가지고 있습니다(민사소송법 제461조 참조).현재 제소전화해는 이미 현존하는 '민사상의 다툼'의 해결보다도 이미 당사자 간에 성립된 다툼 없는 계약 내용을 조서에 기재하여 재판상화해를 성립시키기 위해 많이 이용되고 있습니다. 한편 「상가건물임대차보호법」은 상가건물 임대차 계약에 있어서 경제적인 약자인 '임차인'을 보호하기 위해 법의 취지상 '편면적인 강행규정'으로 규정하여 위 법에 위반하여 임차인에게 불리하게 체결한 약정은 무효로 하고 있습니다(같은 법 제15조). 또한, 같은 법 제10조 제1항은 "임대인은 임차인이 임대차기간 만료전 6월부터 1월까지 사이에 행하는 계약갱신 요구에 대하여 정당한 사유없이 이를 거절하지 못한다."라 고 규정하고 있고, 이 경우 임대인

은 종전기간을 합산하여 '5년을 초과하지 않는 범위 내'에서 계약기간을 인정해줘야 하고, 이러한 계약갱신요구권을 인정하지 않기로 당사자간에 합의하였더라도 이는 경제적 약자인 임차인을 심하게 불리하게 하는 것으로 그런 합의는 분명 '무효'라 할 것입니다. 그런데, 위와 같이 편면적 강행법규에 반하는 약정이 제소전화해로 성립하는 경우 그 약정의 효력을 인정할 것인가가 문제되는바, 이에 대해 판례는 "(구)민사소송법 제206조(현행 민사소송법 제220조) 소정의 재판상의 화해가 성립되면 가령 그 내용이 강행법규에 위배된 경우라 하더라도 그것이 단지 재판상화해에 하자가 있음에 지나지 아니하여 재심의 절차에 의하여 구제받는 것은 별문제로 하고 그 화해조서를 무효라고 주장할 수는 없는 것이며 이 법리는 (구)민사소송법 제355조(현행 민사소송법 제385조)에 의한 화해(제소전화해)에 관하여서도 같다."라고 판시하여 강행법규에 반하는 제조전화해조서의 효력을 인정하고 있는바(대법원 1987.10.13. 선고 86다카2275 판결 참조), 위 판례의 취지상 「상가건물임대차보호법」상의 계약 갱신요구권을 포기하는 내용의 제소전화해 조서도 그대로 유효하게 성립한다고 해석될 여지가 많다고 할 것입니다.

[서식 예] 제소전화해 신청서 서식

제 소 전 화 해 신 청 서

사 건 명

신 청 인 (이름)   (주민등록번호   -   )

          (주소)   (연락처)

피신청인 (이름)   (주민등록번호   -   )

          (주소)   (연락처)

소송목적의 값		원	인 지		원

※제소전화해비용은 소장에 첨부하는 인지액의 1/5 입니다.

(인지첩부란)

송달료 계산 방법 : 당사자 수(신청인+피신청인)×5×1회분

※1회 송달료는 추후 변동될 수 있습니다.

휴대전화를 통한 정보수신 신청

위 사건에 관한 재판기일의 지정·변경·취소 및 문건접수 사실을 예납의무자가 납부한 송달료 잔액 범위 내에서 아래 휴대전화를 통하여 알려주실 것을 신청합니다.

▣ 휴대전화 번호 :

20   .   .   .

신청인 원고   (날인 또는 서명)

※ 문자메시지는 재판기일의 지정·변경·취소 및 문건접수 사실이 법원재판사무시스템에 입력되는 당일 이용 신청한 휴대전화로 발송됩니다.

※ 문자메시지 서비스 이용금액은 메시지 1건당 17원씩 납부된 송달료에서 지급됩니다(송달료가 부족하면 문자메시지가 발송되지 않습니다).

※ 추후 서비스 대상 정보, 이용금액 등이 변동될 수 있습니다.

○ ○ **지방법원 귀중**

◇유의사항◇

1. 연락처란에는 언제든지 연락 가능한 전화번호나 휴대전화번호, 그 밖에 팩스번호·이메일 주소 등이 있으면 함께 기재하여 주시기 바랍니다. 피신청인의 연락처는 확인이 가능한 경우에 기재하면 됩니다.
2. 첩부할 인지가 많은 경우에는 뒷면을 활용하시기 바랍니다.

신 청 취 지

1.
2.
라는 화해를 구합니다.

화 해 조 항

1.
2.
3.

입 증 방 법

1.
2.
3.

첨 부 서 류

1. 위 입증방법   각 1통
1. 신청서부본   1통
1. 송달료납부서   1통
1. 신청원인, 화해조항   1통

200   .   .   .

위 신청인   (서명 또는 날인)

4. 신청비용

대여금 청구와 같이 금전의 지급을 청구하는 화해신청일 경우 소송목적의 값(이하 "소가"라 함)은 청구금액(이자, 손해배상, 위약금 또는 비용의 청구가 소송의 부대 목적이 되는 때에는 가액에 산입하지 않음)이 됩니다.

제3절 지급명령

1. 지급명령의 개념

① 지급명령이란 금전, 그 밖에 대체물(代替物)이나 유가증권의 일정한 수량의 지급을 목적으로 하는 채권자의 청구에 대해 이유가 있다고 인정되면 변론을 거치지 않고 채무자에게 일정한 급부를 명하는 재판을 말합니다.
② 지급명령결정은 확정판결과 같은 효력이 인정됩니다.

2. 지급명령의 요건

① 지급명령은 금전, 그 밖에 대체물이나 유가증권의 일정한 수량의 지급을 목적으로 하는 청구에 한정됩니다.
② 또한 대한민국에서 공시송달 외의 방법으로 송달할 수 있는 경우에 한합니다. 예를 들어 채무자가 외국에 있거나 소재가 파악되지 않는 등의 경우는 지급명령의 대상이 되지 못합니다.

3. 지급명령의 효력

지급명령에 대해 이의신청이 없거나, 이의신청을 취하하거나, 각하결정이 확정된 경우 확정판결과 같은 효력이 인정됩니다.

4. 신청 절차

4-1. 지급명령 신청 절차도

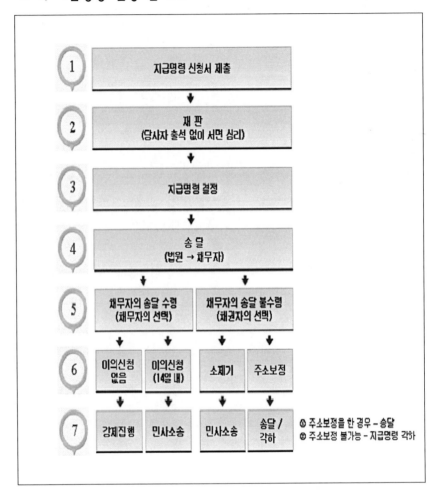

4-2. 지급명령 신청서 제출

① 지급명령 신청서에는 당사자와 법정대리인, 청구 취지와 원인을 적어
   야 합니다.

② 관할

　㉮ 신청인은 다음과 같이 채무자의 보통 재판적이 있는 곳의 지방법원에 지급명령을 신청하면 됩니다.

　　ⓐ 채무자의 주소지 또는 거소지

　　ⓑ 대사(大使)·공사(公使), 그 밖에 외국의 재판권 행사대상에서 제외되는 대한민국 국민이 주소지 또는 거소지가 없는 경우 대법원이 있는 곳

　　ⓒ 법인, 그 밖의 사단 또는 재단일 경우 사무소 또는 영업소 소재지 (만약 사무소와 영업소가 없는 경우에는 주된 업무담당자의 주소)

　　ⓓ 국가가 채무자일 경우에는 해당 건과 관련해 국가를 대표하는 관청 또는 대법원이 있는 곳

　㉯ 신청인은 그 외 다음의 지방법원, 지방법원 지원, 시·군법원에 지급명령을 신청할 수 있습니다.

　　ⓐ 사무소 또는 영업소에 계속해서 근무하는 사람이 채무자일 경우 그 사무소 또는 영업소가 있는 곳을 관할하는 법원

　　ⓑ 채무자의 거소지 또는 의무이행지의 법원

　　ⓒ 채무자에게 어음·수표를 지급한 경우에는 지급지의 법원

　　ⓓ 사무소 또는 영업소가 있는 사람이 채무자일 경우에는 그 사무소 또는 영업소가 있는 곳의 법원

　　ⓔ 불법행위지의 법원

■ 친한 친구라 차용증 같은 것은 작성하지 않았고 통장으로 이체시킨 내역만 있습니다. 어떻게 해야 하나요?

Q. 저는 친한 친구의 부탁으로 3백만 원을 빌려주었습니다. 그런데 기한이 지나도 갚지 않고 차일피일 미루더니 전화를 해도 받지 않습니다. 괘씸하기도 하고 사정이 급하기도 해서 어떻게 해서든 돈을 받고 싶습니다. 친한 친구라 차용증 같은 것은 작성하지 않았고 통장으로 이체시킨 내역만 있습니다. 어떻게 해야 하나요?

A. 지급명령 신청을 해보시기를 권합니다. 지급명령은 금전을 받아야 한다는 채권자의 청구가 이유가 있다고 인정되면 당사자를 법원에 출석시키지 않고 채권자의 주장만으로 채무자에게 변제를 명하는 재판입니다. 간이하고 통상의 소송보다 저렴한 비용으로 분쟁으로 해결할 수 있는 독촉절차입니다. 지급명령 신청 시에 반드시 차용증과 같은 권리증서를 내야 하는 것은 아닙니다. 신청인의 주장을 뒷받침할 수 있을 만한 자료를 제출하면 되므로 통장이체내역을 첨부서류로 신청해도 무방합니다.

■ 약속어음금 청구소송을 제기하려고 하는데, 법원에 출석할 시간이 없는 경우 간편하게 받을 수 있는 방법이 있는지요?

Q. 저는 甲을 상대로 약속어음금 3천만 원 청구소송을 제기하려고 하는데, 사업관계로 법원에 출석할 시간이 없습니다. 간편하게 채무명의를 얻을 수 있는 방법이 있는지요?

A. 당사자간에 금전의 지급을 내용으로 하는 채권채무관계가 있는 경우에 당사자가 법원에 직접 출석하지 않고 집행권원을 확보할 수 있는 방법으로는 지급명령제도가 있으며 이를 독촉절차라고도 합니다. 독촉절차에서는 법원이 분쟁당사자를 심문함이 없이 지급명령을 신청한 채권자가 제출한 서류만을 심사하고 지급명령을 발령하는 약식의 분쟁해결절차로서 채무자가 이의신청을 하면 통상의 소송절차로 이행되지만, 만일 이의신청을 하지 아니하여 지급명령이 확정되면 채권자는 확정된 지급명령에 기하여 강제집행을 신청하여 신속하게 자신의 채권을 변제 받을 수 있으므로 신속한 분쟁해결이 가능합니다. 독촉절차는 한 마디로 말해서 채권자가 법정에 나오지 않고서도 신속하고 적은 소송비용으로 민사분쟁을 해결할 수 있다는데 그 절차적 장점이 있지만, 상대방이 지급명령에 대하여 이의신청을 하면 결국은 통상의 소송절차로 옮겨지는 잠정적 분쟁해결절차의 구조를 가지고 있습니다. 예컨대 귀하로부터 돈을 빌린 사람이 빌린 사실은 인정하면서도 여러 가지 핑계를 대면서 차일피일 빌린 돈을 갚지 않으려고 하는 경우에 독촉절차를 이용하면 신속하고 경제적인 분쟁해결을 기대할 수 있습니다. 그러나 상대방이 돈을 빌린 기억이 없다든지 이미 갚았다고 말하고 있어 지급명령신청을 하더라도 채무자가 이의신청을 하여 소송절차로 이행될 가능성이 높은 경우에는 독촉절차를 이용하기보다는 직접 소송을 제기하는 편이 더 바람직할 수 있습니다. 독촉절차의 대상이 될 수 있는 요건은 금전 기타 대체물이나 유가증권의 일정한 수량의 지급을 목적으로 하는 청구에만 한정되고, 건물명도·토지인도, 소유권이전등기청구 등에서는 이용할 수 없게 되어 있습니다. 또 현재 변제기가 도래

하여 즉시 그 지급을 청구할 수 있는 것이어야 하고, 국내에서 공시송달에 의하지 아니하고 송달할 수 있는 경우에 한하여 행해지므로 송달이 확실할 것으로 예상되는 경우에 이용하여야 할 것입니다(민사소송법 제462조). 독촉절차는 채무자의 주소지(같은 법 제3조), 사무소 또는 영업소에 계속하여 근무하는 자에 대하여는 그 사무소 또는 영업소(같은 법 제7조), 재산권에 관한 청구의 경우 거소지 또는 의무이행지(같은 법 제8조), 어음·수표의 경우에는 지급지(같은 법 제9조), 사무소 또는 영업소가 있는 사람에 관하여 그 사무소 또는 영업소의 업무와 관련이 있는 청구의 경우에는 그 사무소 또는 영업소(같은 법 제12조), 불법행위에 관하여는 그 불법행위지(민사소송법 제18조)의 지방법원, 지방법원 지원, 시·군 법원에 신청서를 제출하면 되고 지급명령신청서의 양식은 각 법원 민원실에도 비치되어 있습니다(같은 법 제463조). 지급명령을 신청할 때에 법원에 납부하여야 하는 수수료는 청구금액에 비례하여 증액되고 이점은 소송절차와 동일하지만, 기본적으로 소제기시 첨부할 인지액의 1/10이고(민사소송등인지법 제7조 제2항), 예납할 송달료도 당사자 1인당 2회분으로서 소송절차 중 액수가 가장 적은 소액사건(당사자 1인당 8회분임)의 1/4입니다. 지급명령이 발령되면 먼저 채무자에게 지급명령정본을 송달합니다. 그런데 채권자가 지급명령신청서에 기재한 주소에 채무자가 실제로 거주하지 않는 등의 이유로 지급명령정본이 송달되지 아니하면 법원에서는 채권자에게 일정한 보정기한 내에 송달 가능한 채무자의 주소를 보정하라는 명령을 하게 되고, 채권자가 주소보정을 하면 보정된 주소로 재송달을 하고, 채권자는 법원으로부터 채무자의 주소를 보정하라는 명령을 받은 경우에는 소제기신청을 할 수 있으므로(민사소송법 제466조 제1항), 주소보정이 어려울 때에는 소제기신청을 하면 통상의 소송절차로 이행되어 처음부터 소를 제기한 경우와 같이 재판절차가 진행됩니다(같은 법 제472조 제1항). 그러나 채권자가 만일 위와 같은 조치를 취하지 아니한 채 보정기한을 넘긴 경우에는 지급명령신청서가 각하 되므로 채권자는 이점을 주의할 필요가 있습니다. 한편, 채무자가 지급명령정본을 송달 받고도 이의신청을 하지 아니한 채 2주일이 경과한 때에는 지급명령이 확정되고, 지급명령이 확정되면 확정판결과 같은 효력이 있게 되므로 채무자가 채무를 성실하게 이행하지 아니하면 확정된 지급명령을 집행권원으로 하여 강제집행을 신청할 수 있습니다. 다만, 확정된 지급명령에는 확정판결과 같은 효력이 인정되지만(민사소송법 제474조), 「민사집행법」제58조 제3항은 지급명령에 의하여 확정된 청구에 관한 이의의 주장에 대하여는 '판결에 의하여 확정된 청구에 관한 이의는 그 이유가 변론이 종결된 뒤(변론 없이 한 판결의 경우에는 판결이 선고된 뒤)에 생긴 것이어야 한다.'는 「민사집행법」제44조 제2항의 규정을 적용하지 아니한다고 규정하고 있기 때문에 지급명령 확정 전에 생긴 사유를 원인으로 하여 청구이의의 소를 제기할 수 있습니다. 따라서 채무자는 지급명령정본을 송달 받으면 신속하게 그 내용을 충분히 검토한 후 불복 여부에 관한 의사를 결정하여 불복이 있으면 2주일이 경과하기 전에 지체 없이 이의신청을 하여야 합니다. 채무자의 이의신청은 이의신청서에 지급명령에 응할 수 없다는 취지만 명백히 하면 충분하고, 불복하는 이유를 특별히 기재할 필요가 없습니다. 그리고 이의신청을 하면 지급명령은 그 효력을 상실하고 통상의 소송절차로 옮겨져서, 그 이후에는 청구금액에 따라 2,000만 원 이하의 경우에는 소액심판사건, 1억 원 이하인 경우에는 단독심판사건, 1억 원을 초과하는 경우에는 합의부사건으로서 소송절차가 진행되어 채무자는 일반 소송절차와 동일하게 피고의 지위에서 자신의 주장을 법원에 충분히 진술할 수 있는 기회를 보장받게 됩니다. 일단 소송절차로 이행된 이상 채무자는 법원이 쌍방 당사자 주장의 당부를 판단하여 판결을 통한 승패를 결정하게 됩니다. 그런데 채권자는 지급명령에 대한 이의신청이 있을 경우에는 소송절차로 옮겨지므로 부족인지액 및 송달료를 보정명령에 따라 추가로 납부하여야 하며, 인지보정명령에 응하지 않을 경우에는 지급명령신청이 각하됨을 유의하여야 할 것입니다. 한편, 2006.10.27.부터 시행중인 「독촉절차에서의 전자문서 이용 등에 관한 법률」에 의하면 지급명령을 신청하고자 하는 자는 법원에 제출하는 서류를 대법원규칙이 정하는 바에 따라 전산정보처리조직을 이용하여 전자문서로 작성하여 제출할 수 있도록 하였고 전산정보처리조직을 이용한 전자문서는 「민사소송법」에 따라 제출된 서류와 같은 효력을 갖도록 규정하고 있습니다.

■ 지급명령을 신청하여 그 결정이 확정되었는데, 채권이 소멸시효가 완성되었음을 이유로 채무부존재 확인의 소를 제기한다면, 승소할 수 있나요?

Q. 甲은 乙에 대한 공사대금채권(변제기 2005.5.14.)을 가지고 있었습니다. 甲은 2008.4.10. 乙에 대하여 법원에 위 공사대금채권에 관한 지급명령을 신청하여 그 결정이 2008.4.30. 확정되었는데, 乙이 2016.3.10. 위 공사대금채권이 소멸시효가 완성되었음을 이유로 채무부존재 확인의 소를 제기한다면, 승소할 수 있나요?

A. 민사소송법 제474조, 민법 제165조 제2항에 의하면, 지급명령에서 확정된 채권은 단기의 소멸시효에 해당하는 것이라도 그 소멸시효기간이 10년으로 연장됩니다(대법원 2009.9.24. 선고 2009다39530 판결). 공사대금채권의 소멸시효기간은 변제기로부터 3년인데, 위 소멸시효기간이 경과하기 전에 甲이 지급명령을 신청하여 2008.4.30. 확정됨으로써 위 채권의 소멸시효기간이 10년으로 연장되었다고 할 것이므로, 乙이 채무부존재 확인의 소를 제기하는 경우 승소할 수 없을 것입니다.

■ 지급명령 사건이 채무자의 이의신청으로 소송으로 이행되는 경우, 지급명령에 의한 시효중단 효과의 발생시기는?

Q. 저(甲)는 피고(乙)에 대하여 2007년 3월 10일자 부당이득반환청구의 채권이 있습니다. 시효연장을 하고자 2017.2.28. 피고(乙)를 상대로 이 사건 지급명령을 신청하였는데, 피고가 이의신청을 했습니다. 이에 따라 2017.4.23. 이 사건 제1심소송으로 이행됐습니다. 이 사건 부당이득반환청구권의 소멸시효는 위 지급명령 신청일인 2017.2.28.에 중단되었다고 보아야 하나요? 아니면 제1심소송으로 이행된 날인 2017.4.23.에 시효가 중단된 것으로 보아야 하나요?

A. 대법원 2015.2.12. 선고 2014다228440 판결은 '소멸시효는 청구로 인하여 중단되는데(민법 168조), 여기서 청구의 유형에는 지급명령도 포함되고(민법 제172조 참조), 지급명령 신청시에 시효중단의 효력이 생긴다. 지급명령 신청은 권리자가 권리의 존재를 주장하면서 재판상 그 실현을 요구하는 것이므로 본질적으로 소의 제기와 다르지 않다. 그런데 채무자가 지급명령을 송달받은 날부터 2주 이내에 이의신청을 한 때에는 지급명령은 그 범위 안에서 효력을 잃고(민사소송법 제470조 1항), 채무자가 지급명령에 대하여 적법한 이의신청을 한 경우에는 지급명령을 신청한 때에 이의신청된 청구목적의 값에 관하여 소가 제기된 것으로 보므로(민사소송법 제472조 제2항), 그렇다면 지급명령 사건이 채무자의 이의신청으로 소송으로 이행되는 경우에 시효중단의 효과는 소송으로 이행된 때가 아니라 지급명령을 신청한 때에 발생한다. 원심이 소송으로 이행된 날에 시효가 중단된 것으로 보고, 그로부터 역산하여 5년이 경과한 날 이전에 발생한 부분의 소멸시효가 완성되었다고 본 판단'에 대하여 상고심인 대상판결은 이를 파기하였습니다. 이러한 판례의 태도에 비추어 보았을 때 지급명령을 신청한 날에 시효중단의 효력이 있는 것으로 보이는 바, 의뢰인의 채권은 유효한 것으로 보입니다.

■ 미확정 상태에 있는 지급명령에 대하여 청구이의의 소를 제기할 수 있는지요?

Q. 제(甲)가 상대방(乙) 주식회사를 상대로 약속어음금 지급을 구하는 지급명령 신청을 하여 지급명령이 乙 회사에 송달되었는데 같은 날 乙 회사에 대하여 회생절차개시결정이 내려졌고, 이후 당사자가 독촉절차에서 수계절차를 밟지 않은 경우 법원이 지급명령이 확정됐음을 전제로 청구이의의 소의 본안 판단을 할 수 있나요?

A. 판결은 '청구에 관한 이의의 소는 채무자가 확정된 종국판결 등 집행권원에 표시된 청구권에 관하여 실체상 사유를 주장하여 집행력의 배제를 구하는 소를 말하므로(민사집행법 제44조), 유효한 집행권원을 대상으로 한다. 지급명령은 이의신청이 없거나, 이의신청을 취하하거나, 각하결정이 확정된 때에 확정판결과 같은 효력이 있는데(민사소송법 제474조), 미확정 상태에 있는 지급명령은 유효한 집행권원이 될 수 없으므로 이에 대하여 집행력의 배제를 구하는 청구이의의 소를 제기할 수 없다[대법원 2012.11.15. 선고 2012다70012 판결].'고 규정하고 있습니다. 그러므로 청구이의의 소는 판단할 수 없습니다.

4-3. 지급명령 신청서 작성례

[서식 예] 지급명령신청서(임차보증금반환청구의 독촉사건)

지 급 명 령 신 청

채권자 ○○○(주민등록번호)
    ○○시 ○○구 ○○길 ○○(우편번호 ○○○○○)
    전화 · 휴대폰번호:
    팩스번호, 전자우편(e-mail)주소:

채무자 ◇◇◇(주민등록번호)
    ○○시 ○○구 ○○길 ○○(우편번호 ○○○○○)
    전화 · 휴대폰번호:
    팩스번호, 전자우편(e-mail)주소:

임차보증금반환청구의 독촉사건

청구금액 : 금 35,000,000원

신 청 취 지

채무자는 채권자에게 금 35,000,000원 및 이에 대한 20○○.○○.○○.부터 이 사건 지급명령정본을 송달 받는 날까지는 연 5%, 그 다음날부터 다 갚는 날까지는 연 15%의 각 비율에 의한 금액 및 아래 독촉절차비용을 합한 금액을 지급하라는 지급명령을 구합니다.

아   래

금 원   독촉절차비용

내   역

금 원   인 지 대
금 원   송 달 료

신 청 이 유

1. 채권자와 채무자는 20ㅇㅇ.ㅇ.ㅇ. 피고 소유 ㅇㅇ시 ㅇㅇ구 ㅇㅇ길 ㅇㅇ 소재 목조기와지붕 평가건물 단층주택 47,36㎡ 중 방 1칸 및 부엌에 대하여 임차보증금 35,000,000원, 임대차기간은 2년으로 하는 임대차계약을 체결하고 점유·사용하여 오다가 20ㅇㅇ.ㅇ.ㅇ. 임대차계약기간의 만료로 인하여 임대인인 채무자에게 건물을 명도 하였습니다.

2. 그렇다면 채무자는 채권자에게 위 임차보증금을 지급할 의무가 있음에도 불구하고 지급하지 아니하여 채권자는 채무자에게 임차보증금을 반환하여 줄 것을 여러 차례에 걸쳐 독촉하였음에도 채무자는 지금까지 위 임차보증금을 반환하지 않고 있습니다.

3. 따라서 채권자는 채무자로부터 위 임차보증금 35,000,000원 및 이에 대한 20ㅇㅇ.ㅇㅇ.ㅇㅇ.부터 이 사건 지급명령결정정본을 송달 받는 날까지는 민법에서는 연 5%, 그 다음날부터 다 갚는 날까지는 소송촉진등에관한특례법에서 정한 연 15%의 각 비율에 의한 지연손해금 및 독촉절차비용을 합한 금액의 지급을 받기 위하여 이 사건 신청을 하기에 이르게 된 것입니다.

첨 부 서 류

1. 부동산임대차계약서　　　　　1통
1. 부동산등기사항증명서　　　　1통
1. 송달료납부서　　　　　　　　1통

20ㅇㅇ. ㅇㅇ. ㅇㅇ.

위 채권자 ㅇㅇㅇ(서명 또는 날인)

ㅇㅇ지방법원　귀중

지 급 명 령 신 청

채권자 ○○○(주민등록번호)
　　　　○○시 ○○구 ○○길 ○○(우편번호 ○○○○○)
　　　　전화 · 휴대폰번호:
　　　　팩스번호, 전자우편(e-mail)주소:

채무자 ◇◇◇(주민등록번호)
　　　　○○시 ○○구 ○○길 ○○(우편번호 ○○○○○)
　　　　전화 · 휴대폰번호:
　　　　팩스번호, 전자우편(e-mail)주소:

대여금청구의 독촉사건

청구금액 : 금 5,000,000원

신 청 취 지

　채무자는 채권자에게 금 5,000,000원 및 이에 대한 20○○.○.○.부터 이 사건 지급명령결정정본을 송달 받는 날까지는 연 18%, 그 다음날부터 다 갚는 날까지는 연 15%의 각 비율에 의한 금액 및 아래 독촉절차비용을 합한 금액을 지급하라는 지급명령을 구합니다.

아　　래

　　　　금　　　　원　　　　독촉절차비용

내　　역

　　　　금　　　　원　　　　인　지　대
　　　　금　　　　원　　　　송　달　료

신 청 이 유

1. 채권자는 채무자에게 20○○.○.○. 금 5,000,000원을 대여해주면서 변제기한은 같은 해 ○○.○, 이자는 월 1.5%를 지급 받기로 한 사실이 있습니다.

2. 그런데 채무자는 위 변제기일이 지났음에도 불구하고 원금은 고사하고 약정한 이자까지도 채무이행을 하지 아니하므로 채권자는 채무자에게 위 원금 및 지연이자를 변제할 것을 여러 차례에 걸쳐 독촉하자 채무자는 원금 및 지연이자를 20○○.○.○○.까지 지급하겠다며 지불각서까지 작성하여 주고서도 이마저도 전혀 이행치 않고 있습니다.

3. 따라서 채권자는 채무자로부터 위 대여금 5,000,000원 및 이에 대한 20○○.○.○.부터 이 사건 지급명령결정정본을 송달 받는 날까지는 약정한 이자인 연 18%(계산의 편의상 월 1.5%를 연단위로 환산함), 그 다음날부터 다 갚는 날까지는 소송촉진등에관한특례법에서 정한 연 15%의 각 비율에 의한 이자, 지연손해금 및 독촉절차비용을 합한 금액의 지급을 받기 위하여 이 사건 신청을 하기에 이르게 된 것입니다.

첨 부 서 류

1. 지불각서   1통
1. 송달료납부서   1통

20○○. ○○. ○○.
위 채권자 ○○○(서명 또는 날인)

○○지방법원 귀중

[서식 예] 지급명령신청서(임금 및 퇴직금청구 독촉사건)

지 급 명 령 신 청

채권자 ○○○(주민등록번호)
　　　○○시 ○○구 ○○길 ○○(우편번호 ○○○○○)
　　　전화·휴대폰번호:
　　　팩스번호, 전자우편(e-mail)주소:

채무자 주식회사 ◇◇◇◇
　　　○○시 ○○구 ○○길 ○○(우편번호 ○○○○○)
　　　대표이사 ◈◈◈
　　　전화·휴대폰번호:
　　　팩스번호, 전자우편(e-mail)주소:

임금 및 퇴직금청구 독촉사건

청구금액 : 금 7,500,000원

신 청 취 지

　채무자는 채권자에게 금 7,500,000원 및 이에 대한 20○○.○○.○○.부터 20○
○.○○.○○.까지는 연 5%, 그 다음날부터 다 갚는 날까지는 연 20%의 각 비
율에 의한 금액 및 아래 독촉절차비용을 합한 금액을 지급하라는 지급명령을 구
합니다.

아　　래

　　　금　　　원　　　독촉절차비용

내　　역

　　　금　　　원　　　인 지 대
　　　금　　　원　　　송 달 료

신 청 이 유

1. 채권자는 20○○.○.○.부터 20○○.○○.○.까지 ○○시 ○○구 ○○길 소재에서 식육 도소매업을 하는 피고회사에서 유통판매사원으로 근무하다가 퇴직하였는데, 20○○.○월분부터 ○월분까지 체불임금 5,500,000원과 위 기간 동안의 퇴직금 2,000,0000원 등 합계 금 7,500,000원을 지금까지 지급을 받지 못한 사실이 있습니다.

2. 따라서 채무자는 채권자에게 위 체불임금 5,500,000원과 위 기간 동안의 퇴직금 2,000,000원 등 합계 금 7,500,000원 및 이에 대하여 퇴직한 다음 날인 20○○.○○.○○.부터 14일째 되는 날인 20○○.○○.○○.까지는 민법에서 정한 연 5%, 그 다음날부터 다 갚는 날까지는 근로기준법 제37조 및 동법 시행령 제17조에서 정한 연 20%의 각 비율에 의한 지연손해금 및 독촉절차비용을 합한 금액을 지급할 의무가 있으므로 이 사건 신청에 이르게 된 것입니다.

첨 부 서 류

    1. 체불금품확인원(○○지방노동사무소)   1통
    1. 송달료납부서   1통

          20○○.   ○○.   ○○.
        위 채권자 ○○○ (서명 또는 날인)

○○지방법원 귀중

5. 지급명령의 결정

① 법원은 지급명령 신청서가 접수되면 이를 신속하게 심사한 후 특별한 사정이 없으면 바로 지급명령을 결정합니다.

② 지급명령은 채무자를 심문하지 않고 결정합니다.

③ 지급명령에는 당사자, 법정대리인, 청구의 취지와 원인을 적고, 채무자가 지급명령이 송달된 날부터 2주 이내에 이의신청을 할 수 있다는 것을 덧붙여 적어야 합니다.

6. 송달

6-1. 채무자에 대한 송달

지급명령 정본은 독촉절차안내서와 함께 채무자에게 먼저 송달해야 합니다.

6-2. 보정명령

채무자에게 지급명령 정본의 송달이 불가능한 경우(다만, 법원이 직권으로 사건을 소송절차에 부친 경우 제외) 법원은 채권자에게 보정명령을 합니다.

6-3. 채권자에 대한 송달

법원의 법원서기관·법원사무관·법원주사 또는 법원주사보(이하 '법원사무관등'이라 한다)는 지급명령이 채무자에게 적법하게 송달되어 지급명령이 확정판결과 같은 효력을 가지게 되면 송달일자와 확정일자가 표시된 지급명령 정본을 바로 채권자에게 송달합니다.

■ 법원으로부터 지급명령결정서를 송달 받았는데, 어떻게 해야 하나요?

Q. 법원으로부터 지급명령결정서를 송달 받았는데, 어떻게 해야 하나요?

A. 지급명령에 대해 이의신청이 없거나, 이의신청을 취하하거나, 각하결정이 확정된 때에는 지급명령은 확정판결과 같은 효력이 있으므로, 이의가 있으면 지급명령 송달일로부터 2주 이내에 이의신청을 하기 바랍니다.

◇ 지급명령

지급명령이란 금전, 그 밖에 대체물이나 유가증권의 일정한 수량의 지급을 목적으로 하는 채권자의 청구에 이유가 있다고 인정하면, 채무자의 심문 없이 서면심사만으로 채무자에게 그 이행을 명하는 재판입니다. 지급명령은 채무자의 이의가 있으면 그 한도에서 효력이 소멸합니다.

◇ 이의신청

채무자가 지급명령에 대해 다투고자 할 경우 채무자는 지급명령 정본을 송달받은 날로부터 2주 이내에 지급명령에 대한 이의신청서를 작성하여 해당 법원에 제출합니다.

◇ 이의신청 후의 절차

① 이의신청을 하면 지급명령은 그 효력을 상실하고 통상의 민사소송절차가 진행됩니다.

② 이의신청을 한 경우에는 이의신청서와 함께 혹은 지급명령 정본을 송달받은 날로부터 30일 이내에 지급명령의 신청원인에 대한 구체적인 진술을 적은 답변서를 제출해야 합니다.

③ 그 이후에는 청구금액에 따라 2,000만원 이하의 경우에는 소액사건, 1억원 이하의 경우에는 단독사건, 1억원을 초과하는 경우에는 합의사건으로서 소송절차가 진행됩니다.

④ 소송절차는 재판 이외에도 화해권고결정이나 조정의 성립 또는 채권자와 합의가 되면 채권자가 소를 취하하는 방식으로도 종료될 수 있습니다.

7. 이의신청

① 채무자가 이의신청서를 접수하면 법원사무관등은 채권자에게 이의신 청통지서를 발송합니다.

② 채무자가 지급명령을 송달받은 날부터 2주 이내에 이의신청을 한 경 우 지급명령은 그 범위 안에서 효력을 잃습니다.

■ 지급명령 사건이 채무자의 이의신청으로 소송으로 이행되는 경우, 지급 명령에 의한 시효중단 효과의 발생 시기는?

Q. 저(甲)는 피고(乙)에 대하여 2007년 3월 10일자 부당이득반환청구 의 채권이 있습니다. 시효연장을 하고자 2017.2.28. 피고(乙)를 상 대로 이 사건 지급명령을 신청하였는데, 피고가 이의신청을 했습니 다. 이에 따라 2017.4.23. 이 사건 제1심 소송으로 이행됐습니다. 이 사건 부당이득반환청구권의 소멸시효는 위 지급명령 신청일인 2017.2.28.에 중단되었다고 보아야 하나요? 아니면 제1심 소송으로 이행된 날인 2017.4.23.에 시효가 중단된 것으로 보아야 하나요?

A. 대법원 2015. 2.12. 선고 2014다228440 판결은 '소멸시효는 청구로 인 하여 중단되는데(민법 168조), 여기서 청구의 유형에는 지급명령도 포함되고 (민법 제172조 참조), 지급명령 신청시에 시효중단의 효력이 생긴다. 지급명 령 신청은 권리자가 권리의 존재를 주장하면서 재판상 그 실현을 요구하는 것이므로 본질적으로 소의 제기와 다르지 않다. 그런데 채무자가 지급명령 을 송달받은 날부터 2주 이내에 이의신청을 한 때에는 지급명령은 그 범위 안에서 효력을 잃고(민사소송법 제470조 1항), 채무자가 지급명령에 대하여 적법한 이의신청을 한 경우에는 지급명령을 신청한 때에 이의신청된 청구목 적의 값에 관하여 소가 제기된 것으로 보므로(민사소송법 제472조 제2항), 그 렇다면 지급명령 사건이 채무자의 이의신청으로 소송으로 이행되는 경우에 시효중단의 효과는 소송으로 이행된 때가 아니라 지급명령을 신청한 때에 발생한다. 원심이 소송으로 이행된 날에 시효가 중단된 것으로 보고, 그로 부터 역산하여 5년이 경과한 날 이전에 발생한 부분의 소멸시효가 완성되 었다고 본 판단'에 대하여 상고심인 대상판결은 이를 파기하였습니다. 이러 한 판례의 태도에 비추어 보았을 때 지급명령을 신청한 날에 시효중단의 효 력이 있는 것으로 보이는 바, 의뢰인의 채권은 유효한 것으로 보입니다.

■ 지급명령에 대한 청구이의의 소는 어느 법원에 소송을 제기해야 하나요?

Q. 최근 A 대부회사로부터 양수금 1억 원을 지급하라는 지급명령(고흥군법원 2017차전30)이 저희 집으로 송달되어 왔습니다. 당시 저는 배를 타고 나가있던 터라 저의 처가 지급명령을 대신 송달받았는데, 하필 휴대전화가 고장나서 처의 전화를 받지 못하였고, 지급명령이 그대로 확정되어 버렸습니다. 그런데 곰곰이 생각해 보아도 제가 A 대부회사에서 1억 원이나 되는 돈을 빌린 적이 없어서 A 대부회사에 전화로 무슨 채권이냐고 물어 보니 제가 2012. 파산신청을 할 때 기재하였던 B에 대한 공사대금채무와 관련된 채권을 A 대부회사가 양수하여 청구한 것이라고 합니다. 저는 이미 면책결정을 받았으므로 지급명령에 대해서 청구이의의 소를 제기할 생각인데, 어느 법원에 소송을 제기해야 하나요?

A. 시·군법원에서 성립된 화해·조정 또는 확정된 지급명령에 관한 집행문부여의 소, 청구에 관한 이의의 소 또는 집행문부여에 대한 이의의 소로서 그 집행권원에서 인정된 권리가 소액사건심판법의 적용대상이 아닌 사건은 시·군법원이 있는 곳을 관할하는 지방법원 또는 지방법원지원이 관할합니다(민사집행법 제22조). 이 사건은 시·군법원에서 확정된 지급명령에 대하여 청구이의의 소를 제기하려는 것이므로, 일응 시·군법원에 관할이 있는 것으로 볼 수도 있겠으나, 집행권원인 확정된 지급명령에서 인정된 권리의 소가가 1억 원으로 소액사건심판법의 적용대상인 3,000만원을 초과하므로 시·군법원에서는 청구이의의 소에 대한 관할이 없고, 시·군법원이 있는 곳을 관할하는 지방법원 또는 지방법원에 전속관할이 있을 뿐입니다. 따라서 지급명령을 발령한 고흥군법원이 아니라, 고흥군을 관할하는 순천지원에 청구이의의 소를 제기해야 합니다.

[서식 예] 이의신청서(물품대금)

이 의 신 청 서

사   건   20○○차○○○ 물품대금
신 청 인(채무자)   ◇◇◇
피신청인(채권자)   ○○○

   위 사건에 관하여 신청인은 피신청인으로부터 물건을 구입한 사실이 있으나 그 대금을 6개월에 걸쳐 완납하여 채무가 존재하지 아니하므로 이의합니다. (신청인은 지급명령 정본을 20○○. ○. ○. 송달 받았음)

20○○.○○.○○.
위 신청인(채무자)   ◇◇◇(서명 또는 날인)

○○지방법원   귀중

[서식 예] 이의신청서(대여금 독촉)

이 의 신 청 서

사 건 번 호 20○○차○○○
신 청 인(채무자) ◇◇◇
피신청인(채권자) ○○○

신 청 취 지

위 당사자간 귀원 대여금청구의 독촉사건에 관한 지급명령 결정정본을 채무자는 20○○.○.○.에 송달 받았으나 이에 불복하므로 이의신청합니다.

20○○.○○.○○.
위 신청인(채무자) ◇◇◇(서명 또는 날인)

○○지방법원 귀중

8. 소송의 제기

8-1. 채권자에 의한 소송제기

채권자는 법원으로부터 채무자의 주소를 보정하라는 명령을 받은 경우 소송 제기를 신청할 수 있습니다.

8-2. 법원에 의한 소송제기

① 법원은 지급명령을 공시송달에 의하지 않고는 송달할 수 없거나 외국으로 송달해야 할 경우 직권에 의한 결정으로 사건을 소송절차에 부칠 수 있습니다.

② '공시송달'이란 법원사무관등이 송달한 서류를 보관해 두고 송달을 받아야 할 자가 나오면 언제라도 그것을 그 자에게 교부한다는 것을 법원의 게시판에 게시하는 송달방법으로 다른 송달방법을 취할 수 없는 경우 최후 수단으로써 인정되는 제도입니다.

③ 법원이 직권으로 사건을 소송절차에 부치는 결정을 한 경우 법원사무관등은 바로 채권자에게 소송절차회부결정서를 발송해야 합니다.

8-3. 채무자에 의한 소송제기

채무자가 적법한 이의신청을 하면 채권자가 지급명령을 신청한 때에 이의신청된 소가로 소송이 제기된 것으로 봅니다.

9. 인지 등의 보정

① 소송이 제기되면 지급명령을 결정한 법원은 채권자에게 상당한 기간을 정해 다음의 금액만큼의 인지를 더 첨부하도록 명령합니다.
  - 소장에 붙여야 할 인지액 지급명령 신청서에 붙인 인지액
② 채권자가 기간 이내에 인지를 보정하지 않은 경우 법원은 결정으로 지급명령 신청서를 각하해야 합니다.
③ 이 결정에 대해서는 즉시항고를 할 수 있습니다.

10. 전자소송의 신청

① 2014년 12월 전자독촉시스템을 이용한 신청에 대해 규정해 놓은 「독촉절차에서의 전자문서 이용 등에 관한 규칙」이 폐지됨에 따라 지급명령신청도 다른 민사소송과 같이 「민사소송 등에서의 전자문서 이용 등에 관한 법률」 및 「민사소송 등에서의 전자문서 이용 등에 관한 규칙」에 따라 신청하게 되었습니다.

② 다만, 2014년 11월 이전에 「독촉절차에서의 전자문서 이용 등에 관한 규칙」에 따라 신청한 지급명령에 관해서는 종전의 규칙에 따라 소송이 진행됩니다.

11. 신청비용

금전의 지급을 청구하는 지급명령 신청의 경우 소송목적의 값(이하 "소가"라 함)은 청구금액(이자, 손해배상, 위약금 또는 비용의 청구가 소송의 부대 목적이 되는 때에는 가액에 산입하지 않음)이 됩니다.

제4절 공시최고(제권판결)

1. 공시최고 및 제권판결의 개념

1-1. 공시최고의 개념

'공시최고(公示催告)'란 법률이 정한 경우에 법원이 당사자의 신청에 의해 공고의 방법으로 미지의 불분명한 이해관계인에게 실권 기타 불이익의 경고를 첨부하여 권리신고의 최고를 하고 누구한테서도 권리의 신고가 없을 때에는 제권판결을 하는 절차를 말합니다.

1-2. 제권판결의 개념

'제권판결(除權判決)'이란 공시최고절차를 거쳐 기존에 발행된 유가증권인 어음·수표의 실효를 선고하고 상실자에게 자격을 회복시켜주는 판결을 말합니다.

2. 신청인

① 증권 또는 증서의 무효선고를 위한 공시최고
   무기명증권 또는 배서(背書)로 이전할 수 있거나 약식배서(略式背書)가 있는 증권 또는 증서의 최종소지인이 공시최고절차를 신청할 수 있습니다.
② 그 밖의 증서는 증서의 종류에 따라서 권리를 주장할 수 있는 사람이 공시최고절차를 신청할 수 있습니다.

3. 신청요건

① 공시최고는 권리 또는 청구의 신고를 하지 않으면 그 권리를 잃게 될 것을 법률로 정한 경우에만 할 수 있습니다.
② 등기·등록의 말소를 위한 공시최고
   ㉮ 등기권리자가 등기의무자의 소재불명으로 등기의 말소를 신청할 수 없을 경우 공시최고를 신청할 수 있습니다.
   ㉯ 공시최고를 신청해 제권판결을 받으면 등기권리자가 그 사실을 증명해 단독으로 등기의 말소를 신청할 수 있습니다.
③ 증권 또는 증서의 무효선고를 위한 공시최고
   ㉮ 멸실한 증서나 소지인의 점유를 이탈한 증서는 공시최고 절차에 의해 무효가 됩니다.
   ㉯ 증권이나 증서는 수표, 어음, 화물상환증, 창고증권, 주권, 사채권, 선하증권, 채권 등의 유가증권의 성질을 가진 대부분의 증권을 말합니다.

■ 출근하는 도중 은행에 입금하려고 가지고 있던 회사의 어음·수표를 분실했습니다. 당장 어떻게 해야 할까요?

Q. 아침에 출근하는 도중 은행에 입금하려고 가지고 있던 회사의 어음·수표를 분실했습니다. 당장 어떻게 해야 할까요?

A. 어음·수표를 분실하거나 도난당한 경우 소지인은 먼저 경찰서에 분실·도난 신고를 하고 발행인 및 은행에 그 사실을 알림과 동시에 지급위탁을 취소해 지급정지를 시켜야 합니다. 그 후 새로운 취득자와 합의를 보거나 법원에 공시최고절차에 의한 어음·수표의 제권판결을 받으면 됩니다. 제권판결이 있으면 분실·도난당한 어음과 수표는 무효가 되며 제권판결 신청인은 어음이나 수표가 없어도 위 판결문으로 권리를 행사해 돈을 지급받을 수 있습니다. 어음·수표가 훼손되거나 불에 타는 등 멸실된 경우에도 제권판결을 받아 권리를 행사할 수 있습니다.

■ 저당권을 말소하려고 하니 계약서도 분실하고 공장 사장도 찾을 수가 없습니다. 어떻게 하면 저당권의 말소가 가능할까요?

Q. 저는 35년 전 정읍에 있는 고구마 전분공장 사장으로부터 고구마 선도자금 10만원을 받고 논에 저당권을 설정해주었습니다. 그 후 고구마를 현물로 주고 설정계약서를 찾았습니다. 그런데 저당권을 말소하기 전에 계약서를 분실했습니다. 지금에 와서 저당권을 말소하려고 하니 계약서도 분실하고 공장 사장도 찾을 수가 없습니다. 어떻게 하면 저당권의 말소가 가능할까요?

A. 상대방의 최후 주소지 자체를 알 수 없고 상대방이 행방불명된 경우에는 공시최고 절차를 거쳐 제권판결을 받으면 이를 근거로 신청인이 단독으로 저당권의 말소신청을 할 수 있습니다. 법원에 공시최고 신청을 하면 법원에서는 일정한 기간 동안 권리신고를 하지 않을 경우 그 권리가 소멸한다는 공고를 신문 등에 게재하게 되고 그 기간이 지나도록 권리신고가 없을 경우 그 권리는 소멸되었다는 결정을 하게 됩니다. 그 후 그 결정문을 가지고 관할 등기소에 저당권 말소등기 청구를 할 수 있습니다. 공시최고 절차는 등기소가 소재한 법원에 간단하게 신청할 수 있습니다.

■ 공시최고법원을 속여 제권판결을 얻은 경우 증서소지인은 어떤 보호받을 수 있는지요?

Q. 甲은 乙에게 물품대금의 선수금으로 액면 l,000만원인 약속어음을 교부하였으나 乙이 물품을 납품하지 않자, 甲은 위 약속어음을 분실한 것으로 공시최고신청한 후 제권판결을 받았습니다. 그런데 乙로부터 위 어음을 취득한 丙은 보호받을 수 있는지요?

A. 공시최고의 범위에 관하여 「민사소송법」제475조는 "공시최고(公示催告)는 권리 또는 청구의 신고를 하지 아니하면 그 권리를 잃게 될 것을 법률로 정한 경우에만 할 수 있다."라고 규정하고 있고, 증권의 무효선고를 위한 공시최고에 관하여 같은 법 제492조 제1항은 "도난·분실되거나 없어진 증권, 그밖에 상법에서 무효로 할 수 있다고 규정한 증서의 무효선고를 청구하는 공시최고절차에는 제493조(증서에 관한 공시최고신청권자) 내지 제497조(제권판결의 효력)의 규정을 적용한다."라고 규정하고 있습니다. 그런데 「민사소송법」제492조 제1항에서 증서의 무효선언을 위한 공시최고의 대상의 하나로 삼고 있는 도난, 분실되거나 없어진 증권이라 함은 증권의 직접점유자의 의사에 기하지 아니하고 그 소지를 상실한 경우를 예시한 것이므로, 증권을 횡령 또는 편취 당한 경우에는 공시최고절차를 밟아 제권판결을 받을 수 없습니다. 그리고 제권판결에 대한 불복소송에 관하여 같은 법 제490조는 "①제권판결에 대하여는 상소를 하지 못한다. ②제권판결에 대하여는 다음 각 호 가운데 어느 하나에 해당하면 신청인에 대한 소로써 최고법원에 불복할 수 있다.

   1. 법률상 공시최고절차를 허가하지 아니할 경우일 때
   2. 공시최고의 공고를 하지 아니하였거나, 법령이 정한 방법으로 공고를 하지 아니한 때
   3. 공시최고기간을 지키지 아니한 때
   4. 판결을 한 판사가 법률에 따라 직무집행에서 제척된 때
   5. 전속관할에 관한 규정에 어긋난 때

6. 권리 또는 청구의 신고가 있음에도 법률에 어긋나는 판결을 한 때

7. 거짓 또는 부정한 방법으로 제권판결을 받은 때

8. 제451조 제1항 제4호 내지 제8호의 재심사유가 있는 때

라고 규정하고 있습니다. 위와 같은 제권판결에 대한 불복의 소송은 제권판결 있음을 안 날부터 1월내에 제기하여야 하고 이 기간은 불변기간입니다. 또한, 제권판결에 대한 불복의 소송은 제권판결이 선고된 날부터 3년이 지나면 제기하지 못합니다. 그런데 위 사안에서 甲이 乙에게 위 약속어음을 교부한 것은 甲의 의사에 기하지 아니하고 그 어음의 소지를 상실한 경우가 아니므로 공시최고절차를 밟아 제권판결을 받을 수 없는 경우임에도 甲이 그러한 사실을 숨기고 위 약속어음을 분실한 것으로 공시최고신청하여 제권판결까지 받은 경우이므로, 위 약속어음의 정당한 소지인인 丙은「민사소송법」제490조 제2항 제7호의 사유를 들어 제권판결에 대한 불복소송을 제권판결 있음을 안 날부터 1월 이내에 제기해 볼 수 있을 것으로 보입니다.

참고로 증서의 전 소지인이 그 증서의 현 소지인을 알면서도 그 소재를 모르는 것처럼 법원을 기망하여 제권판결을 받은 경우에 판례는 "증서의 전 소지인이 자기의 의사에 기하지 아니하고 증서의 소지를 상실하였다고 하더라도 그 후 그 증서를 특정인이 소지하고 있음이 판명된 경우에는 전 소지인은 현 소지인에 대하여 그 반환을 청구하여야 하고, 이에 대한 공시최고는 허용되지 아니한다 할 것이며, 전 소지인이 그 증서의 소지인을 알면서도 그 소재를 모르는 것처럼 공시최고 기일에 출석하여 그 신청의 원인과 제권판결을 구하는 취지를 진술하여 공시최고법원을 기망하고, 이에 속은 공시최고법원으로부터 제권판결을 받았다면, 그 제권판결의 소극적 효과로서 그 증서는 무효가 되어 그 정당한 소지인은 증서상의 권리를 행사할 수 없게 되고 적법한 소지인임을 전제로 한 이득상환청구권도 발생하지 아니하게 된 손해를 입었다고 할 것이므로, 전 소지인은 그 증서의 정당한 소지인에게 불법행위로 인한 손해를 배상할 책임이 있는 것이고, 정당한 소지인이 제권판결을 받은 전 소지인을 상

대로 한 제권판결불복의 소에서 패소하였다고 하여 달리 볼 것이 아니며, 또한, 전 소지인이 그 공시최고과정에서 정당한 소지인에게 자기가 공시최고절차를 밟고 있다는 사실과 그 사건번호를 알려주었다고 하더라도, 제권판결을 받아냄으로써 정당한 소지인의 증서상의 권리를 침해한 이상, 그러한 사정은 과실상계의 사유가 될 뿐 불법행위의 성립여부를 좌우할 사정이 되지는 못한다."라고 하였습니다(대법원 1995.2.3. 선고 93다52334 판결, 2004.11.11. 선고 2004다4645 판결). 따라서 위 사안의 경우 丙은 甲을 상대로 손해배상청구를 해볼 수 있을 것으로 보입니다.

■ 공시최고신청인이 소지인을 알면서 제권판결 받은 때 불복사유가 되는 지요?

Q. 甲은 乙에게 물품대금의 선수금으로 액면 1,000만 원인 약속어음을 교부하였으나 乙이 물품을 납품하지 않자, 甲은 위 약속어음을 분실한 것으로 공시최고신청한 후 제권판결을 받았습니다. 그런데 乙로부터 위 어음을 취득한 丙은 보호받을 수 있는지요?

A. 「민사소송법」제490조 제2항 제7호에서는 제권판결에 대하여는 거짓 또는 부정한 방법으로 제권판결을 받은 때에는 신청인에 대한 소로써 최고법원에 불복할 수 있다고 규정하고 있습니다. 그리고 증권 등의 소지인을 알면서도 그 소재를 모르는 것처럼 공시최고신청을 하고 제권판결을 받은 경우에 관하여 판례는 "증권 또는 증서의 전 소지인이 자기의 의사에 기하지 아니하고 증권 등의 소지를 상실하였다 하더라도 그 후 증권 등을 특정인이 소지하고 있음이 판명된 경우에는 전 소지인은 현 소지인에 대하여 반환을 청구하여야 하고, 이에 대한 공시최고는 허용되지 않는다 할 것이고, 전 소지인이 증권 등의 소지인을 알면서도 소재를 모르는 것처럼 공시최고기일에 출석하여 신청의 원인과 제권판결을 구하는 취지를 진술하여 공시최고법원을 기망하고, 이에 속은 공시최고법원으로부터 제권판결을 받았다면 이는 민사소송법 제461조(현행 민사소송법 제490조) 제2항 제7호 소정의 '사위 또는 부정한 방법으로 제권판결을 받은 때'에 해당한다."라고 하였습니다(대법원 1997.7.25. 선고 97다16985 판결).

그런데 공시최고신청인이 비공식적인 경로를 통하여 소지인을 알면서 제권판결을 받은 것이 제권판결의 불복사유가 되는지에 관하여 판례는 "공시최고신청인이 그 대상인 증권을 소지한 사실이 없거나 소지하였더라도 자의로 타인에게 교부하여 정당한 소지인을 알면서 분실한 것처럼 공시최고신청을 한 경우 또는 별개의 절차를 통하여 증권의 소지인으로부터 청구를 받고 있는 자가 그 사실을 숨긴 채 제권판결을 받은 경우 등이 아니고 비공식적 경로를 통하여 소지인임을 주장하는 자로부터 연락을 받고 나서도 공시최고신청을 하여 제권판결을 받은 경우에는 민사소송법 제461조(현행 민사소송법 제490조) 제2항 제7호의 '사위 또는 부정한 방법으로 제권판결을 받은 때'에 해당되지 않는다."라고 하였습니다(대법원 1996.8.23. 선고 96다23900 판결). 따라서 위 사안에서도 甲의 행위가 제권판결에 대한 불복사유가 된다고 하기 어려울 것으로 보입니다.

4. 제권판결의 효력

제권판결이 내려진 경우 신청인은 증권 또는 증서에 따라 의무를 지는 사람에게 증권 또는 증서에 따른 권리를 주장할 수 있습니다.

■ **소지하고 있던 수표를 분실하였습니다. 어떻게 해야 하나요?**

Q. 소지하고 있던 수표를 분실하였습니다. 어떻게 해야 하나요?

A. 공시최고란 법원이 당사자의 신청에 의해 공고의 방법으로 불분명한 이해관계인에게 권리신고의 최고를 하고 누구한테서도 권리의 신고가 없을 경우 제권판결을 하는 절차를 말하고, 제권판결이란 공시최고절차를 거쳐 기존에 발행된 유가증권인 어음 · 수표의 실효를 선고하고 상실자에게 자격을 회복시켜주는 판결을 의미합니다. 공시최고 신청은 서면으로 하여야 하고, 신청시 신청의 이유와 제권판결을 청구하는 취지를 밝혀야 합니다(「민사소송법」 제477조 제1항 및 제2항). 신청인은 증서의 등본을 제출하거나 또는 증서의 존재 및 그 중요한 취지를 충분히 알리기에 필요한 사항을 제시해야 하고(「민사소송법」 제494조 제1항), 신청인은 증서가 도난·분실되거나 없어진 사실과, 그 밖에 공시최고절차를 신청할 수 있는 이유가 되는 사실 등을 소명해야 합니다(「민사소송법」 제494조 제2항). 공시최고의 신청인은 공시최고기일에 출석해 그 신청을 하게 된 이유와 제권판결을 청구하는 취지를 진술해야 합니다(「민사소송법」 제486조). 법원은 신청인이 진술을 한 뒤에 제권판결 신청에 정당한 이유가 있다고 인정할 경우에는 제권판결을 선고하게 됩니다(「민사소송법」 제487조제1항).

■ 제권판결에 대한 취소판결의 확정을 조건으로 한 수표금 청구가 장래이
행의 소로서 허용되는지요?

Q. 수표의 전 소지인인 甲이 소지인을 알면서도 소재를 모르는 것처럼
진술하여 공시최고법원을 기망하고, 이에 속은 공시최고법원으로부
터 제권판결을 받아 현 소지인인 乙이 제권판결 불복의 소를 제기하
였습니다. 수표금을 조금이라도 더 빨리 받기 위해 지급인 丙에게
제권판결에 대한 취소판결의 확정을 조건으로 한 수표금 청구를 하
고 싶은데 가능할까요?

A. 제권판결 불복의 소와 같은 형성의 소는 그 판결이 확정됨으로써 비로소
권리변동의 효력이 발생하게 되므로 이에 의하여 형성되는 법률관계를
전제로 하는 이행소송 등을 병합하여 제기할 수 없는 것이 원칙입니다(
대법원 2004.1.27.선고 2003다6200판결 참조). 또한 제권판결에 대한 취
소판결의 확정 여부가 불확실한 상황에서 그 확정을 조건으로 한 수표금
청구는 장래이행의 소의 요건을 갖추었다고 보기 어려울 뿐만 아니라,
제권판결 불복의소의 결과에 따라서는 수표금 청구소송의 심리가 무위에
그칠 우려가 있고, 제권판결 불복의 소가 인용될 경우를 대비하여 방어
하여야 하는 수표금 청구소송의 피고에게도 지나친 부담을 지우게 된다
는 점에서 이를 쉽사리 허용할 수 없다고 보는 것이 대법원 판례의 태도
입니다(대법원 2013.9.13. 선고 2012다36661 판결). 따라서 乙은 제권판
결 불복의소가 확정되고 난 후 지급인인 丙을 상대로 이행의 소를 제기
하여야 할 것입니다.

■ 제권판결 취소판결 확정을 조건으로 한 수표금 이행 청구 는 가능한가요?

Q. 甲은 수표에 대한 제권판결을 받았습니다. 그런데 乙이 위 제권판결에 대하여 제권판결 불복의 소를 제기하면서 그 확정을 조건으로 한 수표금 이행청구의 소를 제기하였습니다. 이러한 소 제기가 장래 이행의 소로서 적법한 것인지요?

A. 제권판결 불복의 소와 같은 형성의 소는 그 판결이 확정됨으로써 비로소 권리변동의 효력이 발생하게 되므로 이에 의하여 형성되는 법률관계를 전제로 하는 이행소송 등을 병합하여 제기할 수 없는 것이 원칙입니다. 또한 제권판결에 대한 취소판결의 확정 여부가 불확실한 상황에서 그 확정을 조건으로 한 수표금 청구는 장래이행의 소의 요건을 갖추었다고 보기 어려울 뿐만 아니라, 제권판결 불복의 소의 결과에 따라서는 수표금 청구소송의 심리가 무위에 그칠 우려가 있고, 제권판결 불복의 소가 인용될 경우를 대비하여 방어하여야 하는 수표금 청구소송의 피고에게도 지나친 부담을 지우게 된다는 점에서 이를 쉽사리 허용할 수 없다는 것이 대법원의 입장입니다(대법원 2013.09.13. 선고 2012다36661 판결). 따라서 乙의 청구는 부적법하여 각하를 면치 못할 것입니다.

5. 공시최고 신청 절차

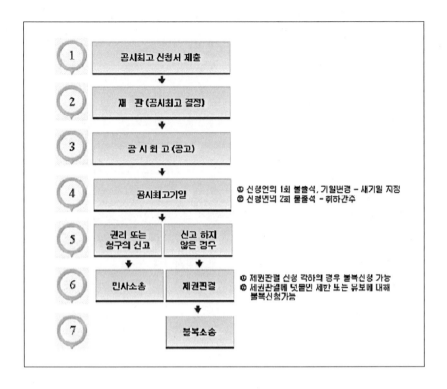

5-1. 공시최고 신청서 제출

공시최고 신청은 서면으로 해야 하고, 신청서에는 신청 이유와 제권판결을 청구하는 취지를 밝혀야 합니다.

5-2. 소명자료

① 신청인은 증서의 등본을 제출하거나 또는 증서의 존재 및 그 중요한 취지를 충분히 알리기에 필요한 사항을 제시해야 합니다.

② 신청인은 증서가 도난·분실되거나 없어진 사실과, 그 밖에 공시최고절차를 신청할 수 있는 이유가 되는 사실 등을 소명해야 합니다.

5-3. 관할

① 공시최고는 법률에 다른 규정이 있는 경우를 제외하고는 권리자의 보통재판적이 있는 곳의 지방법원에 합니다.

⑦ 권리자의 주소지 또는 거소지

⑭ 대사(大使)·공사(公使), 그 밖에 외국의 재판권 행사대상에서 제외되는 대한민국 국민이 주소지 또는 거소지가 없는 경우 대법원이 있는 곳

⑮ 법인, 그 밖의 사단 또는 재단일 경우 사무소 또는 영업소 소재지 (만약 사무소와 영업소가 없는 경우에는 주된 업무담당자의 주소)

⑯ 국가가 권리자일 경우에는 해당 건과 관련해 국가를 대표하는 관청 또는 대법원이 있는 곳

② 다만, 등기 또는 등록을 말소하기 위한 공시최고는 그 등기 또는 등록을 한 공공기관이 있는 곳의 지방법원에 신청할 수 있습니다.

③ 무효선고를 청구하는 공시최고 신청의 관할

⑦ 도난·분실되거나 없어진 증권, 그 밖에 상법에서 무효로할 수 있다고 규정한 증서의 무효선고를 청구하는 공시최고신청은 증권이나 증서에 표시된 이행지의 지방법원에 합니다. 다만, 증권이나 증서에 이행지의 표시가 없는 경우에는 발행인의 보통재판적이 있는 곳의 지방법원에 합니다.

⑭ 그러나 발행인의 보통재판적이 있는 곳의 지방법원이 없는 경우에는 발행 당시에 발행인의 보통재판적이 있었던 곳의 지방법원에 합니다.

5-4. 공시최고 신청서 작성례

[서식 예] 임차권설정등기

공 시 최 고 신 청 서

신 청 인 ○○○
      ○○시 ○○구 ○○길 ○○(우편번호 ○○○-○○○)
      전화 · 휴대폰번호:
      팩스번호, 전자우편(e-mail)주소:

실권되어야 할 권리의 표시

신청인 소유의 서울 ○○구 ○○동 ○○○ 대 300㎡에 관하여 서울 ○○구 ○○길 ○○○ ◇◇◇를 위한 ○○지방법원 등기과 20○○.○.○. 접수 제○○○호 임차권설정계약 존속기간 20○○.○.○.부터 20○○.○○.○○.까지의 2년간, 임차료 1개월 금 300,000원, 지급기일 매월 말일로 하는 임차권설정등기

신 청 취 지

위 권리에 관하여 공시최고절차를 거쳐 제권판결을 하여 주시기 바랍니다.

신 청 이 유

위 임차권은 존속기간의 만료로 인하여 소멸하였으므로 신청인은 위 임차권설정등기의 말소등기절차이행을 신청하고자 하나, 등기의무자인 위 ◇◇◇는 행방불명이므로 등기절차에 협력을 구할 수가 없습니다.
그러므로 공시최고를 거쳐 제권판결을 구하고자 이 사건 신청을 합니다.

소 명 방 법

    1. 소갑 제1호증   부동산등기사항증명서
    1. 소갑 제2호증   임대차계약서
    1. 소갑 제3호증   해지통고서

1. 소갑 제4호증　　　　　　주민등록말소자등본

첨 부 서 류

1. 위 소명방법　　　　　　　　　각 1통
1. 실권되어야할 권리의 목록　　　10통

20○○.○○.○○.
위 신청인 ○○○(서명 또는 날인)

○○지방법원　귀중

[서식 예] 자기앞수표

공 시 최 고 신 청

신 청 인 ○○○
　　　　○○시 ○○구 ○○길 ○○(우편번호 ○○○-○○○)
　　　　전화 · 휴대폰번호:
　　　　팩스번호, 전자우편(e-mail)주소:

자기앞수표 공시최고

증서의 중요한 취지: 별지목록 기재와 같음.

신 청 취 지

　별지목록 기재 증서에 관하여 공시최고를 한 뒤 공시최고에서 정한 기일까지 권리신고 등이 없으면 위 증서의 무효를 선고한다는 재판을 구합니다.

신 청 원 인

1. 신청인은 별지목록 기재 자기앞수표의 최후 소지인이었는데, 20○○.○.○. 15:30분경 ○○시 ○○구 ○○길 ○○ 소재 ○○역에 기차표를 예매하러 갔다가 역 대합실에서 가방 속에 넣어둔 손 지갑을 분실하면서 지갑 속에 들어있던 위 수표를 함께 분실하고서는 현재까지 증서를 회수하지 못하고 있습니다.

2. 따라서 위 증서의 무효를 선고하는 제권판결을 받고자 이 사건 공시최고를 신청합니다.

소 명 방 법

　　　1. 소갑 제1호증　　　　　　미지급증명서(◉◉은행)
　　　1. 소갑 제2호증　　　　　　분실신고접수증명서(◎◎경찰서)

첨 부 서 류

1. 소갑 제1호증(미지급증명서)   7통
1. 소갑 제2호증(분실신고접수증명서)   1통
1. 송달료납부서   1통

20○○.○○.○○.
위 신청인 ○○○(서명 또는 날인)

○○지방법원 귀중

[별 지]]

증서의 중요한 취지

1. 종   류 : 자기앞수표
1. 번   호 : 나가○○○○○○○○
1. 액   면 : 금 300,000원
1. 발   행   일 : 20○○.○.○○.
1. 발행인겸지급인 : ○○은행 ○○지점
1. 최 종 소 지 인 : ○○○.

끝.

공 시 최 고 신 청 서

신 청 인 ○○○
　　　　○○시 ○○구 ○○길 ○○(우편번호 ○○○-○○○)
　　　　전화 · 휴대폰번호:
　　　　팩스번호, 전자우편(e-mail)주소:

증서의 중요한 취지 : 별지목록 기재와 같음

신 청 취 지

　별지목록 기재의 약속어음에 관하여 공시최고를 한 뒤 공시최고에서 정한 기일까지 권리신고 등이 없으면 위 약속어음의 무효를 선고한다는 재판을 구합니다.

신 청 원 인

1. 신청인은 별지목록 기재 약속어음의 최후 소지인이었는데, 20○○.○.○.○○시 ○○구 ○○길 ○○ 소재 신청인의 집에서 분실하고 현재까지 회수를 하지 못하고 있습니다.
2. 따라서 위 약속어음의 무효를 선고하는 제권판결을 받고자 이 사건 신청에 이른 것입니다.

소 명 방 법

　　1. 소갑 제1호증　　　　　　미지급증명서(⊙⊙은행)
　　1. 소갑 제2호증　　　　　　분실신고접수증명서(◎◎경찰서)

첨 부 서 류

　　1. 소갑 제1호증(미지급증명서)　　　　7통
　　1. 소갑 제2호증(분실신고접수증명서)　　1통

1. 송달료납부서   1통

20○○.○○.○○.
위 신청인 ○○○(서명 또는 날인)

○○지방법원 귀중

[별 지]

증서의 중요취지

1. 종류 및 수량 : 약속어음 1매
2. 액   면 : 금 5,000,000원
3. 지 급 기 일 : 20○○. ○○. ○○.
4. 지 급 지 : 서울특별시
5. 지 급 장 소 : ○○은행 ○○지점
6. 수 취 인 : ○○○
7. 발 행 지 : 서울특별시
8. 발 행 인 : ○○무역주식회사
9. 발 행 일 : 20○○. ○. ○.
10.최 종 소 지 인 : ○○○.

끝.

5-5. 재판

① 공시최고의 허가여부에 대한 재판은 신청인을 심문할 수 있습니다.

② 공시최고의 허가여부에 대한 재판은 결정으로 합니다.

③ 허가하지 않는 결정에 대해서는 즉시항고 할 수 있습니다.

5-6. 공시최고기일

① 공시최고의 신청인은 공시최고기일에 출석해 그 신청을 하게 된 이유와 제권판결을 청구하는 취지를 진술해야 합니다.

② 신청인이 불출석 하는 경우

㉮ 신청인이 공시최고기일에 출석하지 않거나, 기일변경신청을 하는 경우 법원은 1회에 한해 새 기일을 정합니다.

㉯ 새 기일은 공시최고기일부터 2개월을 넘기지 않아야 하며, 공고는 필요하지 않습니다.

㉰ 신청인이 새 기일에도 출석하지 않은 경우에는 공시최고신청을 취하한 것으로 봅니다.

5-7. 권리 또는 청구의 신고

① 공시최고기일이 끝난 뒤에도 제권판결에 앞서 권리 또는 청구의 신고를 하면 그 권리를 잃지 않습니다.

② 신청이유로 내세운 권리 또는 청구를 다투는 신고가 있는 경우 법원은 다음과 같이 처리해야 합니다.

㉮ 그 권리에 대한 재판이 확정될 때까지 공시최고절차를 중지

㉯ 신고한 권리를 유보하고 제권판결을 결정

[서식 예] 권리신고서(공시최고에 대한)-(수표)

권 리 신 고 서

사　　　건 20○○카○○○○ 공시최고

권리신고인 ○○○

　　　　　○○시 ○○구 ○○길 ○○(우편번호 ○○○-○○○)

　　　　　전화 · 휴대폰번호:

　　　　　팩스번호, 전자우편(e-mail)주소:

위 사건에 관하여 권리자 ○○○는 아래와 같이 권리신고 합니다.

아　　　래

1. 이 사건 공시최고 수표는 20○○.○.○. 신고인이 경영하는 ○○정육점에서 식육을 판매한 대금으로 신청외 ◉◉◉로부터 받은 것으로 선의취득 하였습니다.
2. 신고인은 이 수표의 적법한 지급제시기간 내에 제시하고 지급을 구하였으나 사고수표라는 이유로 지급이 거절되어 신고인은 발행인을 상대로 수표금청구소송을 제기 중에 있으므로 이에 권리신고합니다.

첨 부 서 류

　　1. 소제기증명원　　　　　　　1통

　　　　　　20○○.○○.○○.

　　　　　위 권리신고인 ○○○(서명 또는 날인)

○○지방법원 귀중

5-8. 제권판결

① 법원은 신청인이 진술을 한 뒤에 제권판결 신청에 정당한 이유가 있다고 인정할 경우에는 제권판결을 선고합니다. 그러나, 제권판결 신청에 정당한 이유가 없다고 인정할 경.(민사소송법 제487조제1항).

② 제권판결에서는 증권 또는 증서의 무효를 선고합니다.

③ 공고
제권판결의 요지에 대한 공고는 다음 중 어느 하나의 방법으로 합니다.
  ㉮ 법원게시판 게시
  ㉯ 관보·공보 또는 신문 게재
  ㉰ 전자통신매체를 이용한 공고

5-9. 제권판결에 대한 즉시항고

신청인은 제권판결의 신청을 각하한 결정이나, 제권판결에 덧붙인 제한 또는 유보에 대해서 즉시항고를 할 수 있습니다.

5-10. 불복소송의 제기
5-10-1. 소송제기 요건

제권판결에 대해서는 상소를 하지 못하므로 다음 중 어느 하나에 해당하면 신청인에 대한 소송으로 최고법원에 불복할 수 있습니다.

① 법률상 공시최고절차를 허가하지 않는데도 제권판결이 내려진 경우
② 공시최고의 공고를 하지 않은 경우
③ 법령이 정한 방법으로 공고를 하지 않은 경우
④ 공시최고기간을 지키지 않은 경우
⑤ 판결을 한 판사가 법률에 따라 직무집행에서 제척된 경우
⑥ 전속관할에 관한 규정에 어긋난 채로 제권판결이 내려진 경우
⑦ 권리 또는 청구의 신고가 있음에도 법률에 어긋나는 판결을 한 경우
⑧ 거짓 또는 부정한 방법으로 제권판결을 받은 경우

⑨ 재판에 관여한 법관이 그 사건에 관해 직무에 관한 죄를 범한 경우
⑩ 형사상 처벌을 받을 다른 사람의 행위로 말미암아 자백을 했거나 판결에 영향을 미칠 공격 또는 방어방법의 제출에 방해를 받은 경우
⑪ 판결의 증거가 된 문서, 그 밖의 물건이 위조되거나 변조된 것인 경우
⑫ 증인·감정인·통역인의 거짓 진술 또는 당사자신문에 따른 당사자나 법정대리인의 거짓 진술이 판결의 증거가 된 경우
⑬ 판결의 기초가 된 민사나 형사 판결, 그 밖의 재판 또는 행정처분이 다른 재판이나 행정처분에 따라 바뀐 경우

5-10-2. 소송제기 기간

① 제권판결에 대한 불복소송은 원고가 제권판결이 있다는 것을 안 날부터 1개월 이내에 제기해야 합니다.
② 제권판결에 대한 불복소송은 제권판결이 선고된 날부터 3년이 지나면 제기하지 못합니다.
③ 다만, 다음의 사유로 소송을 제기하는 경우에는 원고가 제권판결이 있다는 것을 안 날이 아니라 이러한 사유가 있음을 안 날부터 1개월 이내에 제기해야 합니다.
㉮ 판결을 한 판사가 법률에 따라 직무집행에서 제척된 경우
㉯ 거짓 또는 부정한 방법으로 제권판결을 받은 경우
㉰ 재판에 관여한 법관이 그 사건에 관해 직무에 관한 죄를 범한 경우
㉱ 형사상 처벌을 받을 다른 사람의 행위로 말미암아 자백을 했거나 판결에 영향을 미칠 공격 또는 방어방법의 제출에 방해를 받은 경우
㉲ 판결의 증거가 된 문서, 그 밖의 물건이 위조되거나 변조된 것인 경우
㉳ 증인·감정인·통역인의 거짓 진술 또는 당사자신문에 따른 당사자나 법정대리인의 거짓 진술이 판결의 증거가 된 경우
㉴ 판결의 기초가 된 민사나 형사 판결, 그 밖의 재판 또는 행정처분이 다른 재판이나 행정처분에 따라 바뀐 경우

■ 제권판결에 대한 불복소장

소 장

원　　고　○○○

　　　　　○○시 ○○구 ○○길 ○○(우편번호 ○○○-○○○)

　　　　　전화·휴대폰번호:

　　　　　팩스번호, 전자우편(e-mail)주소:

피　　고　◇◇◇

　　　　　○○시 ○○구 ○○길 ○○(우편번호 ○○○-○○○)

　　　　　전화·휴대폰번호:

　　　　　팩스번호, 전자우편(e-mail)주소:

제권판결에 대한 불복청구의 소

청 구 취 지

1. ○○지방법원이 20○○카공○○○○호 공시최고신청사건에서 20○○.○○.
　○○. 별지목록 기재 약속어음에 대하여 선고한 제권판결을 취소한다.
2. 위 약속어음에 대한 제권판결신청을 각하한다.
3. 소송비용은 피고가 부담한다.

라는 판결을 구합니다.

청 구 원 인

1. 피고는 20○○.○○.○. ○○지방법원 20○○카공○○○○호로 별지목록 기
　재의 약속어음을 도난당하였음을 이유로 공시최고신청을 하여 ○○지방법원
　이 20○○.○○.○○. 같은 수표에 대하여 제권판결을 선고하였습니다.

2. 그러나 원고는 20○○.○.○.경 돈을 빌려주고 별지목록 기재 약속어음을 취
　득하였는데, 별지목록 기재 약속어음은 분실되거나 도난 당한바 없음에도
　불구하고, 피고는 20○○.○○.○. ○○지방법원 20○○카공○○○○호로

별지목록 기재 약속어음을 피고가 최종소지 하다가 20○○.○.○○.경 서울 ○○구 ○○길 ○○ ○○○사무실에서 분실하였다는 허위의 사실을 내세워 공시최고신청을 하여, ○○지방법원은 공시최고절차를 거친 뒤 아무런 권리신고가 없자 20○○.○○.○○. 별지목록 기재 약속어음을 무효로 한다는 제권판결을 선고하였는바, 위 제권판결은 민사소송법 제490조 제2항 제7호 소정의 "거짓 또는 부정한 방법으로 제권판결을 받은 때"에 해당되어 취소되어야 한다고 할 것입니다.

3. 원고는 별지목록 기재 약속어음을 발행인인 ○○은행 ○○지점에 지급제시 하였으나 지급거절 되었고, 그 때 비로소 별지목록 기재 약속어음에 관하여 위 제권판결을 선고받은 사실을 알게 되었습니다.

4. 따라서 원고는 ○○지방법원이 20○○카공○○○○호 공시최고신청사건에서 20○○.○○.○○. 별지목록 기재 약속어음에 대하여 선고한 제권판결을 취소하고, 별지목록 기재 약속어음에 대한 제권판결신청을 각하하여 줄 것을 청구하여 이 사건 소를 제기합니다.

입 증 방 법

1. 갑 제1호증   약속어음의 표면 및 이면
1. 갑 제2호증   공시최고신청서
1. 갑 제3호증   사고인지경위서
1. 갑 제4호증   제권판결정본

첨 부 서 류

1. 위 입증방법   각 1통
1. 소장부본   1통
1. 송달료납부서   1통

20○○.○.○.
위 원고 ○○○(서명 또는 날인)

○○지방법원 귀중

5-11. 신청비용

공시최고 신청서에는 1,000원의 인지를 붙이면 됩니다.

제5절 소액사건심판 및 이행권고

1. 소액사건심판 및 이행권고의 개념

1-1. 소액사건심판의 개념

'소액사건심판'이란 소송을 제기한 때의 소송물가액이 3,000만원을 초과하지 않는 금전 기타 대체물이나 유가증권의 일정한 수량의 지급을 목적으로 하는 제1심의 민사사건에 대해 일반 민사사건에서 보다 훨씬 신속하고 간편한 절차에 따라 심판, 처리하는 제도를 말합니다.

1-2. 이행권고의 개념

'이행권고'란 소액사건이 제기되었을 때 특별한 사정이 없으면 직권으로 원고가 낸 소장부본을 첨부하여 피고에게 원고의 청구취지대로 의무를 이행하라는 권고를 하는 결정을 말합니다.

2. 소액사건의 범위

2-1. 소액사건의 범위

다음의 사건은 소액사건에서 제외합니다.

① 소송의 변경으로 소액사건에 해당하지 않게 된 사건

② 당사자참가, 중간확인소송 또는 반소의 제기 및 변론의 병합으로 소액사건에 해당하지 않는 사건과 병합심리하게 된 사건

2-2. 일부 청구의 금지

① 채권자는 「소액사건심판법」의 적용을 받을 목적으로 금전 기타 대체물이나 유가증권의 일정한 수량을 분할해 그 일부만을 청구할 수 없습니다.

② 이를 위반한 신청은 판결로 각하(却下)됩니다.

3. 이행권고결정의 효력

3-1. 효력

이행권고결정은 다음 중 어느 하나에 해당하면 확정판결과 같은 효력을 가집니다.

① 피고가 이행권고결정서의 등본을 송달받은 날부터 2주일 내에 이의신청을 하지 않은 경우

② 이의신청에 대한 각하결정이 확정된 경우

③ 이의신청이 취하된 경우

3-2. 강제집행

① 이행권고결정이 확정되면 원고는 강제집행을 할 수 있습니다.

② 원고는 집행문을 부여받지 않고도 이행권고결정의 결정서 정본만을 가지고 강제집행을 할 수 있습니다. 다만, 다음 중 어느 하나에 해당하는 경우에는 그렇지 않습니다.

㉠ 이행권고결정의 집행에 조건을 붙인 경우

㉡ 당사자의 승계인을 위해 강제집행을 하는 경우

㉢ 당사자의 승계인에 대해 강제집행을 하는 경우

4. 신청 절차

4-1. 소액사건심판 신청 절차

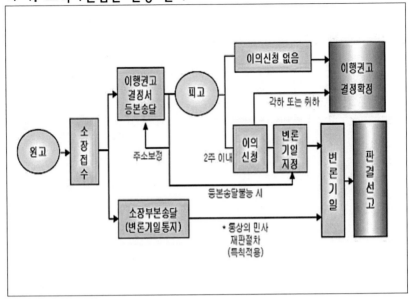

4-2. 소장 제출

① 소송은 법원에 소장을 제출함으로써 제기합니다.

② 소액사건심판의 경우에는 당사자 또는 당사자 쌍방이 법원에 출석해
서 구술을 통해 소송을 제기할 수 있습니다.

③ 구술로 소송을 제기하는 경우에는 법원서기관·법원사무관·법원주사 또는
법원주사보(이하 '법원사무관등'이라 한다)의 면전에서 진술해야 합니다.

④ 신청인이 구술로 신청하면 법원사무관등이 제소 조서를 작성하고 기명
날인 합니다.

⑤ 관할
소액사건심판에 대해서는 특별한 규정이 있는 경우를 제외하고 「민사
소송법」의 규정을 적용하므로, 일반적인 소송과 같이 관할은 피고의
보통재판적이 있는 곳의 법원이 합니다.

㉮ 피고의 주소지 또는 거소지

㉯ 대사(大使)·공사(公使), 그 밖에 외국의 재판권 행사대상에서 제외
되는 대한민국 국민이 주소지 또는 거소지가 없는 경우 대법원이
있는 곳

㉰ 법인, 그 밖의 사단 또는 재단일 경우 사무소 또는 영업소 소재지
(만약 사무소와 영업소가 없는 경우에는 주된 업무담당자의 주소)

㉱ 국가가 피고일 경우에는 해당 건과 관련해 국가를 대표하는 관청
또는 대법원이 있는 곳

■ 소액심판제도란 어떤 제도인지요?

Q. 청구금액이 적은 민사사건에 대해서는 법원에 소액심판청구를 하면 간편하게 해결할 수 있다는 이야기를 들었습니다. 소액심판제도란 어떤 제도인지요?

A. 「소액사건심판법」은 일정한 금액 이하를 소송목적의 값으로 하는 사건에 관한 소송을 간편하게 할 수 있도록 하기 위하여 제정된 민사소송법에 대한 특별법의 하나로서, 이 법에 의하여 제기되는 절차를 소액사건심판절차라고 합니다(소액사건심판법 제1조). 소액사건은 소를 제기한 때의 소송목적의 값이 3,000만원을 초과하지 아니하는 금전 기타 대체물, 유가증권의 일정한 수량의 지급을 청구하는 제1심의민사사건을 대상으로 하며, 소액사건의 소는 구술(口述)에 의한 소의 제기나 임의출석에 의한 소의 제기 등 민사소송절차의 예외를 인정하여 그 심판절차를 간소화하고 있습니다(소액사건심판규칙 제1조의2, 소액사건심판법 제4조, 제5조). 구술로 소를 제기하려면 소송에 필요한 증거서류와 도장, 인지대, 송달료 등을 준비하고 상대방의 주소, 성명을 정확히 알아서 법원 소장접수 담당사무관 등에게 제출하고 면전에서 진술하면 법원사무관 등이 제소조서를 작성하는 방식으로 소를 제기할 수 있습니다(소액사건심판법 제4조, 소액사건심판규칙 제3조). 그리고 당사자가 직접 소장을 작성하여 제출하고자 하는 경우에는 관할지방법원, 지원 또는 시·군 법원 민원실에서 양식을 교부받아 소장작성요령에 따라 작성하여 제출하면 되는데, 소장부본은 원고와 피고의 수(數)에 1을 더한 숫자만큼 첨부하면 되고(소액사건심판규칙 제3조의2), 소액사건의 신속한 처리를 위하여 소장이 접수되면 즉시 변론기일을 지정하여 원고에게 소환장을 교부하고, 되도록 1회의 변론기일로 심리를 마치도록 하고 있으며, 원고는 보통 최초의 변론기일에 모든 증거방법을 제출하게 되며 최초기일 전이라도 증거신청이 가능합니다(소액사건심판법 제7조). 증인은 판사가 신문하고, 상당하다고 인정한 때에는 증인 또는 감정인의 신문에 갈음하여 진술을 기재한 서면을 제출케 할 수 있습니다(소액사건심판법 제10

조). 원고가 제출한 소장의 부본은 지체 없이 피고에게 송달되는데(소액사건심판법 제6조), 피고는 원고의 주장에 대한 답변서를 제출할 수 있습니다. 또한, 소액사건심판절차에서는 일반 민사사건의 재판과는 달리 당사자의 배우자, 직계혈족, 형제자매는 법원의 허가 없이도 소송대리인이 될 수 있습니다. 이 경우 신분관계를 증명할 수 있는 가족관계증명서 또는 주민등록등본 등으로 신분관계를 증명하고 소송위임장으로 수권관계를 증명하여야 합니다(소액사건심판법 제8조). 법원은 소장·준비서면 기타 소송기록에 의하여 청구가 이유 없음이 명백한 때에는 변론 없이도 청구를 기각할 수 있으며, 또한 판결의 선고는 변론종결 후 즉시 할 수 있고 판결서에는 이유를 기재하지 아니할 수 있습니다(소액사건심판법 제9조 제1항, 제11조의2). 그런데 소액심판제도가 위에서 설명한 바와 같이 간편하므로 청구금액이 3,000만원을 초과하는 경우에 청구를 분할하여 여러 건의 소액심판청구를 할 수 있을 것인지에 관하여 「소액사건심판법」제5조의2는 "① 금전 기타 대체물이나 유가증권의 일정한 수량의 지급을 목적으로 하는 청구에 있어서 채권자는 소액사건심판법의 적용을 받을 목적으로 청구를 분할하여 그 일부만을 청구할 수 없다. ② 제1항의 규정에 위반한 소(訴)는 판결로 이를 각하 하여야 한다."라고 규정하여 일부청구를 제한하고 있습니다. 또한, 법원은 소액사건에 관하여 ① 독촉절차 또는 조정절차에서 소송절차로 이행된 때, ② 청구취지나 청구원인이 불명한 때, ③ 그밖에 이행권고를 하기에 적절하지 아니하다고 인정하는 때를 제외하고는 결정으로 소장부본이나 제소조서등본을 첨부하여 피고에게 청구취지대로 이행할 것을 권고할 수 있으며(소액사건심판법 제5조의3), 피고는 이행권고결정서의 등본을 송달받은 날부터 2주일 내에 서면으로 이의신청을 할 수 있고, 피고의 이의신청이 있는 때에는 지체 없이 변론기일을 지정하여야 하지만(소액사건심판법 제5조의4), 피고가 위 기간 내에 이의신청을 하지 아니한 때, 이의신청에 대한 각하결정이 확정된 때, 이의신청이 취하된 때에는 위와 같은 이행권고결정이 확정판결과 같은 효력을 가집니다(소액사건심판법 제5조의7).

■ 2개월간 성실히 일했으나 사장이 급료를 주지 않고 있습니다. 어떻게 해야 하나요?

Q. 저는 방학동안 공장에서 아르바이트를 했습니다. 다른 곳보다 높은 급료에 2개월간 성실히 일했으나 사장이 급료를 주지 않고 있습니다. 어떻게 해야 하나요?

A. 먼저 지방노동청에 신고를 하여 사업주와 합의를 하시기 바랍니다. 만약 노동청에서 합의가 이루어지지 않거나 합의를 했다 하더라도 제대로 급료를 주지 않는다면 법원에 소액사건심판절차를 신청할 수 있습니다. 소액사건심판절차는 소송을 제기한 때의 소송물가액이 3,000만원 이하인 민사사건을 신속하게 처리하기 위한 제도입니다. 소액사건을 제기하면 법원은 특별한 사정이 없는 한 직권으로 원고가 낸 소장부본을 첨부해 피고에게 원고의 청구취지대로 의무를 이행하라는 권고를 합니다. 피고가 별도의 이의신청을 하지 않는다면 원고는 확정된 이행권고 결정문을 가지고 강제집행을 하실 수 있습니다.

■ 대여금 1,800만원을 지급하라는 내용의 소를 제기하려고 하는 경우 어느 법원에 소를 제기하여야 하는지요?

Q. 저는 같은 군(郡)에 사는 채무자 甲을 상대로 대여금 1,800만원을 지급하라는 내용의 소를 제기하려고 합니다. 이 경우 어느 법원에 소를 제기하여야 하는지요?

A. 법원조직법 제34조 제1항은 '소액사건심판법을 적용받는 민사사건'은 시·군법원이 관할하는 것으로 규정하고 있습니다. 그리고 소액사건심판규칙 제1조의2 본문은 "소액사건은 제소한 때의 소송목적의 값이 3,000만원을 초과하지 아니하는 금전 기타 대체물이나 유가증권의 일정한 수량의 지급을 목적으로 하는 제1심의 민사사건으로 한다'고 규정하고 있으므로, 결국 소가가 3,000만원 이하인 금전의 지급을 청구하는 소송인 경우 시·군법원이 이를 관할하게 된다 할 것입니다. 따라서 귀하의 경우, 소가 1,800만원의 대여금 청구의 소는 귀하와 채무자의 주소지를 관할하는 시·군법원에 제기하여야 합니다. 위 시·군법원 관할의 성격에 대하여 명문의 규정은 없으나 법원조직법의 규정취지 등에 비추어 이는 전속관할의 일종인 직무관할로 해석되며, 반대로 32,000만원을 초과하는 대여금을 청구하는 경우라면 귀하와 채무자의 주소지를 관할하는 지방법원(지원)에 소를 제기하여야 할 것입니다.

■ 지금까지의 이자를 모두 더하면 청구금액이 3,000만원을 초과하는데, 소액심판청구가 가능할까요?

Q. 저는 9년 전 지인 甲에게 2,500만원을 대여하였는데 현재까지 변제를 받지 못해서 법원에 소를 제기하려고 합니다. 지금까지의 이자를 모두 더하면 청구금액이 3,000만원을 초과하는데, 소액심판청구가 가능할까요?

A. 법원조직법 제34조 제1항은 '소액사건심판법을 적용받는 민사사건'은 시·군법원이 관할하는 것으로 규정하고 있습니다. 그리고 소액사건심판규칙 제1조의2 본문은 '소액사건은 제소한 때의 소송목적의 값이 3,000만원을 초과하지 아니하는 금전 기타 대체물이나 유가증권의 일정한 수량의 지급을 목적으로 하는 제1심의 민사사건으로 한다'고 규정하고 있습니다. 한편, 민사소송 등 인지규칙 제12조 제2호는 '금전지급청구의 소에 있어서는 청구금액'이 소가가 되며, 민사소송법 제27조 제2항은 '과실(果實)·손해배상·위약금(違約金) 또는 비용의 청구가 소송의 부대목적(附帶目的)이 되는 경우에는 그 값은 소송목적의 값에 넣지 아니한다'고 규정하고 있으므로, 원칙적으로 대여금에 대한 이자, 지연손해금은 소가에 산입되지 않는다 할 것입니다. 따라서 귀하의 경우 설령 원금에 대한 이자, 지연손해금을 포함하면 청구금액이 3,000만원을 초과한다 하더라도 지급을 구하는 청구금액 원금이 2,500만원인 이상, 소액사건심판절차법에 의한 심판이 가능하다 할 것입니다.

■ 소액사건으로 소 제기를 하려고 하는데, 소장을 작성하는 것이 너무 어렵습니다. 말로 소를 제기할 수는 없나요?

Q. 소액사건으로 소 제기를 하려고 하는데, 소장을 작성하는 것이 너무 어렵습니다. 말로 소를 제기할 수는 없나요?

A. 소액사건의 소 제기는 말로써 법원서기관·법원사무관·법원주사 또는 법원주사보 면전에서 진술하는 방법으로 할 수 있습니다(소액사건심판법 제4조). 말로써 소를 제기하는 경우 법원서기관·법원사무관·법원주사 또는 법원주사보는 제소조서를 작성하고 이에 기명날인 합니다. 말로써 소를 제기하는 경우 법원서기관·법원사무관·법원주사 또는 법원주사보는 제소조서의 말미에 다음의 사항을 첨가할 수 있습니다(소액사건심판규칙 제3조 제1항) ① 당사자의 성명·명칭 또는 상호와 주소, ② 대리인의 성명과 주소, ③ 사건의 표시, ④ 공격 또는 방어의 방법, ⑤ 상대방의 청구, 공격방법 또는 방어방법에 대한 진술, ⑥ 첨부서류의 표시, ⑦ 작성한 날짜, ⑧ 법원의 표시

■ 소액사건심판법 적용을 받기 위하여 분할청구가 가능한지요?

Q. 저는 친구 甲으로부터 6개월 뒤에 변제할테니 3,500만원을 빌려달라는 부탁을 받고 3,500만원을 빌려주었습니다. 그러나 甲은 6개월이 지났음에도 3,500만원을 변제하지 아니하고 차일피일 미루더니 현재는 저의 연락을 받지 않고 있습니다. 저는 甲으로부터 3,500만원을 받기위한 방법을 알아보던 중 청구금액이 3,000만원 이하인 민사사건에 대해서는 법원에 소액심판청구를 하면 간편하게 해결할 수 있다는 이야기를 들었습니다. 저는 직장에 다니는 관계로 법원에 자주 출석하기 곤란한 사정이 있어 소액심판청구를 하여 간편하게 해결하고 싶습니다. 그래서 저는 甲에 대한 채권 3,500만원을 2,000만원과 1,500만원으로 분할하여 2건의 소액심판청구를 하고 싶은데 가능한지요?

A. 「소액사건심판법」은 일정한 금액 이하를 소송목적의 값으로 하는 사건에 관한 소송을 간편하게 할 수 있도록 하기 위하여 제정된 민사소송법에 대한 특별법의 하나로서, 이 법에 의하여 제기되는 절차를 소액사건심판절차라고 합니다(소액사건심판법 제1조). 소액사건은 소를 제기한 때의 소송목적의 값이 3,000만원을 초과하지 아니하는 금전 기타 대체물, 유가증권의 일정한 수량의 지급을 청구하는 제1심의민사사건을 대상으로 하며, 소액사건의 소는 구술(口述)에 의한 소의 제기나 임의출석에 의한 소의 제기 등 민사소송절차의 예외를 인정하여 그 심판절차를 간소화하고 있습니다(소액사건심판규칙 제1조의2, 소액사건심판법 제4조, 제5조). 그런데 소액심판제도가 그 심판절차가 간편하므로 청구금액이 3,000만원을 초과하는 경우에 청구를 분할하여 여러 건의 소액심판청구를 할 수 있을 것인지에 관하여 「소액사건심판법」제5조의2는 "① 금전 기타 대체물이나 유가증권의 일정한 수량의 지급을 목적으로 하는 청구에 있어서 채권자는 소액사건심판법의 적용을 받을 목적으로 청구를 분할하여 그 일부만을 청구할 수 없다. ② 제1항의 규정에 위반한 소(訴)는 판결로 이를 각하 하여야 한다."라고 규정하여 일부청구를 제한하고 있습니다. 귀하가 소액사건심판법을 적용받기

위하여 甲에 대한 채권 3,500만원을 분할하여 2,000만원과 1,500만원으로 분할하여 2건의 소액심판청구를 할 경우 「소액사건심판법」제5조의2 제2항에 따라서 위 청구는 각하될 것입니다. 따라서 비록 소액사건심판법을 적용을 받지 못하더라도 3,500만원 전액을 청구하는 소송을 제기하셔야 할 것입니다.

4-3. 송달

① 소장부본이나 제소조서등본은 지체 없이 피고에게 송달해야 합니다.

② 다만, 피고에게 이행권고결정서의 등본이 송달된 경우에는 소장부본이나 제소조서등본이 송달된 것으로 봅니다.

4-4. 이행권고결정

4-4-1. 피고에게 이행권고

① 법원은 소액사건심판이 제기되면 결정으로 소장부본이나 제소조서 등본을 첨부해 피고에게 청구취지대로 이행할 것을 권고할 수 있습니다.

② 다만, 다음 중 어느 하나에 해당하는 경우에는 그렇지 않습니다.

　㉮ 독촉절차 또는 조정절차에서 소송절차로 이행된 경우

　㉯ 청구취지나 청구원인이 불명한 경우

　㉰ 그 밖에 이행권고를 하기에 적절하지 않다고 인정하는 경우

■ **이행권고결정제도란 어떠한 것이며, 지급명령제도와는 어떠한 차이가 있는지요?**

Q. 소액심판사건에 대하여 이행권고결정제도가 있어 더욱 간편한 절차에 의하여 판결을 받은 것과 유사한 효과를 얻을 수 있다고 하는데, 이행권고결정제도란 어떠한 것이며, 지급명령제도와는 어떠한 차이가 있는지요?

A. 이행권고결정제도란 소액사건의 소가 제기된 때에 법원이 결정으로 소장부본이나 제소조서등본을 첨부하여 피고에게 청구취지대로 이행할 것을 권고하고 이를 송달받은 피고가 2주 이내 이의신청 등을 하지 않는 경우 그 이행권고결정에 확정판결과 같은 효력을 부여하는 간이한 소송절차를 말합니다(소액사건심판법 제5조의3 제1항, 같은 법 제5조의7). 즉, 이행권고결정제도는 소액심판사건의 범위 내 즉, 소송목적의 값이 3,000만원을 초과하지 아니하는 금전 기타 대체물, 유가증권의 일정한 수량의 지급을 청구하는 민사 제1심 사건에 한하여 인정되는 제도입니다. 이행권고결정은 원고전부승소판결을 할 수 있는 사건에 한하여 할 수 있으며, ① 독촉절차 또는 조정절차에서 소송절차로 이행된 때, ② 청구취지나 청구원인이 불명한 때, ③ 그밖에 이행권고를 하기에 적절하지 아니하다고 인정하는 때에는 이행권고결정을 할 수 없습니다(소액사건심판법 제5조의3 제1항). 이행권고결정에는 당사자, 법정대리인, 청구의 취지와 원인, 이행조항을 기재하고, 피고가 이의신청을 할 수 있음과 이행권고결정의 효력의 취지를 부기(附記)하게 됩니다(소액사건심판법 제5조의3 제2항). 이행권고결정등본은 민사소송법상의 우편송달(민사소송법 제187조), 공시송달(민사소송법 제194조 내지 제196조)의 방법으로는 송달할 수 없으며, 피고가 현재 소재불명이어서 공시송달로 진행하여야 할 필요가 있다는 것이 소장에 기재되고 이에 대한 소명자료가 있는 경우에는 곧바로 변론기일이 지정되게 됩니다(소액사건심판법 제5조의3 제3항, 제4항). 한편, 원고가 피고에 대한 주소보정명령을 받은 경우에 민사소송법상의 우편송달(민사소송법 제187

조), 공시송달(민사소송법 제194조 내지 제196조)의 방법에 의하지 아니하고는 송달할 방법이 없음을 소명하여 변론기일지정신청을 할 수 있습니다(소액사건심판규칙 제3조의3 제1항). 피고는 이행권고결정등본을 송달 받은 날부터 2주일의 불변기간 안에 서면으로 이의신청을 할 수 있으며, 그 등본이 송달되기 전에도 이의신청을 할 수 있습니다(소액사건심판법 제5조의4 제1항, 제2항). 다만, 피고가 부득이한 사유로 2주일 안에 이의신청을 할 수 없었던 때에는 그 사유가 없어진 후 2주일 안에 이의신청을 할 수 있고, 다만 그 사유가 없어질 당시 외국에 있는 피고에 대하여는 이 기간을 30일로 합니다(소액사건심판법 제5조의6 제1항). 이의신청은 서면으로 하여야 하고, 이의신청서는 답변서 또는 준비서면으로 갈음되지 않으나 구체적 이의사유를 기재하지 않더라도 원고의 주장사실을 다툰 것으로 되고, 피고의 이의신청이 있으면 법원은 지체 없이 변론기일을 지정하게 됩니다(소액사건심판법 제5조의4 제1항, 제3항, 제5항). 이의신청기간 내에 이의신청서가 아니라 답변서 기타 다투는 취지의 서면이 접수되면 이것을 이의신청서로 보아 변론기일을 지정하게 됩니다. 이의신청을 한 피고는 제1심 판결이 선고되기 전까지 이의신청을 취하할 수 있으며(소액사건심판법 제5조의4 제4항), 법원은 이의신청이 적법하지 아니하다고 인정되는 때에는 그 흠을 보정할 수 없으면 결정으로 각하 하여야 하고(소액사건심판법 제5조의5 제1항), 이의신청의 각하결정에 대하여는 즉시항고를 할 수 있습니다(소액사건심판법 제5조의5 제2항)

이행권고결정은 ① 피고가 이행권고결정을 송달 받은 날부터 2주일 안에 이의신청을 하지 아니한 때, ② 이의신청에 대한 각하결정이 확정된 때, ③ 이의신청이 취하된 때에는 확정판결과 같은 효력이 있습니다(소액사건심판법 제5조의7 제1항). 그러나 이행권고결정은 변론을 거치지 않고 확정판결과 같은 효력을 부여하므로 변론종결일의 개념이 없고, 피고는 이행권고결정이 확정된 이후에 발생한 사유 이외에, 이의원인이 이행권고결정이 확정되기 이전에 있었다고 하더라도 청구이의의 사유로 삼아 청구이의의 소를 제기할 수 있습니다(소액사건심판법 제5조의8 제3항). 그리고 이행권고결정은 제1심 법원에서 판결이 선고된 때에는 효력을 잃게 됩니다(소액사건심판법 제5조의7 제3항). 이행권고결정에 기한 강제집행은 집행문을 부여받을 필요 없이 이행권고결정서정본에 의하여 행하게 됩니다. 그러나 ① 이행권고결정의 집행에 조건을 붙인 경우, ② 당사자의 승계인을 위하여 강제집행을 하는 경우, ③ 당사자의 승계인에 대하여 강제집행을 하는 경우에는 집행문을 부여받아야 합니다(소액사건심판법 제5조의8 제1항). 원고가 여러 통의 이행권고결정서의 정본을 신청하거나, 전에 내어준 이행권고결정서 정본을 돌려주지 아니하고 다시 이행권고결정서 정본을 신청한 때에는 법원사무관 등이 이를 부여하게 되고, 그 사유를 원본과 정본에 적어야 하는데(소액사건심판법 제5조의8 제2항), 이 경우 재판장의 허가를 받을 필요가 없으며, 집행문도 받을 필요가 없습니다. 이행권고결정제도와 지급명령의 차이를 보면, 이행권고결정제도는 소액심판사건의 범위 내 즉, 소송물가액이 3,000만원을 초과하지 아니하는 금전 기타 대체물, 유가증권의 일정한 수량의 지급을 청구하는 민사 제1심 사건에 한하여 인정되는 제도인데, 지급명령제도는 금전 기타 대체물, 유가증권의 일정한 수량의 지급을 목적으로 하는 청구에 대하여 인정되지만, 청구금액에 제한이 없다는 점에서 이행권고결정과 차이가 있습니다.

4-4-2. 송달

법원사무관등은 이행권고결정서의 등본을 피고에게 송달해야 합니다. 다만, 피고에게 송달할 수 없는 경우에 하는 등기우편송달이나 송달함 송달, 발송한 때에 송달한 것으로 보는 등의 송달은 인정되지 않습니다.

4-4-3. 이의신청

피고는 이행권고결정서의 등본을 송달받은 날부터 2주일 내에 서면으로 이의신청을 할 수 있습니다. 다만, 그 등본이 송달되기 전에도 이의신청을 할 수 있습니다.

[서식 예] 이행권고결정에 대한 이의신청서

이행권고결정에 대한 이의신청서

사   건   20○○가소○○○○ 대여금

원   고   ○○○

피   고   ◇◇◇

  위 사건에 관하여 피고는 20○○.○.○. 이행권고결정을 송달 받았으나 다음과 같은 이유로 이의신청을 합니다.

이 의 사 유

1.
2.

20○○.○○.○○.

위 피고 ◇◇◇(서명 또는 날인)

○○지방법원   귀중

4-5. 변론기일의 지정

① 이행권고가 송달 불능인 경우

법원은 피고에게 이행권고결정서의 등본을 송달할 수 없는 경우에는 지체없이 변론기일을 지정해야 합니다.

② 이행권고결정에 대한 이의신청이 있는 경우

법원은 피고가 이행권고결정에 대해 이의신청을 하면 지체없이 변론기일을 지정해야 합니다.

③ 판사가 지정한 경우

소액사건심판이 제기되면 판사는 바로 변론기일을 정할 수 있습니다.

4-6. 변론기일

① 판사는 되도록 1회의 변론기일로 심리를 마치도록 해야 합니다.

② 판사는 1회로 심리를 마치기 위해 변론기일 전이라도 당사자에게 증거신청을 하도록 하는 등 필요한 조치를 할 수 있습니다.

4-7. 판결 선고

① 판결 선고는 변론종결 후 즉시 할 수 있습니다.

② 판결 선고는 주문을 낭독하고 주문이 정당함을 인정할 수 있는 범위 안에서 그 이유의 요지를 구술로 설명합니다.

5. 신청서 작성

5-1. 소액사건심판 신청서 양식

접수인	

소   장

사건번호	
배당순위번호	
담 당	제 단독

사 건 명

원   고   (이름)   (주민등록번호   -   )
          (주소)   (연락처)

1. 피 고   (이름)   (주민등록번호   -   )
            (주소)   (연락처)

2. 피 고   (이름)   (주민등록번호   -   )
            (주소)   (연락처)

소송목적의 값	원	인지	원
(인지첩부란)			

○ ○ 지방법원   귀중

◇유의사항◇

1. 연락처란에는 언제든지 연락 가능한 전화번호나 휴대전화번호, 그 밖에 팩스 번호·이메일 주소 등이 있으면 함께 기재하여 주시기 바랍니다. 피고의 연락처는 확인이 가능한 경우에 기재하면 됩니다.
2. 첨부할 인지가 많은 경우에는 뒷면을 활용하시기 바랍니다.

<h1 style="text-align:center">청 구 취 지</h1>

1. 청구금액: (원 금) 금＿＿＿＿＿＿＿＿원
   (가산금) 기 간＿＿＿＿＿＿부터 소장부본 송달일까지
   비 율 연＿＿＿＿%
   기 간 소장부본 송달 다음 날부터 갚는 날까지
   비 율 연＿＿＿＿%

<h1 style="text-align:center">청 구 원 인</h1>

1. 노무제공의 내역
(1)노무의종류＿＿＿＿＿＿＿＿＿＿＿＿＿
(2) 노무제공기간 :＿＿＿＿＿부터＿＿＿＿＿＿까지
(3) 노임액 :＿＿＿＿＿＿＿＿＿＿원
(4) 기타 약정 : ＿＿＿＿＿＿＿＿＿＿＿

2. 기타 보충할 내용

0 . . .
원고 (인)

[서식 예] 제11호 양식(증거방법과 부속서류 기재)

증 거 방 법

부 속 서 류

5-2. 신청비용

금전의 지급을 청구하는 소액사건심판 신청의 경우 소송목적의 값(이하 "소가"라 함)은 청구금액(이자, 손해배상, 위약금 또는 비용의 청구가 소송의 부대 목적이 되는 때에는 가액에 산입하지 않음)이 됩니다.

■ 편저 김 만 기 ■

▎전 서울고등법원 종합민원접수실장
▎전 서울중앙지방법원 민사신청과장(법원서기관)
▎전 서울서부지방법원 은평등기소장
▎전 수원지방법원 시흥등기소장
▎전 인천지방법원 본원 집행관
▎법무사

(문답식 유형별로 수록한)
혼자서 하는 나홀로 민사소송

2025년 1월 5일 3판 인쇄
2025년 1월 10일 3판 발행

편 저 김만기
발행인 김현호
발행처 법문북스
공급처 법률미디어

주소 서울 구로구 경인로 54길4(구로동 636-62)
전화 02)2636-2911~2, 팩스 02)2636-3012
홈페이지 www.lawb.co.kr

등록일자 1979년 8월 27일
등록번호 제5-22호
ISBN 978-89-7535-858-6 (93360)

정가 24,000원

이 도서의 국립중앙도서관 출판예정도서목록(CIP)은 서지정보유통지원시스템 홈페이지(http://seoji.nl.go.kr)와 국가자료
종합목록 구축시스템(http://kolis-net.nl.go.kr)에서 이용하실 수 있습니다. (CIP제어번호 : CIP2020035225)